启真馆 出品

启真·人文历史　BBC BOOKS

追寻黑暗时代

古英格兰诸王纪

MICHAEL WOOD　　［英］迈克尔·伍德 —— 著

徐菡 —— 译

In Search of the Dark Ages

ZHEJIANG UNIVERSITY PRESS
浙江大学出版社

托马斯·索阿尼克拉夫（Thomas Thornycroft）设计制作的布迪卡青铜组像，现坐落于伦敦泰晤士河畔。（图片来源：The Bridgeman Art Library）

布迪卡起义中被破坏的罗马皇帝克劳狄一世（Claudius）青铜像的头部，发现于英国萨福克郡。（图片来源：大英博物馆）

罗马骑兵军官龙基努斯（Longinus）的墓碑，保存于科尔切斯特博物馆。公元 60 年时，罗马人认为不列颠和平大局已定，开始斥资修建大量的公共纪念建筑，宣扬社会稳定，彰显军事自豪感，表达情感。（图片来源：Colchester Museum）

亚瑟王加冕，13世纪英格兰编年史家、本笃会修士帕瑞斯的马修（Matthew of Paris）绘制（约1250年）。盎格鲁－撒克逊入侵者对凯尔特人的巧取豪夺是中世纪文献著作的一大主题，而亚瑟是其中最伟大的英雄。（图片来源：Chetham's Library Manchester/www.bridgemanart.com）

格拉斯顿堡大教堂（Glastonbury Abbey），"亚瑟王之墓"所在地。（图片来源：Steve Razzetti）

从利定顿城堡（Liddington Castle）方向望向泰晤士河谷和可能的巴顿山之战的战场。在山脚下沿着路旁树木一线，就是英国境内最古老的道路瑞奇韦路（Great Ridgeway）。（图片来源：Steve Razzetti）

萨默塞特郡湿地，地平线远处是格拉斯顿堡山，12世纪时被认为是亚瑟王传奇故事中象征极乐仙境的阿瓦隆岛（Isle of Avalon）。1191年，这里"发现"了亚瑟王和桂妮薇儿王后的遗骨。（图片来源：Steve Razzetti）

萨顿胡墓葬中头盔的复原图。（图片来源：大英博物馆受托人）

◀萨顿胡墓葬出土的所谓的"权杖"：一块巨大的装饰过的磨刀石，高约为 0.8 米。（图片来源：大英博物馆受托人）

▲ "国王的胸部上摆放了一堆珠宝"：一枚做工精美的金质锁扣，后来有人猜测它是一个圣髑盒，也就是盛放圣人遗物的容器。（图片来源：大英博物馆受托人）

体现"罗马天才与技艺"的奥法堤，位于威尔士波伊斯郡奈特镇（Knighton）附近一段。奥法堤至今仍划分着英格兰与威尔士的大部分边界。
（图片来源：Corbis）

▲奥法时期铸造的货币，以其精美的艺术性和肖像的写实主义风格而著称。（图片来源：The Bridgeman Art Library）

▶ "施主"奥法。在这幅微型画中，奥法坐在椅子上，手中托着圣奥尔本斯大教堂的模型。（图片来源：大英图书馆）

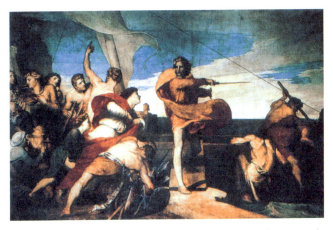

阿尔弗雷德大帝鼓动撒克逊人反抗丹麦人的入侵，绘于 1846 年。
（图片来源：经威斯敏斯特宫允许使用）

阿尔弗雷德大帝把一件御用披风和一把宝剑送给孙子埃塞尔斯坦，绘制于爱
德华时期。（图片来源：The Bridgeman Art Library）

埃塞尔斯坦在圣祠将一本福音书献给圣徒卡斯伯特。这是英格兰王室最早的
一幅国王画像，描画了以学识和公正为后世铭记的埃塞尔斯坦国王。
（图片来源：剑桥大学基督圣体学院）

公元 793 年，维京人突袭林迪斯法恩圣岛（Lindisfarne），他们最终定居在英格兰北部。维京约克末代国王"血斧"埃里克的死亡，标志着维京人在诺森布里亚统治的终结。（图片来源：迈克尔·伍德）

埃里克前后两次统治约克时铸造的货币。（图片来源：大英博物馆）

国王和追随者在王宫中饮酒，出自 11 世纪的一份手稿。
（图片来源：大英图书馆）

位于丹麦特雷勒堡（Trelleborg）的营地，是丹麦国王斯温（Swein）的维京军队出发侵略英格兰之前居住和训练时的营房。（图片来源：David Hill）

卡纽特（Canute）在温切斯特大教堂。他一手握在剑柄上，一手将一座金十字架送给教堂。（图片来源：迈克尔·伍德）

哈罗德·戈德温森伯爵加冕成为国王，佩带着礼仪佩剑，手持权杖、王权宝球，头戴王冠，出自贝叶挂毯。（图片来源：Erich Lessing）

诺曼公爵威廉要求哈罗德发誓，支持他索取英格兰继承权，出自贝叶挂毯。
（图片来源：Erich Lessing）

诺曼人建造入侵英格兰的大型船队，出自贝叶挂毯。（图片来源：Erich Lessing）

黑斯廷斯战役，诺曼骑兵遭遇到防御严密的英格兰"盾墙"，出自贝叶挂毯。
（图片来源：Erich Lessing）

▲哈罗德·戈德温森国王阵亡。国王的形象在挂毯上出现了两次，左边的人物显示他从眼中拔出一支箭，右边的人物显示他因大腿中剑而亡。出自贝叶挂毯。（图片来源：Erich Lessing）

◀约 1068 年的硬币，标志着威廉成为英格兰国王的硬币。该硬币与哈罗德时期的硬币几乎一模一样。（图片来源：大英博物馆）

献给我的母亲和父亲

现代英国本质上是个移民国家。本书在时间跨度上纵横一千年， 7
总体上反映了不列颠主岛受不同移民潮入侵影响而逐步发展变化的进
程。不列颠岛的原住民是说凯尔特语的布立吞人 [1]（即今天威尔士人的

---

[1] 布立吞人（Britons）又称凯尔特布立吞人，或古代布立吞人，是古代凯尔特人的一
个分支。他们最初从欧洲大陆迁移而来，从铁器时代起生活在不列颠岛上，罗马殖民
时代扩散到了全岛。5 世纪后，他们曾长期抵抗来自欧洲大陆的盎格鲁人、撒克逊人
的移民入侵，后来被迫退入不列颠西部山区，逐渐形成近代威尔士人，部分渡海迁居
高卢地区，其后裔是现代法国境内的布列塔尼人。——译注。如无特殊标记，本书注
解均为译者添加。下同。

祖先），他们于公元 43 年被罗马帝国征服。在罗马殖民统治时期，不列颠发生了历史上最初的反殖民主义战争，最终发展成为公元 60—61 年布迪卡女王领导的血腥起义。除此之外，在三个多世纪的时间里，罗马殖民统治下的不列颠一直是隶属于罗马帝国的一个相对繁荣的西部行省。

在传统意义上，人们通常将公元 400—500 年看作是罗马帝国的衰落时期，而在这一时期，来自今天丹麦和德国萨克森地区的盎格鲁－撒克逊人 [1] 移民，逐步入侵并部分征服了不列颠低地 [2] 地区，而该地区的罗马不列颠社会已经延续了三百多年。5 世纪盎格鲁－撒克逊人的一系列入侵，形成了历史上亚瑟王传奇的社会背景，成就了这个"保卫英国人的社会，抵抗入侵的英格兰人"的传奇人物。[今天，我们经常把"英国人"（British）和"英格兰人"（English）不加区别地使用。但从历史上讲，英国人是指最初生活在不列颠岛上的居民，而英格兰人是定居下来的盎格鲁－撒克逊移民入侵者。这种区别贯穿

---

[1] 盎格鲁－撒克逊人（The Anglo-Saxon）有时可泛指"诺曼征服"以前的英格兰人。被尊为"英国历史之父"的 7—8 世纪历史学家比德（Bede）认为，他们由三个强大的日耳曼部族后裔组成，即源自日德兰半岛的盎格鲁人和朱特人，以及来自下萨克森地区的撒克逊人。"盎格鲁－撒克逊人"这一术语常指盎格鲁人、撒克逊人或盎格鲁－撒克逊人。他们于 5 世纪开始从欧洲大陆入侵不列颠岛并定居下来，英国历史上的盎格鲁－撒克逊时期大约指 450—1066 年这一时期。

[2] 低地（Lowlands）又称苏格兰低地，指位于苏格兰中部、地势相对低的地区，是与苏格兰北部的苏格兰高地相对而言的。广义的苏格兰低地指整个苏格兰的中部和南部，这里集中了苏格兰的大部分人口，苏格兰的主要城市爱丁堡、格拉斯哥、阿伯丁等都位于低地地区。

本书。]

9—10 世纪，一股来自斯堪的纳维亚的新移民入侵者——维京人——横扫不列颠岛。他们探险至此是为了掠夺财富，更是为了寻求栖息之地和农场。此时，在我们今天所知的英格兰地区，已经发展出许多盎格鲁 - 撒克逊人建立的王国。在维京人入侵势力的进攻下，这些王国中的大部分都相继衰落了，而最伟大的三位盎格鲁 - 撒克逊国王——奥法（757—796 年在位）、阿尔弗雷德大帝（871—899 年在位）和埃塞尔斯坦（924—939 年在位）——的统治生涯，都与维京人入侵产生了某种程度的交集。对奥法而言，维京人是地平线处的一个阴影；到了阿尔弗雷德大帝时期，他们是与之进行殊死搏斗的敌人；而埃塞尔斯坦最终将他们征服与消化。维京人入侵的过程，就是盎格鲁 - 撒克逊王国之一——威塞克斯王国——掌控不列颠岛主要权力的过程。截至 939 年，所谓的"英格兰"已经大致具备了今天所体现的地理概念。然而，在英格兰的东面和北面，维京人已经永久地定居下来，不可逆转地改变了当地的社会环境。来自斯堪的纳维亚的自由农民和武士阶层，大量定居在英格兰中东部的米德兰兹地区和东盎格利亚地区，这就要求盎格鲁 - 撒克逊国王们必须具备强有力的雷霆手段，才能威慑住那些维京国王。在这场较量的开始阶段，英格兰国王们胜利了，比如，954 年时，他们让维京 - 诺森布里亚王国的末代国王"血斧"埃里克垮了台。然而，等政权传到"决策无方者"埃塞尔雷德（978—1016 年在位）手里时，这种优势已经荡然无存了，他将近四十年的统治最终导致英格兰君主政权的失势，在不列颠岛上催生了一个由维京国王卡纽特及其继任者统治的丹麦政权。1042 年，虽然"忏悔者"爱德华继承了威塞克斯王位，再次延续了阿尔弗雷德大帝的皇脉，但王室元气的颓势已无可挽回。1066 年 1 月，当爱德华国王无子而逝时，权臣哈罗德·戈德温森伯爵问鼎王冠，虽然理由牵强，但他还是登基当上了国王。然而，就在同一年，哈德罗在与对手诺曼公爵、"征服者"威廉之间的黑斯廷斯战役中，惨遭失败而丧生。1066 年后，尽管英格兰人还说着盎格鲁－撒克逊语，其社会与政治运作模式仍根植于 1500 年前日耳曼入侵者建立起的社会机制，但"诺曼征服"意味着盎格鲁－撒克逊英格兰的终结。

本书的时间跨度巨大，不难想象，其面临的史料不仅数量庞大，而且质量良莠不齐。我们可以把该书所用资料分成三大类——叙述历史（如编年史、年鉴、历史书）、纪实文献（如法律法规、土地特许状、遗嘱、法庭令状、《末日审判书》）和实物资料（如出土钱币、金属制品、雕像、手稿、刺绣挂毯等），而本书将所有考古发掘证据也归于最后一个类别之中。除此之外，书中还引用了一些其他类型的资料，尤其是诗歌、书信、圣徒生平记录、王室传记等文学作品。下面有必要对"编年史"和"土地特许状"两种材料加以简单解释。

所谓编年史指的是以年代为顺序、逐年记录发生的重要事件的史料，例如，国王登基、逝世等。编年史家记载历史的方法与古典历史学家陈述历史的方式并不相同。最初，编年条目也许只是修道院的修道士们为了推算出复活节的日期，在记事本和书桌上随手写下的便条。开始时，这些记载可能只是简单的记录，如"白天与晚上一样黑"（《威尔士编年史》，447 年）。后来，记载中逐渐融入了越来越丰富的细节，如"是年 12 月 14 日，诺森布里亚的奥德福瑞斯国王在德利菲尔德逝世"（《盎格鲁－撒克逊编年史》，705 年）。

731 年，位于诺森布里亚的苇尔茅斯－雅罗修道院的修道士比德[1]，写出了第一部伟大的英格兰历史著作《英吉利教会史》。该书一改年鉴类史料的粗略框架式的记载方式，成为一部体现视角、融汇风格的真正的历史综合性著作。比德的著作也为后世的很多历史著述惯例奠定了基础，比如，该书编年法是以耶稣基督降生为界，分为"主前"（Before Christ，B.C.）与"主后"（Anno Domini，A.D.）——比德是第一位将这种纪年应用到历史记载上的历史学家，而在世界范围内，他的著作也是研究中世纪早期历史的畅销书。比德的主要资料来源是口述历史，当然，他也使用了英格兰其他教堂的一些资料，尤其是肯特教堂的资料。

历史经典著作一直对后世有巨大的影响力。例如，虽然罗马历史学家塔西佗（Tacitus）的作品直到文艺复兴时期才得以再次昭示于世人，但罗马帝国时期的另一位历史学家苏埃托尼乌斯（Suetonius）有关罗马皇帝的传记，在当时就非常有影响力。这些传记不但点拨了那些蛮族国王应该成为一个怎样的统治者，而且在历史如何为王朝利益服务这一问题上，也给国王们提供了可资借鉴的模本，而这种影响自法兰克王国的查理曼（Charlemagne）在 768—814 年的统治之后，显

---

[1] 比德（Bede，672—735），英国盎格鲁－撒克逊时期历史学家及神学家，被尊为"英国历史之父"。据推测，他出生于一个诺森布里亚的贵族家庭，在语言学、天文学、地理学、神学、哲学等方面都颇有造诣。1899 年，比德被罗马教会尊为教会圣师，奉为圣人，又称"圣比德"。他著有拉丁文历史著作《英吉利教会史》（*Ecclesiastical History of the English People*），记叙了罗马不列颠和盎格鲁－撒克逊英格兰时代的历史，以及罗马天主教在不列颠布教的事迹，时间跨度为罗马不列颠时期到 731 年为止。

得越发强大。查理曼那强有力却也不失魅力的统治风格，为后来很多伟大国王树立了样板，比如阿尔弗雷德大帝。相应而言，像《盎格鲁－撒克逊编年史》这样的历史著作，虽然最初只是在早期威塞克斯修道院年鉴的基础上写成，但在阿尔弗雷德统治时期融入了很多法兰克风格，内容上更加深入而全面。阿尔弗雷德亲自监督了该书的编纂，而他的指导思想就是展现自己统治时期的成就。也是在阿尔弗雷德的主张之下，《盎格鲁－撒克逊编年史》的手抄复本被派送到了全英格兰大大小小的教堂。目前，该书保存下来的一些版本在内容上有所不同。（大多数情况下，本书并未区分该书的不同版本。）

通常，一部编年史的写作年代距离事件发生年代越久远，其可信度就越小；然而，某些后世编年史也很有可能从现已佚失的史料中，保存下了一些很有价值的材料。比如，13 世纪早期来自圣奥尔本斯修道院的编年史家们，真实地记录下了5—6 世纪时期麦西亚王国的状况。其中的一位历史学家温多佛的罗杰 [1]，从一部目前已经佚失的北方编年史中，独家保存下了公元 954 年 "血斧" 埃里克国王被谋杀的细节。通常，这种史料的价值取决于史书创作、资料来源和史家立场偏见的结合状况。有关这一点，本书在相关章节也讨论了一些著名案例，比如，在第一章中讨论了为何塔西佗有关布迪卡起义的记载值

---

[1] 温多佛的罗杰（Roger of Wendover），13 世纪英格兰著名编年史家，1236 年逝世，在世时是圣奥尔本斯修道院的一名修道士。他最著名的编年史著作《历史之花》（Flowers of the Histories）很大程度上基于圣奥尔本斯已经存在的资料，他在序言中声称，他 "从诸多天主教著作中选择了值得信赖的部分，就像从各个领域搜集各种颜色的花朵一样"，故名《历史之花》。

得信赖，在第二章中谈及为何《威尔士编年史》有关亚瑟王的故事不可取信，在第八章中探讨了为何《盎格鲁－撒克逊人编年史》对"决策无方者"埃塞尔雷德态度矛盾，等等。

土地特许状（charter）是另一种需要加以解释的资料。土地特许状其实是一种产权契约，用以记录土地转移交易的状况，比如，国王将某块土地作为产业赏赐给某家修道院。这种材料本身也许极端乏味，读起来味同嚼蜡，然而，它们可以透露给我们某些信息，比如展示时任国王的权力和声势如何、某位国王在某处是否拥有土地以及国王们如何管理皇家产业等。同时，这些特许状也可以作为史料凭据，来探寻某些高门世家或低级军事贵族的崛起之路。而更有意思的是，土地特许证还可以凸显出某些历史人物的独特性格，比如，奥法对国王权力的不屈不挠的掌控欲望、埃塞尔斯坦对各种浮夸名号的偏爱、"决策无方者"埃塞尔雷德对国家治理不利的自我辩解等。盎格鲁－撒克逊人的土地特许状资料，可以追溯到政府实行系统化的档案管理之前，一般保存在当地主教的产权契约办公室里。土地特许状经常被一再复制，大多数保存下来的后世版本多经过篡改，是不真实的，但总体而言，土地特许状仍然是现代历史学家构建盎格鲁－撒克逊社会结构图景的基本材料之一。

追寻英格兰人与英国人之根一直是个能引起争议的问题，本书即围绕着黑暗时代中英格兰国家和英格兰人认同感的形成这一中心问题展开。这段历史遗产定将惠及居住在不列颠群岛以及更广阔世界中的所有人。

目　录

第一章　布迪卡

　她身材高大，目光凶悍，声音刺耳，火红的长发垂至腰间，项上戴着一条粗大的黄金项链。她经常穿着长及膝部的多色袍子，外罩一件厚重的斗篷。其容貌凛然，观之令人胆寒。

——卡西乌斯·狄奥《罗马史》

　布迪卡（Boadicea）在英国民间历史上有着不可撼动的地位。这位骁勇善战的女王领导着不列颠岛上的起义军，与强大的罗马殖民者进行了英勇顽强的战斗，只是最终失败，黯然告别了历史舞台。她极富传奇色彩的一生和那些不可思议的故事至今仍没有被搬上好莱坞银幕，这在当今社会也堪称怪事一桩。那个屹立在刀轮战车上的彪悍女人的形象，在英国民众头脑中根深蒂固，所以在前女首相玛格丽特·撒切尔赢得大选之后，漫画家们立刻把她描绘成布迪卡，他们相信老百姓都能理解个中含义。

从历史上看，布迪卡首次进入公众视野，是在女王伊丽莎白一世统治时期；而实至名归地被载入民间传奇予以神化，则是在另一位伟大的女君主维多利亚女王的治下。那尊著名的布迪卡青铜组像[1]坐落在伦敦泰晤士河边，毗邻着伦敦地标建筑大本钟和国会大厦。确切地说，这尊雕像就是在维多利亚女王的丈夫阿尔伯特亲王的资助倡议下建造的。它的铸造恰逢大英帝国的巅峰时期，故而被赋予时代性的浪漫色彩。当时的人们普遍醉心于那些体现自由民主精神的传奇故事，比如，古代布立吞人的传奇——他们于罗马殖民势力入侵前，在这片土地上尽享自由。又如，盎格鲁–撒克逊英格兰人的英雄事迹——他们是在诺曼征服下丧失了自由。

对维多利亚时代的英国人来讲，布迪卡是一位彰显爱国主义精神的女王，一位为自由而战的斗士。她为了捍卫自己国家的自由，奋起反抗罗马入侵者，战斗至死，为国尽忠。雕像基座上镌刻着铭文：

---

[1] 指布迪卡女王与两个女儿的青铜组像，三人共处一辆马拉战车之上，布迪卡手握武器居中，两个女儿分列左右。战车车轮的轮轴尾部装有波斯风格的大镰，作用是冲入敌阵时可以损伤敌方人马的肢体，并可以搅乱敌军阵形，故而称为刀轮战车或镰刀战车。该雕像由英国雕塑家与工程师托马斯·索阿尼克拉夫特（Thomas Thornycroft，1815—1885）设计铸造，1905 年于伦敦落成。

"Regions Caesar never know, thy posterity shall sway." [1] 这些诗句对于爱德华时期 [2] 的英国人来说，传达出的信息非常明确，不言而喻。然而，我们不得不说，这座雕像反映的只是一个公元 19 世纪的传说，而不是公元 1 世纪的史实。

布迪卡女王名字的拼写现如今是 Boadicea，但其实应该是 Boudica，含义是"维多利亚""胜利"，这个拼写错误源于文艺复兴时期的一个有影响力的手抄本。她乘坐的是一辆轻便简捷、弹力很好的柳条编制的车辆，而不是装备精良的双轮马车，车轮轴的尾部很可能也没有长镰刀。至于布迪卡本人，无论其真实容貌如何——本章开篇部分引用的是卡西乌斯·狄奥的描述，记载于公元 2 世纪——她怎么也不该貌似艾莎道拉·邓肯 [3]。并且，考古学家发现的证据表明，布迪卡的传奇故事可能比阿尔伯特亲王想象的要复杂得多，而她组织的那场起义堪称当时不列颠历史上最惨烈的一场战争。在这场铤而走险的殖民地战争中，对阵的两个阵营之间力量对比悬殊：一方是愚昧落后且境遇每况愈下的"第三世界"原住民，另一方是残暴无情、组织严密且

----

[1] 选自英国诗人威廉·古柏（William Cowper，1731—1800）的诗作《布迪卡颂》。

[2] 爱德华时代指 1901 年到 1910 年英国国王爱德华七世在位期间。爱德华七世（Edward VII，1841—1910）是维多利亚女王的儿子，于 1901 年女王去世后继承王位。维多利亚后期和爱德华时代被认为是大英帝国的黄金时代。此阶段英国的长期和平与经济发展，提高了大英帝国的国家影响力。

[3] 艾莎道拉·邓肯（Isadora Duncan，1877—1927），美国舞蹈家，现代舞创始人之一。1897 年她前往英国、法国等欧洲国家，其自由的舞蹈风格在欧洲受到欢迎，多位雕塑家为她雕像。

"高度现代化"的罗马正规军队。这场战争的酷烈程度令人咋舌，众多新兴的大型罗马市镇遭受灭顶之灾，战争直接导致 7 万名罗马殖民者和不计其数的布立吞人葬身战场。其实，这场战争和那些损失对罗马征服者来讲并不算什么新鲜事，特别之处在于，与之殊死搏斗的对手是一个女人。

布立吞人与罗马人

本书在时间上跨越了不列颠历史上几股入侵者掀起的大规模移民潮：凯尔特人、罗马人、盎格鲁－撒克逊人、维京人和诺曼人。每一次移民入侵都引发了不列颠社会结构的巨大变革，这些入侵者最终都在岛上定居下来，永久地改变了原来的生活方式。从罗马入侵到 11 世纪的诺曼征服，不列颠在这段漫长的岁月里一直置身于地中海国家圈子之外。当欧洲大陆的古典文明发展已臻成熟时，不列颠的境况还可用柏拉图所说的"井底之蛙"来形容。当时的不列颠群岛给人的印象，不只是亚欧大陆的边缘，更是世界的冰冷尽头。它位于"最遥远的方外之地，几乎沉陷于海流的漩涡之中"，罗马作家用了这样的词句来描述其地理位置之偏僻，"独立于无边无际的大海之上"。这里的海岸蜿蜒曲折，难以抵达，潮汐诡异，危险重重，天气寒冷，阴晴不定。在给罗马君士坦丁国王的一篇颂词中，不列颠被称为"另一个世界"。有考古证据显示，古时候商人们曾造访过这些岛屿，这里的商业活动最早可以追溯到古希腊早期，而高卢地区的凯尔特人一直与不

13

列颠接触频繁。公元前 55—前 54 年，尤利乌斯·恺撒[1] 登陆不列颠岛，这对罗马人来讲并不是一次成功的军事行动，他们对这片岛屿实在所知寥寥。罗马历史学家塔西佗在他的罗马帝国《编年史》中，记载了一个公元 16 年罗马舰队北海沉船的著名段落，典型地反映了水手们荒诞不经的故事。那些历经不列颠风暴而侥幸生还的幸存者也带回了他们的历险记，"可怕的飓风、不知名的飞禽、半人半兽的怪物——他们目睹或自以为目睹的景象，让人恐惧"。塔西佗还评论说，这片大海素以"波涛汹涌，无与伦比"而闻名。

　　追溯历史，不列颠一直是诸多西迁部落的目的地或落脚点。纵横五千年，这些持续不断的外来移民在塑造不列颠岛的自然景观、社会文化和语言特征方面，影响深远。不列颠岛上的最早人类，是某些游牧部落的狩猎者和食物采集者。在公元前 3500 年左右，一群移民开始在这里耕种土地，种植谷物。他们是凯尔特人的一支，他们所说的凯尔特语后来成为现代威尔士语、康沃尔语[2] 和布列塔尼语[3] 的源头。在公元前 2000 年末期到公元前 1000 年初期，铁器时代文明看似已经从阿尔卑斯地区向西扩张，给不列颠带来了铁器文明的标志性特

---

[1] 尤利乌斯·恺撒（Julius Caesar，前 100—前 44），罗马共和国末期军事统帅、政治家。公元前 49 年，他率军占领罗马，打败庞培，集大权于一身，实行独裁统治。公元前 44 年，他遭元老院成员暗杀身亡。之后，其养子屋大维开创罗马帝国，成为第一位罗马帝国皇帝。

[2] 康沃尔语曾通用于英格兰康沃尔地区。康沃尔郡（Cornwall）位于大不列颠岛西南端，康沃尔人是古凯尔特人的一支。

[3] 布列塔尼语通用于法国西北部。

征——金属制品、有轮交通工具和马匹驯化，以及他们在不列颠南部地区遗留下的很多山顶防御工事和村落遗址。

大约公元前 75 年，一股新的移民侵入不列颠，他们就是我们所说的贝尔盖人（Belgae）。贝尔盖人来自今天法国的一个地区，这一地区被罗马人称为比利时高卢[1]。他们是技艺精湛的金属工匠，制作了大量金质、银质、青铜和铁质的装饰品。他们还发明了一种新式的耕犁，牢固耐用，给当地带来了一场农业革命，从此，英格兰东南部那些茂密的山谷得以清理和开发。这是人类首次对英格兰东南部进行的积极有效的开发，至今，我们仍可以在地势较高的地方看到贝尔盖人耕作系统的某些遗迹。当时，主要食物是谷物，比如小麦、大麦与斯佩耳特小麦；主要蔬菜是芜菁、卷心菜与萝卜。

在贝尔盖部落向不列颠东南部征服推进的同时，不列颠东部的东盎格利亚地区居住着另一支部落——爱西尼部落[2]。这个爱西尼部落居住在现今东盎格利亚地区的诺福克郡[3]，属于凯尔特人的一支，它也就是布迪卡女王所属的部落。爱西尼部落与外界比较隔绝，文化

---

[1] 比利时高卢（Gallia Belgica）是古罗马统治下的一个地区，位于今天的尼德兰、比利时、卢森堡、法国东北、德国西部等地区。今日的比利时的称呼即源于此古称。

[2] 爱西尼（Iceni）是公元前 1 世纪至公元 1 世纪时不列颠的一个凯尔特部落，大致位于今天的诺福克郡。它西邻科利埃尔塔维人、南接特里诺文特人（Trinovantes）和卡图维劳尼人（Catuvellauni）。在罗马人占领不列颠期间，罗马皇帝将其变为一个行政区域，其首都为文塔伊森诺龙（Venta Icenorum），位于今天的凯斯特圣埃德蒙（Caistor St Edmund）。

[3] 诺福克郡（Norfolk）是英格兰东盎格利亚地区的一个郡，郡政府所在地为诺维奇市（Norwich）。该郡北部与东部面临北海，南部与萨福克郡（Suffolk）接壤。

上相对封闭落后。相较而言，贝尔盖人比凯尔特人要"先进"得多。贝尔盖人用罗马模具铸造钱币，刻上拉丁铭文；他们与罗马人做生意，因为那时罗马人已经将高卢地区纳入了自己的帝国版图；他们购买奢侈品，交换战争奴隶。贝尔盖各个部落内部以及与土著部落之间，为争夺统治权，彼此征伐不断。公元前后，库诺贝尔莱恩国王[1]治下的卡图维劳尼人和特里诺文特人的势力扩张，一度超出现在的英格兰东南部，他们的政治中心叫作卡米路多纽[2]，就是现在埃塞克斯郡的科尔切斯特市。这个铁器时代的聚居村落，规模宏大，周围环绕着坚固而复杂的防御土垒工事。村落活动中心占地700英亩，现名为高斯贝克（Gosbecks），位于科尔切斯特市中心西南2公里处。当时的地貌还可以通过今天的航拍照片窥得一二。这里有一大片圈地，周围有沟渠围绕，道路与堤防纵横交错，一片围墙环绕着一座神殿。罗马征服后，又在这里增建了一座罗马要塞、一座剧院和一条大路。这条路让居住在此地的罗马殖民者，与东北方向的科尔切斯特沟通起来更加方便了。

只有通过全面的考古发掘，这个贝尔盖人聚居地的意义才会大白于天下，但是，毫无疑问，卡米路多纽这个铁器时代晚期的村落，应

---

[1] 库诺贝尔莱恩国王（King Cunobelinus），是罗马入侵前的一位不列颠国王，统治地区主要在英格兰东南部。他的名字在英国民间传奇和莎士比亚戏剧中多有提及，也出现在罗马历史学家苏埃托尼乌斯和卡西乌斯·狄奥的历史著作中。他的在位时间大约是公元10—40年。

[2] 卡米路多纽（Camulodunum）是科尔切斯特（Colchester）在古罗马时期的名字，号称英国最古老的市镇，最早的记载出现在罗马作家老普林尼公元77年的《自然史》中。它地处伦敦东北部，距离伦敦约90公里。

该算得上是经历了公元60—61年布迪卡起义而衰败的城镇的缩影。目前，这里已经被推为英国境内，铁器时代晚期 - 罗马文化早期遗址的最杰出的代表。当时的卡米路多纽集中了最有权势的土地领主，这类新贵当时已经登上了不列颠的历史舞台。他们有着罗马人的喜好，财力雄厚，影响力巨大。库诺贝尔莱恩国王从公元10年起开始统治卡米路多纽，他在卡米路多纽和维鲁拉米恩（Verulamium，今名圣奥尔本斯[1]）两地，发行了大量制作精美的青铜硬币与银质硬币。有的硬币体现出当地的凯尔特风格，有的则是仿照罗马钱币设计的，铸有狮身人面的斯芬克斯形象，而不是凯尔特骏马。库诺贝尔莱恩国王统治的黄金时代终结于公元40年左右，也就是罗马皇帝克劳狄一世[2]举兵入侵不列颠前夕。

罗马入侵

公元43年，罗马统治者率领罗马军团，入侵了这片说着凯尔特语、文化愚昧、经济落后的土地。至于罗马人入侵不列颠的动机，我们至今无法解释，也许是觊觎这片土地上的贵重金属、谷物、羊毛和

---

[1] 圣奥尔本斯（St Albans）位于英格兰赫特福德郡，历史可追溯至铁器时代，约公元44—45年罗曼人占领此镇。3世纪时更名为圣奥尔本斯，以纪念不列颠首位殉道的基督徒圣奥尔本。

[2] 克劳狄一世（公元前10—公元54），全名为提贝里乌斯·克劳狄乌斯·恺撒·奥古斯都·日耳曼尼库斯（Tiberius Claudius Caesar Augustus Germanicus），简称克劳狄乌斯或克劳狄一世，公元41—54年在位，是罗马帝国克劳狄王朝的第四任皇帝。

自然资源。或许，就如一位年轻的英国冒险家[1]谈及另一种征服时所说的"因为它就在那儿"。最有可能的原因也许只是"荣耀"的驱动，对克劳狄一世来讲，征服不列颠是帝国胜利的一个象征，而他需要所有的军事胜利来为自己的统治壮大声势。他声称，自己"首次征服了海外蛮荒之人，罗马人的统治遍及四海"。事实上，他确实将罗马帝国的疆域拓展到了已知世界的最西端。

从不列颠的角度来讲，许多部落，尤其是与罗马有密切贸易联系的部落，对罗马人的到来持欢迎态度，或者至少是未战而降，其中很多部落就是那位不可一世的库诺贝尔莱恩国王的宿敌。而布迪卡的部落——诺福克郡的爱西尼——就是那些未动一兵一卒而归顺者之一；而另有一些部落曾试图反抗，但都以失败告终。所以，仅仅数月之间，罗马人就在不列颠节节胜利，长驱直入，军队呈扇形向北、向西散开。这类征服故事中的一个司空见惯的场景是，征服者通过一个庄严的仪式来宣示自己的最高权威，而罗马人对此道的应用更是炉火纯青，无人能及。一待不列颠东南部的军事形势稳定下来，克劳狄一世就急匆匆驾临不列颠，在卡米路多纽举行了一个盛大的仪式。恢宏壮观的罗马气象惊得布立吞人眼花缭乱，满心敬畏，纷纷正式向入侵者示意归顺。位于罗马的一座凯旋门上记载了这些事件，其铭文至今保存在罗马的巴贝里尼宫中。

---

[1] 指英国探险家乔治·马洛里（George Mallory，1886—1924），他在挑战攀登珠穆朗玛峰途中丧生。他回答为何要攀登珠穆朗玛峰时回答："因为它就在那儿。"（Because it was there.）这句话后来成为人们经常引用的名言。

16　　　　　致提贝里乌斯·恺撒·日耳曼尼库斯……罗马国家与人民之父，顺应天时，接受十一位臣服不列颠国王之无条件归降，至此，海外蛮荒之人首次居于罗马帝国庇护之下。

那一天对罗马人而言也是个重大的日子。卡米路多纽旗标飘舞，克劳狄一世皇帝及其扈从人员站在高台之上，军队统帅、高级官员和罗马禁卫军紧密簇拥在四周，目视着罗马的庆祝游行队伍骑着大象（这里大多数人从未见过这种动物）经过检阅台。

克劳狄一世见证了官方归降仪式，不列颠诸王自愿归降，俯首于罗马帝国。在这些国王中，就有来自爱西尼部落的普拉苏塔古斯国王（Prasutagus），恰是普拉苏塔古斯与罗马人此时签订的协议，埋下了公元 60—61 年布迪卡起义的种子，因为普拉苏塔古斯是布迪卡的丈夫。

爱西尼人

爱西尼人，也就是普拉苏塔古斯国王的子民，过着与世隔绝的生活，萨福克郡和诺福克郡的茂密的野生森林，阻隔了这个部落与埃塞克斯郡和东南部诸部落的联系。该部落的社会组织结构也很少为外界所知，恺撒在他的《高卢战记》[1] 中提到了这个既"小"又"大"的爱西尼人的部落。一直以来，有关爱西尼的考古发掘所获甚少，而这

---

[1] 该书是尤利乌斯·恺撒描述自己公元前 58—前 50 年担任高卢行省省长时各种事件的随记，包括战事、祭典、诉讼等。前七卷为恺撒本人亲笔著述，最后一卷是他的幕僚兼好友奥卢斯所著。

些少得可怜的线索似乎又都暗示出一点：爱西尼人没有一个统一的核心政权。根据出土的钱币和金属器皿，有人提出该部落可能由三个分支组成，它们是由三个不同的贵族氏族发展而来的，因而有三个各自为政的王室中心。目前，我们只能猜测他们的大致踪迹。

　　我们推测，其中一个分支一定曾居住在现今诺福克郡的诺维奇市（Norwich）附近，因为这里后来发展起来一个罗马市镇，名字叫作"Venta Icenorum"，意为"爱西尼市场"，体现出爱西尼部落的名字。目前，该市镇的遗迹还保留在诺维奇市附近的凯斯特村（Caistor）。关于这里的考古发掘，目前还没有发现防御土垒工事或农业遗迹等，但历史学家们推测，在这个罗马市镇遗址附近，一定存在着一个当时至关重要的地方。沿着凯斯特村陡峭的海岸峭壁一线，很有可能在某个地方就沉睡着一个前罗马时期的村落遗址，在等候着考古学家的发掘。在北部沿海平原地带，考古学家们发现了另外一个重大的考古地点，该地点发掘出了大量钱币与金属器皿，这也许暗示着爱西尼人的第二个分支的踪迹。他们临海而居，可能就聚居在诺福克郡沃瑞姆村（Warham）圣玛丽教堂所在的位置，那里的防御土垒工事至今保存良好。在诺福克郡东南部的布瑞克兰德（Brecklands）野生鸟类保护区，考古学家也有大量的考古发现，特别是在小乌斯（Little Ouse）山谷中发掘出了四个钱币贮藏点。更加引人注意的是，在诺维奇市东南部的萨姆托尼村（Saham Toney）附近，考古学家发掘出一个大型居民遗址（虽然还没有发现防御工事）。这个遗址看似是目前我们最有收获的爱西尼部落遗址了，这里不但出土了大量的家居用品，比如钱币、戒指、胸针，以及专门用于斗篷和衣服的精美饰针等，而且还出土了一些制币模具，揭示出当时的钱币确确实实就是在这里铸造的。囿于对爱西尼所知有限，如果我们目前的理解无误的话，这些证据应该说明这个地方在当时相当重要。虽然对萨姆托尼村遗址的各种推测让人浮想联翩，但我们的任何推断都要以考古发现为依据，只有待将来某一天启动了对山顶的考古发掘，我们才能揭示出爱西尼文化湮没于历史长河前夕的状况，诸多历史疑题的答案才会浮出水面。

因为至今无法确定前罗马时代的爱西尼部落的政治中心位置，所以有关爱西尼王室中心的情况，考古学家还只是在黑暗中摸索。比如，塔西佗提到的一座"宫殿"，真的仅仅是弄错了年代吗？如果此部落曾经分为三个分支，那么这是否意味着有三个国王同时在位统治？普拉苏塔古斯与那位把自己名字铸刻在钱币上的"安特迪奥斯"国王[1]是什么关系（有人认为，后者在罗马征服前后在位统治）？安特迪奥斯被废黜或死后，普拉苏塔古斯是不是罗马人设置的一个傀儡国王，通过他从其他反对派手中攫取更多利益？而所有疑问中最重要的问题是：布迪卡是谁？我们已经知道，她是普拉苏塔古斯的妻子。身为国王的妻子，她除了极富号召力的个性魅力之外，是怎样的家族背景和王室身份使得她在起义时能够一呼百应？这些问题也许永远都只能是个谜团，但是"亲罗马派"和"反罗马派"氏族、部落之间的政治斗争，在权衡这些问题时永远不该

---

[1] 安特迪奥斯（Antedios 或 Anted）是爱西尼部落的一位国王，统治期间曾在发行的钱币上铸刻上自己的名字——Anted，也许是遭到了其他爱西尼贵族的反对，后来撤销了该钱币的发行。

被低估。同时，只有待真正的爱西尼王室中心被完全挖掘出来之后，某些问题才能最终找到答案，而不是像现在这样，只能通过罗马人的视角去解读。

通过深入研究爱西尼硬币，我们得到了另一条线索。在罗马征服之前，爱西尼人已经开始自己铸造钱币，但是，与东南部富庶的贝尔盖部落相比，他们的铸造技术显然落后很多，因而货币流通量极其有限，制造出的硬币也可能相对很少（事实上，出土的铸币很少，以至于模具里没有任何两个是一模一样的）。最初，爱西尼的硬币都是由黄金铸造而成，币面上没有铭刻任何文字。只是到了后期，也就是布迪卡起义前夕，硬币上才开始刻上了部落的名字爱西尼（Eceni）。显而易见，这些硬币都是在普拉苏塔古斯和布迪卡本人统治时期铸造的，而布迪卡起义被镇压后，此类钱币被大量埋藏了起来。这些被人自豪地刻上部落名字的后期硬币与前期的金质货币不同，它们都是银质的。据推测，截至罗马征服时，或者从之前很长一段时间开始，爱西尼的黄金储备已经告罄。这些黄金一般是部落从不列颠其他地方购得，或者通过与其他地区贸易而获得的。反映爱西尼黄金储备情况的更有力的一个证据是，在东盎格利亚地区曾发现过一些由爱西尼工匠生产的精美黄金制品，如颈饰、手镯、华丽战车和马匹的配饰，制作时间可以追溯到公元前1世纪。而这类手工艺品的生产，看起来在克劳狄一世入侵前就已经停止了，其原因有可能是更富裕强大的邻居贝尔盖人的遏制，爱西尼人已经得不到他们所需的贵重金属了。

爱西尼部落的货币发行量有限，只能组织小规模的生产，这也许说明了当时的部落首领们不太擅长使用货币这种交易手段，也有可能是他们不太理解财务金融规律。如果真是这样，接下来发生的很多事情就可以解释了。罗马人在爱西尼的统治方式，与英国殖民者在英属印度[1]的管理方式十分相似，他们允许爱西尼人保留了一些特权，保持了他们象征性的独立。作为回报，爱西尼人要向罗马人缴纳贡金，为罗马军队提供后备征兵，以及接受罗马方面提供的"援助"。其实，"扩张主义援助"不是一个现代新生概念。与当今的许多第三世界国家一样，爱西尼部落接受了来自罗马金融家的贷款，目的是帮助爱西尼人逐步实现"罗马化"，这其中可能还包括购买罗马奢侈品，放在今天，也许就像买断可口可乐一样。然而，爱西尼的普拉苏塔古斯国王几乎想不到，他被卷入到一个怎样的交易里去了。罗马贷款背后的那些人，对跨国性金融运作规则了如指掌，比如罗马皇帝尼禄的导师塞内卡[2]就是一个这样的人。塞内卡是一名哲学家、诗人，更是一个精明的富人，他的目标是更加富有。

起义前夕的骚乱

罗马人占领了英格兰东南部后，继续挥师向威尔士挺进，军队

---

[1] 英属印度指英国在 1858—1947 年于印度次大陆建立的殖民统治区域，包括今天的印度共和国、孟加拉、巴基斯坦和缅甸。英属印度的很多领土并没有由英国直接控制，仍是名义上的独立土邦。土邦由当地王公、王侯和行政长官统治，但必须接受条约和英国国王的共主地位，承认英国国王为领地的最高统治者。这种模式叫作"附属联盟"。

[2] 塞内卡（Seneca，公元前 4—65），古罗马著名哲学家、政治家与诗人。曾任罗马皇帝尼禄（克劳狄一世的继任者）的导师及顾问，于公元 65 年被尼禄逼迫自杀。

一直推进到了半岛的西南部。与此同时，大批罗马殖民者、商人、开发者和创业者尾随着军队，纷纷涌入不列颠，意欲在这个罗马帝国新建的行省捞一桶金。科尔切斯特附近的高斯贝克镇，成为不列颠尼亚行省[1]的省会。他们还建立了一个大型的贸易集散地，专门管理不列颠尼亚行省的资源该配送何处，以及罗马的物产（比如陶器、玻璃制品、纺织品、葡萄酒、橄榄、谷物等）能在哪里买卖。这个贸易点就是后来的伦敦。

罗马军队在向北、向西推进的过程中，逐渐建立起了一条军事边界。这条界限起自现今林肯郡的林肯（Lincoln）市，经过格罗斯特（Gloucester），直到英格兰西南部德文郡的埃克塞特（Exeter）市。沿途一系列的要塞将这条军事专用道路——福斯之路（Fosse Way）——连接起来。军队沿着这条线路，可以从一个要塞转移到另一个要塞。也许，罗马征服者原本打算征服到此为止，就像他们在征服德国的过程中也止于一条类似的界线。毕竟，福斯之路再向北、向西，就只有威尔士山区里的当地部落，他们生性桀骜，难以控制，看似不太可能与虎谋皮。但是，罗马军队在征伐过程中遇到了麻烦，比如，他们遭到一名叫作卡拉塔丘斯的当地头领的强烈抵抗，这迫使罗马军队只能继续进军，深入到威尔士山区。这些麻烦也让罗马人对已征服部落的态度发生了改变。

---

[1] 不列颠尼亚行省地域上指公元43—410年罗马帝国占领不列颠岛的范围，包括英格兰、大部分威尔士和部分苏格兰地区。不列颠尼亚是罗马人对不列颠岛的拟人化称呼，并衍生出一位不列颠女神的形象，以一位头戴钢盔、手持盾牌和三叉戟的女子为象征。

20   公元50年，罗马总督下令"解除特伦特河[1]与塞文河[2]罗马占领区一侧嫌疑分子的武装"。从此之后，根据罗马法律，携带狩猎武器之外的其他武器都是违法的。这条律令不仅适用于那些激烈反抗过罗马统治的部落，而且也应用到了爱西尼这样自愿归顺的藩属国，虽然罗马军队没有侵占他们的土地，他们也希望与罗马入侵者站在一队。罗马统治者派出搜查分队，没收了爱西尼部落的所有武器，尤其是那些铁铸大剑。这些铁剑都是爱西尼的能工巧匠们的精工锻造之作，装饰华贵精美，经常作为传家宝代代相传，也是贵族身份的标志。收缴武器这一举措引起了骚动，爱西尼人最先揭竿而起，抗议这一法令。他们随即向比邻而居的卡图维劳尼人和卡提维罗尼[3]人求助，袭击了一支前来搜缴武器的罗马分队。但是，爱西尼的形势很快转入防守，根据塔西佗《编年史》记载，他们被围困"在一个围场之中，这里四周围绕着地势险峻的天然河岸，只有一个狭窄的进口"。很显然，这种地形应该指的是一个铁器时代的军事要塞，骚乱的军队在那里被轻而易举地打败了。[今天，沿着爱西尼王国南部和西南部边界一线，除了靠近剑桥的旺德伯瑞（Wandlebury）一段以外，还有许多不知名的军事要塞遗迹。虽然考古挖掘还没有证实，但这次军事冲突非常可能发生在这里。]

     公元50年的爱西尼骚乱只是一段小插曲，此次冲突之后，布迪

---

[1] 特伦特河（Trent River）是英格兰中部的一条主要河流，发源于斯塔福德郡。

[2] 塞文河（Severn River）是不列颠西南部的一条河流，发源于威尔士中部。

[3] 卡提维罗尼部落（Catuvellauni）是罗马征服前的一个凯尔特部落。

卡的丈夫普拉苏塔古斯仍然在位，继续担任着爱西尼藩属国国王。有人据此推测，此次骚乱也许是爱西尼的另外一个分支，是在另一个头领的带领下起兵的。而普拉苏塔古斯可能因其亲罗马派的态度得以保全王位。然而，这次冲突的耐人寻味之处在于，它体现出爱西尼部落对罗马恐怖政策的态度，以及反应之迅猛。经此一乱，爱西尼人心存疑虑，担心与罗马人的友好关系不会长久保持下去。此次冲突也给罗马人敲响了警钟，公元 50 年的冲突后不久，罗马总督就在卡米路多纽建立了一个永久性的殖民驻地，作为退伍老兵的安置地，把从特里诺文特人那里侵吞来的大片土地分给他们。

在征服领土上建立殖民驻地，是罗马人屡试不爽的一个策略。对那些已经服了 16 年兵役、一心想要安定下来的老兵们而言，在此安居乐业是个很好的退伍选择。而对罗马统治者来讲，此举保留了一支训练有素的后备部队，全员战术娴熟，久经沙场，在紧急情况下战斗力不容小觑（需要考虑的一个重要因素是，这里向西约 241 公里即是分界前线）。最后，这也是一个向当地人传播罗马文明的好途径，这个依照罗马模式建立起来的市镇，就是向土著人展示罗马人高品质生活的活样本。可以说，这是一个样板工程，只可惜这些老兵没有展示出模范公民的模样来。

科尔切斯特：异族统治的赤裸象征

罗马殖民地市镇选址在卡米路多纽（即我们今天所说的科尔切斯特），其原因显而易见：它紧邻强大的贝尔盖族的政治中心高斯贝克镇，并且战略性地布局在两大藩属国——爱西尼和特里诺文特——之间，此地的海路与陆路交通十分便利。罗马老兵们在此安营扎寨，用经年积蓄做起了生意，像历朝历代的军人们常做的那样，娶了当地姑娘过上了日子。他们在周围乡村建了许多小别墅，引进了罗马的耕作方法，驱使土著奴隶来操持产业。他们建造的房子与现代地中海地区小镇的房子十分相似。另外，他们也在科尔切斯特开办商店，进口一些体现地中海生活方式的商品，这些货物可以经陆路从伦敦的仓库运来，或者通过那条横穿今天的科尔切斯特的科恩河运来。

他们认为此地可以高枕无忧了。科尔切斯特的军团堡垒的堤防兴建于公元43年，由泥炭垒就，平平整整，上面建起了一栋栋建筑，这些房子大多由木头与板材建成，但现今市政厅所在地有一座石料建成的公共集会广场，这个广场从那以后就发展成了行政中心。另外，他们还建了一座罗马剧院。而整个城镇中最引人注目的建筑，要算是克劳狄一世的神庙了。这座不列颠最大的罗马神庙（约32米×24米）高高矗立在一座巨大的基座之上，四周的围墙构成了一个约122米×152米的内院，围墙由石料垒成。神庙本身用雪花石膏和红色、绿色与黑色的大理石来装饰，这些材料是从遥远的意大利、希腊、小亚细亚和北非等地方进口的，价格不菲。在神庙入口台阶的前面有一座宏伟的祭台，两侧摆放着塑像，其中一座就是克劳狄一世的青铜骑马雕像。这座神庙应该有一个专门的祭司组织来主持各种祭祀活动，祭司们的活动似乎需要很大的财物进项才能支撑下去，但这些支出主要来自当地税收，而不是信徒们的捐献。于是，布立吞人对这个"异族统治的赤裸象征"（塔西佗语）心怀愤恨，也就不足为奇了。

罗马殖民者们定居下来后，从周围土著人手里大肆强抢土地，种植庄稼，这种情况不仅发生在科尔切斯特，而且也发生在居住于圣奥尔本斯的卡提维罗尼部落。圣奥尔本斯殖民地的主要人口是当地原住民，这些人是被鼓动了"到罗马去"而住进市镇的。在公元 1 世纪 50 年代，市镇是不列颠社会生活中的一个新生事物，在罗马征服前，当地人对城镇生活是闻所未闻的，当然，这些新兴市镇在公元 60—61 年的布迪卡起义中被摧毁殆尽。考古学家尽力追溯了这些城镇早期的发展状况，给我们描述出一幅大毁灭前生动精彩的城市生活画面。

当时的科尔切斯特大街就与今天的情况一样，是当地最主要的商业中心。在大街北边有一间木骨架结构的房子，四周是泥墙（wattle and daub）和涂色石膏板，当时是一个种子商人的仓库。紧挨着的一家是陶器商店，库存有几百个萨摩斯[1]红色陶瓷碗——这也是当时家用器皿大规模生产的历史见证——以及水罐、玻璃杯和灯具（镇子里就有当地的灯具行业）。让人惊叹的是，这些商店在成立之初的所在位置一直保持到了现代，因为科尔切斯特市这部分城区的房屋分界，2000 年来始终未变。在街道的另一边，紧靠着红狮旅馆，发掘出了另一家陶器商店，这里出售的主要是供上流社会使用的碗盆用具，装饰精美。考古学家还发现有 70 多个碗装在包装箱里，未及开封，这些碗是从欧洲大陆高卢中部的一个作坊进口的。在另一家商店里发现

---

[1] 萨摩斯岛是希腊第九大岛屿，该岛生产的著名奢侈品为葡萄酒和萨摩斯红色陶器，罗马人称之为"萨摩斯陶瓷"。

了大量用作调味品的芫荽、莳萝、八角、松果、罂粟花、扁豆以及无花果。（不是干果，而是新鲜的无花果。难道在公元1世纪，科恩山谷的气候温暖到可以种植无花果吗？）这些迹象告诉人们，这里是一家高级的熟食店，顾客主要是罗马富人和上流社会人士。顺着现今的狮子步行街向南，考古学家也发现了大量的木骨架房子和商店。1974年在这里挖掘出的一家水果店进一步证实了上面的猜测，店里出土的李子、橄榄和干枣，保存状态良好，这些物品连同葡萄酒和鱼酱，可能是装在细颈瓶或存储罐里从地中海地区进口的。试想一下，当年的罗马老兵和他的不列颠妻子，指派奴隶们去这种商店购买家乡物产，在异国他乡尽情享受着安逸富足。这里的殖民地生活看起来一派祥和。

起义肇始：塔西佗笔下的故事

公元60年，正值残暴而多变的罗马皇帝尼禄在位期间，爱西尼国王普拉苏塔古斯去世了，塔西佗描述他的一生为"命寿绵长，素有富名"。当时，爱西尼仍然是罗马的藩属国——名义上的盟友，实际上是被占领、被征服的一族。很显然，普拉苏塔古斯希望自己死后，这种脆弱的独立状态能够持续下去。为示忠诚，他将尼禄皇帝和自己的两个女儿列为共同的财产继承人。但是事与愿违，普拉苏塔古斯死后，侵吞与抢掠接踵而至。罗马军队开进了爱西尼领土，大肆掠夺王室财产，把贵族们从世袭领地赶走。普拉苏塔古斯的寡妻布迪卡遭受了鞭刑，两个女儿惨遭罗马奴隶的强暴。罗马人以为使用这种毫不留情的暴虐手段就可以将爱西尼削弱为行省级行政区，并且永远根除世袭王室在这里的影响力。草动知风向，这一举动的实质是罗马的投资者们，比如尼禄皇帝的导师及顾问塞内卡，在要求投资回报了。爱西尼人绝不屈服，决定起义反抗，包括特里诺文特人在内的一些部落也纷纷参与，塔西佗记载道："他们秘密集会，暗中策划，寻求再度获得自由。"这段文字某种程度上记录下了起义策划阶段的情况，而他们的头领就是爱西尼的布迪卡。

有关这次起义的史料都来自罗马人的记载，目前唯一可读的资料 24 就是塔西佗所著、关于罗马帝国的《编年史》。塔西佗是个受过良好教育的罗马上流人士，同时，他也对罗马帝国北部与西部的凯尔特人和日耳曼人表示过浓厚的兴趣，对他们的命运心怀同情。虽然在起义爆发时，塔西佗还只是个孩子，但他的叙述仍有着特殊的价值，因为他的岳父就是罗马将领、政治家朱利叶斯·阿格里科拉（Julius Agricola，40—93 年），也是后来的一任著名的不列颠总督。公元 60—61 年的布迪卡起义爆发时，朱利叶斯·阿格里科拉曾作为一名低级军官，亲历了战争。于是，下面这个设想不无道理：青年时期的塔西佗曾聆听他的岳父讲述过那场战争，并且他一定读过朱利叶斯·阿格里科拉的回忆录，当然，这本回忆录现在是无迹可寻了。虽然塔西佗对布迪卡的描述不可避免地带有片面性，然而，作为一位历史学家，塔西佗是值得我们尊敬的。就如他自我评价的那样，他一直"致力于没有愤怒与偏见地书写历史"，并且，他对罗马统治者的诸多帝国主义行径，从不掩饰自己的厌恶之情。虽然我们还不能确定，他是否是为了增加戏剧效果，才没有把起义动机简单地归咎于布迪卡，但是他屡次提到布立吞人对罗马殖民者心怀愤恨，虽然也没有拿出什么站得住脚的证据。而罗马殖民者在他的笔下，则表现出对异族文化难以置信的淡漠与轻视。总而言之，如果没有塔西佗，布迪卡的故事早就湮没无存了；如果没有塔西佗，不列颠早期的诸多考古发现也无法得到诠释，更不要说如此广为人知了。

科尔切斯特的毁灭

毫不意外，科尔切斯特成了起义军的首选进攻目标，因为这里有便利的设施、生活优渥的老兵，更有那金碧辉煌、豪华奢侈的克劳狄一世神庙。在起义军行军沿途，那些住在城外的罗马人首先遭了殃。在靠近剑桥的福克斯顿（Foxton），起义军途经了一处乡间别墅，考古者在这里发现了许多野蛮破坏的痕迹。房子是被强行闯入、放火焚毁掉的。破碎的门闩也许说明了门是被人强力砸坏的，房子里到处是大火焚烧的痕迹，一个精美的玛瑙浮雕饰品（罗马皇帝为感谢军人服役而赐予的一种奖赏）从黄金底座上被撬下来，扔进了粪池。虽然房子的主人应该没有时间逃走，但房子里几乎没有主人的踪迹，只找到了他们最后一餐的遗迹——一碗牡蛎。这种状况就与20世纪的游击战一样（例如，发生在南部非洲原英国殖民地罗德西亚的战争），那些居住在偏远的农场里的殖民者首先遭到了杀戮。

随着起义军一路南下，谣言像野火一样迅速蔓延。据塔西佗记载，科尔切斯特的人们笼罩在一种大难临头的不祥预兆之中。退潮后的河床上留下了一具具貌似尸体的东西；神经敏感的女人见到种种破坏的景象，声声尖叫也十分应景；元老院里不时传出可怕的呻吟声；海面上显现出一片血红的痕迹，在河口湾显现过一处殖民地的幻象，但是现场断壁残垣，破败不堪。塔西佗对此评论说："这些预兆对布立吞民众而言预示着希望，而殖民者则是满心恐惧。"

而对此情形，罗马帝国派驻不列颠的总督苏埃托尼乌斯[1]却无能为力，鞭长莫及。布迪卡起义爆发时，苏埃托尼乌斯正在威尔士西北部的安格尔西岛（Anglesey）上，全力以赴地攻打实力强大的凯尔特人的德鲁伊[2]据点。科尔切斯特的老兵们不顾一切地向伦敦求救，因为罗马帝国的行政长官卡特斯·迪希阿纳斯（Catus Decianus）的驻地就在那里，但是，卡特斯·迪希阿纳斯只派来了200人，装备还破旧不堪。老兵们只好准备自卫，鉴于既无壁垒也无战壕可以防守，他们只能在克劳狄一世神庙外围，临时拼凑起了防御工事。

决战时刻转眼即到。布迪卡的起义队伍包围了科尔切斯特，放火烧城。当地绝大部分建筑为木质结构，故而火势汹涌，势不可当，横扫一切。科尔切斯特大街的陶器商店，在大火焚烧之前就被砸得稀巴烂，留给现代考古学家的就是满地的红色萨摩斯陶器碎片，上面沾满黑炱。靠近广场的那家玻璃店里火势很大，熔化了的玻璃流到了地面

---

[1] 苏埃托尼乌斯，全名盖乌斯·苏埃托尼乌斯·保利努斯（Gaius Suetonius Paulinus），公元58年开始担任不列颠总督，以击败布迪卡起义而闻名。

[2] 德鲁伊是古代凯尔特人的祭司。德鲁伊在凯尔特社会中地位崇高，可以与王权匹敌，或者比王权力量更大，他们不仅是社会中的修道士，也是医生、教师、先知、占卜者和法官，以及所属部落历史的记录者。德鲁伊也可以指德鲁伊教，神秘主义教义靠口口相传，全靠记忆，不留任何文字资料，只有有能力的人才能当上德鲁伊。

上，形状扭曲着冷却了。一名罗马军乐队队员的乐器先是被狠狠地踩断，然后他的房子也被烧掉了。现场还发现了很多人体的遗迹，以及被烧死的人的遗骨。那些逃出来的人——撤离的罗马人中没有妇女和儿童——纷纷逃往一个地方，只有那里能承受得住这场大火，也只有以那里为据点，老兵们还有望反击布迪卡的军队，那就是克劳狄一世神庙。他们在那里抵抗了两天，最后神庙被起义军强行攻占，所有藏身其中的人均惨遭屠杀。克劳狄一世的骑马雕像被推倒在地，脑袋也被一名起义士兵砍掉，扔进了萨福克郡的阿尔代河。克劳狄一世神庙惨遭破坏，被夷为平地，但是，那宏伟的拱形基座几乎是不可摧毁的，直到今天还保留在那里。后来，在同一位置上建造了科尔切斯特诺曼教堂。

26　　　愤怒的起义士兵甚至亵渎了罗马人的墓地。这处墓地位于现今科尔切斯特西门的位置，他们在这里大肆毁坏雕像，砸烂墓碑。科尔切斯特博物馆现存两个非常典型的例证：龙基努斯（Longinus）是一名骑兵军官，来自巴尔干半岛，他的墓碑上显示着他骑在马上，在被征服的部族面前显出趾高气扬的神情，布迪卡的军队敲碎了他的面部，但是畏缩在他脚下的那名布立吞人却毫发无损，整块墓碑也被砸断丢在了一边。马库斯·法斯利斯（Marcus Facilis）是一名意大利籍的百夫长，也就是古罗马军队中管理 100 名士兵的军官，他身穿最好的庆典盔甲时的英姿被刻画了下来。

　　　　马库斯·法斯利斯安眠于此，他是坡立安部落马库斯之子，罗马第十二军团百夫长。

　　　　　　　　　　　　——自由民维瑞库恩德斯与诺维丘斯敬立

然而，法斯利斯的墓碑被拦腰砸断，那自负的高鼻子也被敲掉了。

起义发展

爱西尼起义军的发展势头如火如荼，日益壮大。大量优质的马匹源源不断地供给了起义军，起义贵族们的行军速度大大加快，机动性越来越强。爱西尼人及其同盟军特里诺文特人挥师向南进发，所过之处摧毁了一座座城镇与殖民村落，其中就包括埃塞克斯郡的切尔姆斯福德（Chelmsford，这里也是一个大型的罗马不列颠文化遗址，但目前只是进行了部分考古发掘）。另外，起义军还摧毁了圣奥尔本斯，这里虽然是个罗马市镇，但当地原住民占人口的大多数——这些布立吞人过上了罗马风格的生活，因而布迪卡的"解放之师"对他们毫不留情。总而言之，在属于这一时期的土层里，但凡考古学家能够挖掘的地方，似乎都能发现杀戮与毁坏。然而，起义的布立吞人绝不是群龙无首的乌合之众。当时，距离起义地区最近的是罗马第九军团，驻扎在现今剑桥郡北部的廊索坡村（Longthorpe），听闻起事，罗马指挥官仓促挥师南下，想要把起义扼杀在萌芽状态。但是，在科尔切斯特西北部的树木茂密的乡间，军团陷入了一个精心设计的圈套，大约2000多名军团精壮士兵被一网打尽，只有骑兵得以逃脱。据推测，布迪卡一定是精心设局，才解决掉这个战斗力强大、久经战场考验的正规军的威胁，并且，毫无疑问，她是在行军途中击败他们的。这个巨大的胜利让爱西尼士兵大受鼓舞，士气大增。转眼之

27

间，罗马在不列颠的统治貌似岌岌可危，成败难料。总督苏埃托尼乌斯率领罗马驻军的主力远在威尔士征战，也许刚刚得知起义事态之严重。随着第九兵团的覆没，布迪卡的下一个猎物——伦敦——已经毫无防御能力了。

伦敦：公元 1 世纪的繁荣小镇

伦敦是罗马人的产物。它兴建于公元 50 年左右，是为了便于罗马人攫取新建的不列颠尼亚行省的财富。小镇建立后，开发者纷至沓来，截至公元 60 年，统计人口已达几千人，也许已经超过一万人。伦敦设有罗马帝国行政长官的办公室，罗马皇帝在不列颠的代理人卡特斯·迪希阿纳斯就常驻这里。伦敦不仅吸引了很多人来此经商，而且许多发展已臻成熟的地区（比如高卢、西班牙）的人也迁移过来，寻找机会。例如，一个叫奥卢斯·阿尔费蒂斯·奥卢萨的希腊人，从雅典来到伦蒂尼恩（Londinium，罗马当时对于伦敦的称呼），他于公元 1 世纪末 70 岁时去世，埋葬在了现今伦敦塔西北的塔丘地区。

伦敦似乎从建立之初起，就既不是一个军事要塞（没有任何证据表明这里曾作为军事据点），也不是一个铁器时代的渡口。它的特别之处在于，由地理位置决定的泰晤士河的潮汐能力使得远航货船可以逆流而上。公元 50 年时，随着"福斯之路"军事分界线的巩固，"一个稳定和平的时期"即将到来，欧洲商人和罗马银行家们觉得英格兰东南部看似已经足够安全而稳定，他们可以大力投资，发展与不列颠的贸易往来，因而建立了这个新兴的民用港口。截至公元60年，伦敦无疑成了一个商业成功的典范，港口大量吞吐这个新兴殖民地的各种进口与出口货物。根据塔西佗的记载，虽然伦敦先天性的殖民地身份无法抬高它的身价，但是这里"商人们熙来攘往，（是）一个重要的商业贸易中心"。

近来，考古学家确定了初建阶段的伦敦市政中心的位置。它与现今的恩典堂街[1]交叉，紧邻英国的中央银行——英格兰银行，向北达康希尔（Cornhill）街，向南边界至芬丘奇街（Fenchurch Street）和朗伯德街（Lombard Street），换句话说，也就是后来大教堂和集会广场所在的位置。在这条东西走向的主要街道上，连续排列着一栋栋的泥墙（wattle and daub）的建筑，其用途可能是住房，也可能是商店。后来，广场面积逐渐扩大，跨过恩典堂街有一大片砾石地面，这也许就是伦敦最早的市场了。在相邻主街的一栋房子里，考古学家发现了一个粮食堆，这表明当时已经有伦敦商人为了牟利而建起物资仓库了，因为这种储备是为了市民需求，而不是军用物资。考古学家对这一时期废墟遗址的挖掘，已经延伸到了今天的纽盖特（Newgate）地区，这表明伦敦的规模在当时已经相当之大，故而它在布迪卡起义中所遭受的损失着实给了罗马人以沉重一击，几乎让他们在不列颠所下的功夫付诸东流。这也确实有可能让罗马帝国的决策者犹豫，是否值得在不列颠尼亚行省继续投资。

---

[1] 恩典堂街（Gracechurch Street）是伦敦的一条主要街道，是罗马伦敦时期的心脏地段。在中世纪，此处曾建有恩典堂，1666年毁于伦敦大火。

罗马总督苏埃托尼乌斯虽是个行武之人，却对这种形势了解得十分透彻。摧毁了安格尔西岛上的德鲁伊特据点之后，他快马加鞭带领两个军团回师向东，赶回伦敦救援。他自己一马当先，沿着惠特灵大道[1]日夜兼程，想尽快探得罗马帝国在伦蒂尼恩的投资是否真的打了水漂。

苏埃托尼乌斯到达伦敦后，情报机构报告的消息比他预想的还要糟糕。第九军团已经失去了战斗力，科尔切斯特被夷为平地，其他部落纷纷加入爱西尼起义军一边。通过幸存者之口，他应该也大概了解了布迪卡军队的规模，更何况伦敦并无城墙可以防守！据我们猜测，可能在行政长官办公室喝了一杯烈性酒后，苏埃托尼乌斯做出了决定：这个城市无可救药了。现在的紧迫问题不是挽救伦敦，而是挽救罗马帝国的整个不列颠尼亚行省。"面对眼泪与祈求，苏埃托尼乌斯不为所动，"塔西佗写道，"他下达了撤离的命令。"有些伦敦人跟随他进入军事保护区；有些人逃过泰晤士河，躲避到南部亲罗马的部落控制区里去了；还有一些人想尽办法租到船，逃回了高卢地区。逃跑的人中就有行政长官卡特斯·迪希阿纳斯本人，据说，在起义爆发前，就是他的贪婪成性激起了民愤。也许，跟随他逃跑的还有前面提到的希腊人奥卢斯·阿尔费蒂斯·奥卢萨，他逃跑时手里紧紧抓着钱袋。留守伦敦的人中有老人、妇女、儿童，他们留下来是因为这里有

---

[1] 惠特灵大道（Watling Street）是连接英格兰和威尔士的一条路线和军事通道，最初是古代英国人使用的一条古老道路，主要位于现今坎特伯雷和圣奥尔本斯之间。罗马人入侵后改造铺设了这条路线，使其连接起一系列军事要塞，成为通往军事分界线的一条要道，也是一条主要的罗马大道。

着太多的牵挂，或者只是因为舍不得离开他们崭新的商店，他们忧心忡忡地等待着伦敦的最后黎明。

伦敦沦陷

公元 60 年那场洗劫伦敦的大灾难，已经通过现代考古发掘非常清楚地呈现出来。只要挖开伦敦最早的基础土层部分，灰烬与煤烟形成的红黑土层随处可见。在垃圾坑里找到食品罐子也毫不奇怪，某人把钱埋藏在一个秘密地点，却再也没能回来取走。大火炙烤过的萨摩斯陶器，散落在瓦尔布鲁克（Walbrook）河的东西两岸。在中心市场里，闷燃后的残骸碎片随意散落在主街的砾石路面上。这场大火的燃火中心应该是在恩典堂街，但是在整个大火区域里，又有些地方没有燃烧的痕迹，这表明大火是在几个燃火点分别点燃的——在一个空间开阔、住宅区呈带状分布的新建市镇里，这种点火方式是可以理解的。同时，考古遗迹也印证了塔西佗的描述：在布迪卡军队到来前，这里发生了大规模的紧急疏散，因为从目前挖掘出的焚烧过的一部分房屋来看，里面通常会缺少一些家居用品（虽然不是所有的东西）。有些房子里虽然物品犹在，但主人确实不在房内，而他们也许就是那些在冲突中倒毙路边的人，这种情况在当时数不胜数。布迪卡起义军为所欲为，塔西佗记载道："他们迫不及待地要去割断喉咙、放火、绞死或钉死别人……死亡的罗马人和当地人预计达七万人。"这个数字也许有些夸张，但是毫无疑问，很多罗马人遭到了凶残杀害。稍后的历史学家卡西乌斯·狄奥也许是为了煽动读者的情绪，在所著的

《罗马史》里加入了许多令人毛骨悚然的细节：他描述罗马贵族妇女如何被施以绞刑，乳房被割下，嘴被缝上；她们怎样惨遭虐待，被刺穿在尖木桩上。然而，就像塔西佗所指出的那样，这些也许是某种宗教仪式，是为了履行德鲁伊教所遵循的某种习俗仪轨。很遗憾的是，我们对德鲁伊教在这次起义中扮演的真实角色还一无所知，对他们在布迪卡"自由之战"中起到了多大的推波助澜的作用也是不甚了了。不管《罗马史》里的描写细节真实性如何，在瓦尔布鲁克河靠近恩典堂街的淤泥中，考古学家确实发现了很多断裂的头盖骨，这些也许就是被这支"复仇之师"俘获的罗马人和不列颠变节者的头颅吧。在罗马，有些纪念碑上的浮雕，比如图拉真凯旋柱[1]，展示了凯尔特部落和日耳曼部落斩首敌人、将敌首示众的景象，那些伦敦人看似就遭遇了同样的命运。

经此一役，罗马人在伦敦的投资在战火中血本无归。大火消歇，战尘落定，布迪卡面临决策的时刻。进攻的动力消失了，此时此刻的她该如何抉择？其实，她似乎别无选择，只能跟随着苏埃托尼乌斯的军团，开进罗马军事控制区，力争给他们致命的一击。任何拖延都可能让罗马人从高卢派来援军，一旦援军进驻到苏埃托尼乌斯在肯特的里奇伯勒（Richborough）的供应基地，那么她就可能腹背受敌。也许，她已经意识到速战速决的重要性，毕竟，这次起义的破坏力如此之强，影响如此之大，罗马正规军再遭受任何一点损失，都可能让那

---

[1] 图拉真凯旋柱又名图拉真柱，为纪念罗马帝国皇帝图拉真（98—117 年在位）征服达西亚所立，于公元 113 年落成，柱身浮雕精美。

些主张"全面撤离不列颠"的力量占据上风。毕竟有什么必要投入那 31
么大的精力，去巩固一个也许收益甚微的新占行省呢？布迪卡本人很
可能也知道50年前，发生在德国条顿堡森林的那场战役[1]，罗马帝国
在那次战争中惨遭失败，损失了三个军团，战役导致罗马军队整体后
撤，建立了罗马人与日耳曼人的分界线——莱茵河边界。

　　目前，对我们来说，布迪卡和她的起义军还有太多的未知因素。
比如，布迪卡对她的军队和局势的掌控力度到底有多大？比如，她
是否知道当时沿林肯郡到英格兰西南一线也爆发了很多其他起义？比
如，她是否知道诺丁汉北部的马季度诺姆（Margidunum）的罗马人
也遭到杀戮？再比如，她是否知道英格兰西南部的萨默塞特（Somer-
set）郡也有几股反抗力量，随时可能揭竿而起？在萨默塞特郡的南凯
德伯里（South Cadbury）村的一处铁器时代的军事要塞里，考古学
家发现了一场大屠杀的遗迹，受害者主要是妇女和儿童，考古学家
已经将事因与布迪卡起义联系了起来。当时，布迪卡一定是要投入
很大的精力来维持军队秩序的，要说服他们把注意力从抢劫更多的
战利品，转移到他们害怕面对的情况——与苏埃托尼乌斯军团的正
面交锋。

---

[1] 条顿堡森林战役指罗马皇帝屋大维统治时期，日耳曼人反对罗马占领军的一次战
役。公元5年，罗马在德国莱茵河以东建立日耳曼行省，推行罗马的税收与法律制度，
引起日耳曼人不满，于公元9年爆发起义。罗马主帅瓦鲁斯率领罗马第十七、十八和
十九军团镇压，在条顿堡森林遭伏击，全军覆没，瓦鲁斯自杀。此役阻止了罗马帝国
继续向日耳曼地区的扩张，从此罗马人与日耳曼人大致以莱茵河为边界。

最后决战

这场生死攸关的决战发生在哪里？塔西佗详细地描述了战场周围的情况：罗马主帅苏埃托尼乌斯力据一条狭窄的山谷，背后有一片树林环绕，前方则是开阔的平原。显而易见，该地点地处山间，周围树林繁茂，又细又长的峡谷隔断了树林，峡谷外面豁然变宽，延伸出一片平坦的平原。令人遗憾的是，塔西佗没有确切说出这个地点在哪里。大多数学者认为，既然布迪卡追踪苏埃托尼乌斯到了惠特灵大道，决战地点应该就在这条道路附近，想必是靠近军事分界线的某处，并且，这里应该距离罗马供给基地和交通线也不远。据塔西佗描述，苏埃托尼乌斯精心选择了这个地点，以保证自己处于有利的防守位置。有关决战发生的具体位置，历来有很多争论，研究者们各执一词。不久前，格雷姆·韦伯斯特博士提出了一个新的地点——靠近纳尼顿（Nuneaton）的曼切特村（Mancetter），而近期的考古发现不断为这个假说添砖加瓦。

曼切特村（后来叫作曼德西德姆 Manduessedum，意为"双轮战车之地"）位于一道覆盖着茂密树木的峭壁之下，峭壁被沟壑溪谷截断。放眼村庄前方，在安可河（Anker）对岸，一片开阔的平原延展开去，惠特灵大道横贯其中。沿着安可河，考古学家发掘出大量的罗马军事基地的防御物，偶尔也有军团士兵和骑兵连的盔甲，还发现了一处军队铸造钱币的密藏点。出土文物显示的信息与罗马第十四军团的情况一致，而我们从塔西佗的记载可知，第十四军团是苏埃托尼乌斯与布迪卡决战的骨干力量。我们可以相应推测，这个营地也许在"福斯之路"分界线形成的时候就已经建立了。伦敦陷落后，苏埃托尼乌斯在撤退途中投奔到这个地方，并将此地作为援军的碰头地点，因为他已经下令"福斯之路"沿途各要塞的军队赶来援助。这里的地理位置也有利于他的防守，可以避免被人数占绝对优势的布迪卡军队从四面包围。

如果韦伯斯特博士的假说正确的话，那么罗马军队就是背靠着山间密林、沿着安可河一线配置兵力的。按照常规，步兵（主要为第十四军团和第二十军团的部分士兵）位于阵列中心，轻装的辅助部队位于侧翼，而骑兵则布阵于辅助部队的两翼。罗马军队据守的位置十分狭窄，面向深沟，左边是一个要塞，该要塞的位置非常靠近惠特灵大道与安可河交界的地方。罗马军队预计有 7000 到 8000 名军团士兵，4000 名辅助人员和骑兵。对面的不列颠起义军队则是士兵漫山遍野，他们或步行，或骑马，发出巨大的喧闹声响来恐吓罗马人。他们对胜利信心满满，甚至用大车装载上妻子和家人，让她们来观赏这次大屠杀。不列颠军队的人数难以确定，但塔西佗认为超过了 10 万人，卡西乌斯·狄奥则提出了 25 万之巨的数字。我们可以很肯定地说，如果不是在武器与兵员素质上占有巨大优势的话，罗马军队是严重的寡不敌众。

塔西佗和狄奥都提到，双方统帅在开战前都发表了阵前演讲。塔西佗不太可能知道布迪卡对她的军队说了什么，但有一句却道出了实情，那是一句嘲讽男人的话："要么打赢，要么战死，这就是我，一个女人，要做的！你们男人尽可以像奴隶一样活着，如果你们愿意！"

　　塔西佗记载的苏埃托尼乌斯的演讲，很有可能是真实记录了这位统帅在决战时刻的某些话，这可能是他的岳父朱利叶斯·阿格里科拉在现场聆听，并记载到了自己回忆录里的话。这段讲话确实直截了当，洋溢着军人气质。

> 别理会那些野蛮人的嚎叫，他们那边女人比男人多，他们不是军人，没什么像样的装备。我们原来打败过他们，一旦把我们的武器和精气神儿再次亮出来，他们立刻土崩瓦解！团结起来，标枪抛出去，勇往直前！盾牌抬起来，撞倒他们！宝剑举起来，了结他们！先别想什么战利品，等你打赢了，一切多的是。
>
> ——塔西佗《编年史》

　　在苏埃托尼乌斯发出进攻命令之前，布立吞人已经在罗马阵前涌来涌去，挤成一团。忽然，从大约 37 米远的地方，几千支重型标枪从罗马阵地上凌空投射而来，紧接着投来第二阵标枪雨。仅此一招就一定会造成惨重的伤亡，因为布立吞人几乎都没有护身盔甲。然后，罗马军队出击了，队形紧凑，手持短剑，灵活机动，左右刺杀。

　　古代的战争毫无浪漫可言。在这次决战中，布迪卡的军队虽然在人数上占有优势，但可以说毫无胜算，而其人数众多反而成了劣势，因为他们前拥后簇，挤成一团，手里的长剑根本没有用武之地。这时，罗马的骑兵从狭窄处奔驰而出，开始袭击不列颠军队的侧翼，拥挤的军队后部很快溃不成军。在这种战争中，死于逃跑的人要比战死的人更多。此时，罗马人开始反攻雪耻了，起义军后撤的路上塞满了己方的大车，挡住了撤退的去路，妇女、孩子和驮畜惨遭屠杀，即使是想要投降的人也未得幸免。罗马人杀性大起，在屠杀欲的驱使下理智尽失，塔西佗说有 8 万布立吞人被杀，而罗马人仅死亡 400 人，伤者众多。

布迪卡战败后服毒自尽。卡西乌斯·狄奥记载说她被秘密厚葬，但是具体位置我们无从得知。发现她的埋葬地点势必是考古学上的一大轰动事件，但可能性微乎其微。对今人而言，她永远是一个神秘的存在。在我们心目中，布迪卡比那些仇恨她并置她于死地的罗马人更加陌生，更加不可捉摸。

34

决战之后

罗马帝国的不列颠尼亚行省的命运，一度因布迪卡起义而悬于一线。仅仅数月之间，这场起义就席卷了从诺福克郡到萨默塞特郡的广大地区，罗马军界当权者的当务之急是确保类似的事件不再发生。

在罗马军队反攻复仇行动的第一阶段，在距离战场约 16 公里远的地方，一个巨大的军事供应基地建立了起来。该基地靠近现今考文垂市，位于一个叫伦特（Lunt）的地方。这个要塞最显著的特点就是，有一个用木栅栏圈起来的圆形场地，专门用来训练马匹。有人提出，这里也曾是决战之后挑选俘获的爱西尼马匹的地方。该要塞还包括一座大型谷仓、马厩、装备库房、营房和制造骑兵装备的铸造作坊，除此之外，这里还有一个面积宽敞的指挥部，是高级军官们聚集的地方。这座要塞的使用时间并不长，它是为了应对布迪卡起义，于公元60年左右仓促动工的。该要塞占地宽广，目前保存好的遗迹面积就有约27英亩，这些遗迹今天已经恢复重建起来了。事实上，布迪卡时期这个要塞的外围防线至今还没有确定，它有可能延展到索爱河（Sowe）河湾里的整个伦特高地，占地面积约达152英亩。

英格兰中部紧迫的军事状况得以缓解后，大批罗马军队向南挺进爱西尼领地，因而这个占地约27亩、以圆形驯马场和总指挥部为中心的袖珍要塞，慢慢取代了最初那个巨大的军事基地。然而即便是这个具体又微小的要塞，到了公元80年左右也已经弃置不用，被一个军事拆除小组拆除了。我们可以通过一个考古发现，饶有趣味地洞见罗马军事集团在不列颠的心态。伦特要塞在3世纪晚期曾被再度启用，当时正值罗马人为了抵御盎格鲁－撒克逊入侵者，沿着撒克逊海岸修建了一系列军事要塞。有人推测，虽然公元80年伦特要塞正式废弃，但罗马人仍宣称保留着这块土地的所有权——是布迪卡起义给了他们这个教训。布迪卡起义就是借助于当地人的仇恨情绪迅速蔓延的，而这种仇恨情绪是因为土著人的土地被罗马人侵吞以作军事用途。所以，伦特（很可能还有其他地区）在近200年的时间里，一直作为军事要塞的备用地点，以备将来任何不时之需。

爱西尼的结局

我们可以想象，决战后的伦特高地上呈现出一派不同寻常的繁忙景象：大批罗马军队在此安营扎寨，四周斜坡上布满了栅栏，里面圈着战马，堆放着粮食；铁匠铺里拼命地加工着马蹄铁，骑兵支队来来往往；俘获的爱西尼战马源源不断地被牵进圆形驯马场，接受遴选；罗马军队沿着索爱河沿岸，在斜坡和几乎陡直的悬崖下进行着强化训练——这些都是苏埃托尼乌斯为了进军爱西尼领地所做的准备工作。为了尽快结束战争，整个罗马军队在冬天都"住在帐篷里"。从德国又专门派过来了 2000 名正规军、8 个辅助步兵营和 1000 名骑兵——这在一定程度上反映了罗马军队在这次战争中的损失。厉兵秣马完毕，苏埃托尼乌斯率领大军，进入爱西尼人与特里诺文特人的领地，在当地建立了冬季营房，这样他就可以在此用火攻和利剑，去蹂躏和报复那些敌对的或摇摆不定的部落了。"但是，最让敌人痛苦的是饥荒，"塔西佗记载说，"因为他们疏于耕种，田地荒芜。他们倾尽所有人力参加军队，想要从我们这里抢夺供给。"

罗马军队在加强对爱西尼控制的同时，在东盎格利亚地区也建立了一系列军事要塞，其中就包括位于诺福克郡的萨姆托尼村、沃瑞姆村、高斯贝克等地的罗马要塞，也可能包括诺维奇市附近的凯斯特村。继苏埃托尼乌斯的大火与利剑的报复之后，第二阶段改造措施接踵而至。为了体现罗马文明的全部利好，爱西尼族被彻底罗马化了。公元 60 年后成长起来的新一代爱西尼人，完全生活在一个罗马文化的世界里。

起义后的几年，一支爱西尼部落遵循着罗马化路线，从中心部落区被迁移到一个新地区，这个新市镇就是位于诺维奇市附近的凯斯特村，当时叫作 Venta Icenorum，意思是"爱西尼市场"。这个地方后来虽然地位提升，成为集会广场和公共浴室所在地，但这一迁移之举并不是很成功。与其他部落的政治中心相比，这个地区的最初规划本来就相对较小，而且事实也证明，这个规划太乐观了。这里的很多小块土地从来没有被使用过，整个市镇很长一段时间内处于半空状态，在公元 1 世纪晚期，它收缩为现今城墙所示的规模。罗马帝国衰落后，这个市镇也没有引起任何军队的兴趣，其高达 6 米的城墙屹立至今。

那么，爱西尼部落的命运如何呢？这对我们来讲仍然是个谜。我们对布迪卡起义前的爱西尼人了解不多，起义后就所知更少了。可以推测，几乎整整一代爱西尼男性，或者战死沙场，或者丧命于战败后的饥荒、蹂躏和奴役。爱西尼王室和贵族头领们，应该是遭到了无情的清洗，被彻底消灭了。农民们得以苟活，也许是因为罗马人的苛捐杂税对他们来讲并没有什么不同。罗马帝国衰落后，爱西尼人就彻底地从我们的视线中消失了。接下来的几个世纪中，在诺福克郡的边缘社会生活着一群人，他们说着不列颠语，居住在洼地沼泽地带，是漂泊不定的马匹商人和盗马贼——这或许是爱西尼人的最终归迹？我们暂且把这些都留给想象力去渲染吧。今天，走在诺维奇市的大街上，你不难看到具有凯尔特人相貌特征的脸庞，他们很可能就是这些人的后代。至于布迪卡本人，她没有给我们留下一丝一毫的个人踪迹。卡西乌斯·狄奥提到的她那座豪华坟墓，引人遐想却几乎遥不可及。她的纪念丰碑只耸立在那些对她恨之入骨的敌方历史学家的字里行间。

第二章 亚瑟王

亚瑟与他们（即盎格鲁－撒克逊人）作战，与他并肩战斗
的还有布立吞人的国王们，但他才是战争领袖。

——内尼厄斯《布立吞人的历史》[1]

---

[1]《布立吞人的历史》（*History of the Britons*）是一部成书于公元 830 年左右的历史学
著作。该书旨在追溯古代不列颠居民更早期的历史，书中描述了威尔士与英格兰的历
史，是一系列节录文段、评注、史料摘要等的集合，但大部分引用的内容都已佚失，
因此这部书的可靠性常被质疑。该书有若干个校订本，互有差别。该书的重要性之一
在于它对亚瑟故事及其流传的深远影响，它是后世作家创作亚瑟王传奇故事的最初资
料来源。一般人认为该书的作者是 9 世纪的威尔士修道士内尼厄斯（Nennius）。

纵观英国历史，没有任何一个民间传说能超过亚瑟王（King Arthur）传奇的影响。即使放眼全世界，也少有故事能出其右。圆桌骑士、桂妮薇儿（Guinevere）王后、兰斯洛特（Lancelot）骑士、寻找圣杯，这些故事自中世纪起就焕发出巨大魅力，其吸引力亘久绵长，延续至今不衰，尤其在当下大不列颠王国江河日下的语境中，这个远逝的黄金时代的传奇更平添了不可抗拒的魅力。亚瑟王传说是以公元 5 世纪罗马帝国衰落为背景展开的，但因为绝少史料记载，这个时期一直是英国历史上最富有神秘色彩的阶段。然而，透过重重历史幕障，现代历史学家认为对亚瑟王已经有了一定的了解，将其定义为一个远古时代英勇善战的首领，一个确有其人的不列颠英雄——据推测，亚瑟大约死于公元 500 年。罗马帝国衰落后，盎格鲁－撒克逊人趁机从北欧和斯堪的纳维亚半岛等地涌入不列颠——他们就是今天英格兰人的祖先。当时，亚瑟带领不列颠岛上的原住民，英勇抵抗了盎格鲁－撒克逊入侵者，取得了一系列胜利，留下了生前身后的英勇声名。但是历史学家们的判断是否正确呢？

在英国有历史记载的 2000 年的时间里，公元 500 年前后的那段时间尽管隐晦神秘，但在某种程度上却是最重要的一个阶段，因为从那个阶段起，英国的主要种族和语言架构得以确定。在这一阶段，新移民盎格鲁－撒克逊人入侵不列颠，并在主岛的东部和南部地区，也就是后来被称为英格兰的广大地域定居下来。而原居于此地的不列颠凯尔特人，则被驱赶到了康沃尔郡、威尔士、斯特拉斯克莱德（Strathclyde）地区和苏格兰等地。盎格鲁－撒克逊入侵者对凯尔特人的巧取豪夺，是中世纪文学作品的一大主题，而亚瑟是其中最伟大的英雄。

　　本章旨在通过追寻罗马文明在不列颠的终结轨迹，探究出历史人物亚瑟与这些事件之间的联系，并诠释这种关系。今天，无论你走进英国的哪家书店，书架上陈列的书目都会让你坚信：亚瑟确有其人。大量有关亚瑟王的书籍充斥着市场，从著名的学术著作到荒唐的助兴理论，无所不包。这些书中所塑造的亚瑟形象各不相同，从偶像英雄到游击战总司令，从黑暗时代[1]的超人到黑暗时代的切·格瓦拉[2]。这些五花八门的解读其实提醒了我们，每个时代都是从自己的需求角度来评价亚瑟。18 世纪时，英国历史学家爱德华·吉本[3]在谈及这个问题时说，"当代最主要的问题是，人们倾向于怀疑亚瑟是否确有其人"，他对这个表述很满意，并且很聪明地回避了去推测他的生平经历。19 世纪早期的麦考利男爵[4]则认为，亚瑟王"不比海格利斯[5]更

38

---

[1] 黑暗时代（Dark Ages）一般指欧洲历史上从罗马帝国衰亡到公元 10 世纪这一时期，又称"中世纪早期"，该阶段突出的特点是社会动荡，流传下来的文学、文化作品甚少。

[2] 切·格瓦拉（Che Guevara，1928—1967）是古巴革命的核心人物之一，社会主义古巴、古巴革命武装力量和古巴共产党的主要缔造者及领导人，著名的国际共产主义革命家、军事理论家、政治家、医生、作家、游击队领袖。

[3] 爱德华·吉本（Edward Gibbon，1737—1794），英国历史学家，著有《罗马帝国衰亡史》。该书最后一卷发表于 1788 年，考证详尽，许多历史学家从这部书里引用材料。

[4] 麦考利男爵（Thomas Babington Macaulay，1800—1859），英国诗人、历史学家，著有《英格兰史》。

[5] 海格利斯（Hercules）是罗马神话中的英雄，他力大无穷，很多人慕名追随他。

值得相信"。直到进入 20 世纪，人们才开始去考证这一传奇的细节，以期还原历史人物亚瑟的原貌——也许是维多利亚时代[1]为这一趋势奠定了基础。很多以亚瑟传奇为蓝本的故事，比如丁尼生的《国王叙事诗》[2]，对维多利亚时代后期的人们产生了巨大影响，其高调宣扬的骑士精神、英雄主义和国家主义，甚至连同故事中的性爱妒忌、不忠背叛等阴暗气息，都冲击着当时人们的心灵与想象力，激发起他们维多利亚风格的怀旧情绪，引领着人们去追寻一个远逝的黄金时代。

但是，维多利亚时代也是科学考古学诞生的年代。当时，德国考古爱好者海因里希·施里曼（Heinrich Schliemann）在希腊、克里特岛和土耳其，挖掘出一系列古迹遗存，震惊世人。时人认为这些重大发现，不仅证明了荷马的传说故事是"真实的"，而且说明阿伽门农和阿喀琉斯在历史上确有其人，希腊也确实像《荷马史诗》中描述的那样曾经攻陷了特洛伊。当然，我们现在知道，施里曼有关特洛伊和迈锡尼的大多数臆测都是错误的，然而，这一切毫不意外地对 20 世纪早期的英国知识分子产生了很大影响。他们成长在一个充满求知欲的理性社会中，追寻亚瑟王传奇与历史事实之间的联系，为亚瑟故事

---

[1] 常被界定为 1837 年至 1901 年，即维多利亚女王统治时期，这一时期被认为是大英帝国的黄金时代。维多利亚时代的道德观念包含了高度的道德操守、细致的语言和行为规范等特定内涵，富有时代特色。

[2] 又称《国王之歌》，作者阿佛烈·丁尼生（Alfred Tennyson，1809—1892）是英国著名诗人，深受维多利亚女王的赏识，1850 年获得"桂冠诗人"称号。该书是作者在 1859—1885 年写出的 12 篇叙事诗的合集，主要讲述亚瑟王与他的爱人和骑士们的故事。

构建出一个合情合理的解释，是他们义不容辞的责任。他们理应还原
出亚瑟王和他的骑士传奇背后屹立着的那个领袖原型，他披坚执锐，
驰骋于马背之上，坚信能够趁着罗马势力在不列颠衰落之际，把大批
的盎格鲁－撒克逊人也赶回老家去。

　　对亚瑟的历史研究，与在迈锡尼和特洛伊考古发掘中所使用的策
略一样，只要是与时代相符的考古发现，都被临时征用了起来。从第
二次世界大战以来，历史学家不仅在英格兰西南部萨默塞特郡的格拉
斯顿堡（Glastonbury）和凯德伯里村，"发现"了亚瑟故事中的阿瓦
隆[1]和卡美洛[2]，而且，他们还鼓吹出一套亚瑟王朝的详细历史及其奉
行的政治理念，而有关这些猜测的来源依据，我们下面还会进一步解
释。我们只要注意到，追溯性地构建一个黄金时代，对一个社会来讲
是一种不可抑制的自然冲动，而大部分这类臆想的目的都不外乎此。
在格拉斯顿堡发现"亚瑟王之墓"就是一个这样的例子。12 世纪中
期，蒙茅斯的杰弗里[3]的那本别出心裁的作品《不列颠诸王史》，点
燃了同时代轻易就会相信他人的知识分子的想象力。1191 年是格拉
斯顿堡大教堂遭遇火灾后的第六个年头，而教堂的修复专款还有一个

39

---

[1] 阿瓦隆（Avalon），亚瑟传说中的重要岛屿，象征着来世和神秘的极乐仙境，由九
位擅长魔法的仙后守护。亚瑟王死后，尸体被一艘黑色的小船运来并埋葬于此地。一
般相信它位于今天萨默塞特郡的格拉斯顿堡。
[2] 卡美洛（Camelot）是传说中亚瑟王国的政治中心，也是一座坚不可摧、金碧辉煌
的城堡。
[3] 蒙茅斯的杰弗里（Geoffrey of Monmouth，约 1100—1155），英国牧师，亚瑟王故事
较早的编撰者。其主要作品《不列颠诸王史》现在通常被看作是记载神话传说的文学
作品，有人认为其中几乎没有任何可靠的史实。

好大的缺口。就在这一年，该教堂的修道士们秘密掘开了教堂的老公墓，"发现"了安葬于此的一具身材高大的男性遗体。他们声称，这就是亚瑟王，并且还伪造了一个碑文来证明。目击者最初不曾提到女性，但是很快又宣称，他们也发现了亚瑟王的妻子桂妮薇儿王后。中世纪人素有伪造圣人遗迹的作风，当时根本没有人会客观地想到，这个发现与亚瑟王毫无关系，就像它与同一地点稍后发现的王者之剑[1]或亚利马太的约瑟的坟墓[2]毫无关系一样。同时，我们应该注意到的是，12世纪著名的格拉斯顿堡历史研究专家马姆斯伯里的威廉[3]，在杰弗里写作《不列颠诸王史》之前，曾写过一部有关格拉斯顿堡大教堂的官方历史，书中特别否定了"亚瑟坟墓已经找到"的说法。尽管如此，近代的大量学者还是采纳了1191年的发现，认为那就是亚瑟王之墓。

而把亚瑟王与廷塔哲村[4]、埃姆斯伯里镇[5]、温切斯特市[6]和凯德

---

[1] 王者之剑（Sword Excalibur）指亚瑟王传说中的魔法圣剑，据说持有该剑的人注定具有统治不列颠的力量。

[2] 亚利马太的约瑟（Joseph of Arimathea）是《新约圣经》中的人物，耶稣被钉死在十字架上后，他把自己的坟墓供献出来作安葬耶稣之用。后广受教会敬奉。

[3] 马姆斯伯里的威廉（William of Malmesbury，约1080—1143），英国历史学家，被许多人誉为英国当时最好的历史学家之一。

[4] 廷塔哲（Tintagel）村位于英国康沃尔郡，附近的廷塔哲城堡据传与亚瑟王有密切关系。

[5] 埃姆斯伯里（Amesbury）镇位于英国威尔特郡，是举世闻名的巨石阵的所在地。据说桂妮薇儿王后归隐后居住在此地的一处修道院。

[6] 温切斯特（Winchester）市为英国汉普郡的首府所在地。温切斯特城堡有著名的"亚瑟王的圆桌"，尽管该圆桌是13世纪的产物，但仍有络绎不绝的游客前来观看。

伯里[1]等英国旅游景点联系在一起，就更有牵强附会的嫌疑了，因为这些都是 12 世纪诗人们文学创作的产物。如果我们意欲揭开亚瑟王传说背后的真实历史的话，就必须像马姆斯伯里的威廉在几百年前教导我们的那样："抛掉那些靠不住的东西，做好艰苦工作的准备，去寻找符合实际情况的叙述。"目前，我们要回答的问题是：罗马帝国衰落期间，在不列颠这片土地上究竟发生了什么？随之而来的第二个问题是：彼时是否真的存在过一个叫亚瑟的革命领袖？为了回答这些问题，本章的大部分篇幅将会深入探讨 5 世纪晚期不列颠的历史背景。我们相信，只有深入理解了当时的时代特色，我们才有权利去评估那些亚瑟存在与否的证据。

40

衰落的世界？

波切斯特（Portchester）位于英格兰南海岸的汉普郡，是现今欧洲北部保存最完好的罗马时期的军事要塞。它建于公元 300 年左右，当时的罗马帝国为了防御盎格鲁－撒克逊入侵者对不列颠沿海的突袭，在沿海地区建造了十来座军事要塞，此为其中之一。然而，它所要保护的不列颠社会本身却已经内患不断：阶级分化严重，贸易萎缩，城镇人口减少，出生率下降，通货膨胀率居高不下，货币经济日渐衰落，而大型私人农庄逐渐发展起来。

---

[1] 凯德伯里（Cadbury）位于英国萨默塞特（Somerset）郡，凯德伯里城堡据传就是亚瑟王的卡美洛城堡。

公元 410 年，罗马帝国在不列颠长达 350 年的殖民统治宣告结束。这个时间与葡萄牙在安哥拉进行殖民统治的时间一样长，比英国在印度实施殖民霸权的时间更长。罗马人此次撤离，并不是简单地离开英格兰，乘船返回意大利了事。其实，罗马军队在几年前就开始陆陆续续撤回本土了。并且这期间更有几个阶段，不列颠是由自己人选举出来的国王管理的，从而切断了与欧洲大陆的罗马政府的联系。发生在 410 年的撤离，只是标志着罗马在不列颠防御责任的正式解除。但是，不列颠作为罗马帝国的一个行省，被殖民统治的时间已经如此之长，以至于罗马军队正式撤离后，罗马文化的影响依然深远而巨大。有关"罗马化"在不列颠的影响究竟持续了多久，一直是研究早期英国历史和考古学面临的关键难题之一。历史学家们现在认识到，作为曾经的罗马帝国的西部行省，不列颠即便后来处于日耳曼蛮族部落盎格鲁－撒克逊人的控制下，也将特征明显的"后罗马文明"保持了数世纪之久。

41　　公元 5 世纪最初的几年对西罗马帝国来讲生死攸关，其政权经受了来自四面八方的蛮族部族的威胁。西哥特部族（东日耳曼部落的两大主要分支之一）首领、西哥特王国的国王阿拉里克（Alaric），于 401 年入侵意大利，408 年包围了罗马，最终在 410 年攻陷罗马。其他的日耳曼部族，比如汪达尔人（Vandals）、苏维汇人（Suevi）、勃艮第人（Burgundians），也于 407 年侵入高卢地区。为了应对自身危局，罗马人被迫撤回了驻扎在不列颠的军队。此时的不列颠岛上，布立吞人处于苏格兰人、皮克特人和盎格鲁－撒克逊入侵者的觊觎之下，处境日益危险，但罗马的援助却无法到位，他们只好选举了自己的领导者。其中的一位头领——407—411 年掌权的不列颠的君士坦丁 [1]——曾率军攻入高卢，反对当地的罗马政府。根据《高卢纪事》的记载，丧失了精锐兵力的不列颠在 408 年遭受了一场大规模的军事入侵，"不列颠的外省地区经撒克逊人的洗掠而一片狼藉，蛮族部落在高卢地区战胜了，而罗马势力被削弱"。接下来的事情就是争议所在了：一般人认为，虽然不列颠的君士坦丁举兵进攻了高卢，并且自称皇帝，但布立吞人从来没有认为自己脱离了罗马帝国，仍然认为不列颠是罗马帝国的一部分。410 年，他们向时任罗马皇帝霍诺留 [2] 请求军事援助，但是霍诺留皇帝无能为力，只能命令当地人组织自卫。此时的罗马帝国自顾不暇，因为就在同一年，罗马遭到了西哥特人阿拉里克的洗劫。

我们从 5 世纪晚期拜占庭历史学家佐西姆斯（Zosimus）的著作中，可以窥见另外一种观点。他在解释布立吞人如何能成功地抵御盎格鲁－撒克逊入侵者时认为，是撒克逊人入侵造成的巨大灾难（想必指的是 408 年的战争），促使不列颠原住民以某种"单方面宣布独立"的形式，脱离了罗马帝国，再次成为独立的"另一个世界"。他们自己训练军队，组织自我防御，"勇敢面对困难险境，从入侵的蛮族手中解放自己的城镇"。

---

[1] 不列颠的君士坦丁（Constantine）这个称号是伊丽莎白女王一世和詹姆士一世期间，为区别于罗马帝国的君士坦丁大帝而使用的一个称呼。

[2] 霍诺留（Honorius Augustus，384—423），罗马帝国正式分裂为东西两部分后的首任西罗马帝国皇帝。他在位期间，西哥特人在首领阿拉里克的带领下，在 408 年到 410 年期间三次兵临罗马城下，并于 410 年攻陷罗马城，抢掠六日而去。

有些历史学家提出，这种反抗是伴随着一种社会变革进行的。那是一次类似于高卢地区的巴古达农民叛乱[1]的农民起义，是农民阶级强烈反抗罗马化的不列颠上流社会，并取得了抵御盎格鲁－撒克逊人的胜利。不列颠地主阶层于 410 年向罗马皇帝霍诺留请求军事援助，应该是利益受到威胁的上层社会向宗主国提出的最后恳求。有种理论甚至提出，这次革命是与一种激进的宗教运动携手展开的，这个宗教运动的主旨是伯拉纠主义[2]，是一种在时代重压下产生的清教主义。然而，当代研究认为这个理论站不住脚，当时也没有任何社会变革运动发生。事实上很有可能的一种情况是，那些在 5 世纪早期重新整顿不列颠防务的人，恰恰是那些仍然过着城镇生活、罗马化程度很高的不列颠上流社会人士。

两部同时代的史料给不列颠历史上这段黑暗时期带来少许光明：圣哲蒙纳斯[3]的传记和圣帕特里克[4]的《忏悔录》。429 年，圣哲蒙纳斯主教以罗马天主教会代理人的身份来到不列颠，他此行的目的是防止异端信仰伯拉纠主义在不列颠的扩散。根据他的传记记载，虽然不

---

[1] 巴古达农民叛乱（Bacaudae in Gaul）指在罗马帝国时期发生在罗马化程度较低的高卢地区的一系列农民叛乱，一直延续到罗马帝国晚期。

[2] 伯拉纠（Pelagius，约 360—420），不列颠基督教神学家。他的理论否定基督教的原罪，虽然承认人性本恶，但强调人的自由意志。他在当时被视为异端，被逐出教会。

[3] 圣哲蒙纳斯（St Germanus，378—448）生于高卢地区，欧塞尔天主教教区的主教，曾两次被派往英格兰执行教会任务，来帮助巩固不列颠教会。

[4] 圣帕特里克（St Patrick，约 386—461）出生于英格兰，是将基督教信仰带到爱尔兰。他被奉为"爱尔兰使徒"和爱尔兰的主保圣人，爱尔兰每年 3 月 17 日的圣帕特里克节是纪念他逝世的日子。

列颠南部遭到撒克逊人和皮克特海盗的袭击，但当地的罗马市镇井然有序，城市生活鲜受影响，地方执政官还在履行职责。这里的一切状况对一个来自欧洲大陆、游历边远行省、旨在修正基督教仪轨的主教来说，并没有什么异常之处。447年，圣哲蒙纳斯第二次访问不列颠时，岛上抵抗撒克逊人的战斗仍在继续。如果这部圣徒传记所言可以取信的话，他记载于5世纪80年代（确切地说，就是所谓的亚瑟王战争时期）的文字显示出，彼时的不列颠仍然在罗马的实质性管理之下，有着正统的宗教传统，他尤其提到这是"一个非常富庶的岛屿"。

圣帕特里克

有关不列颠这一阶段的历史资料，最耐人寻味的史料要数圣帕特里克所著的《忏悔录》。被奉为"爱尔兰主保圣人"的圣帕特里克，其实是一位来自英格兰的罗马布立吞人。400年左右，他的家乡发生了一次暴乱，16岁的帕特里克为爱尔兰海盗所掳，被带到爱尔兰沦为奴隶，成为被掳掠来的几千人中的一员。他的父亲在西部（也许位于今天英格兰西北部的卡莱尔境内）有一座小庄园，他是本地的市政顾问，也是教堂执事。年轻的帕特里克从爱尔兰关押处逃出来以后，搭乘一条商船前往高卢地区，但那里也正经受着影响深远的蛮族入侵。帕特里克记载的重点是，他于415年——也就是罗马殖民者正式撤离不列颠的第五个年头——回到了不列颠，没有任何叙述表明当时这里处于无政府状态。在他有关5世纪中期的描述里，罗马行政系统在当地政府中运行完好，政务委员会仍然担负着为政府征收赋税的职责。在这个小世界里，一个专业的修辞学家仍可以像生活在罗马一样高枕无忧，一名作家还可以将斯特拉斯克莱德王国[1]的英国人称为"同胞"。由此我们可以断定，在罗马－英国上流统治阶层、参议院贵族和土地拥有者中，还延续着与罗马帝国时期一致的身份认同感，而这就是历史人物亚瑟出现的历史背景。

独裁者沃尔蒂杰恩

那么，不列颠沦陷于何时？几种史料均显示出，这一至关重要的突破口出现在 440—460 年。《高卢纪事》提到，不列颠岛在 441 年或 442 年陷落于撒克逊人的统治之下。根据盎格鲁－撒克逊时期编年史家比德的叙述，"撒克逊人的到来"则在 448 年或 449 年，而这个时间来源于一份 5 世纪最重要的史料、不列颠神职人员吉尔达斯（Gildas）的记述。吉尔达斯的著作《不列颠的破坏与征服》写于 6世纪 40 年代，他的记载通常被诠释为：不列颠政府继 410 年向罗马帝国求助抵御盎格鲁－撒克逊入侵者的 36 年之后，于公元 446 年再次向罗马领事埃提乌斯（Aetius）请求军事援助，以抵御皮克特人和苏格兰人的入侵。然而，求援依旧无果，因而盎格鲁－撒克逊人以友军雇佣兵的身份进入不列颠。据吉尔达斯的描述，就是这招致命的错棋，导致英国人在东部地区统治满盘皆输的局面。更重要的是，将盎

---

[1] 斯特拉斯克莱德王国（Kingdom of Strathclyde）是兴起于后罗马时期的一个由凯尔特人建立的王国，大致位于现在的苏格兰南部和英格兰北部地区，后被苏格兰人征服。

格鲁－撒克逊人引狼入室的人，既不是自治城市，也不是寡头统治集 44
团，而是一个独裁者。通过后来的许多史料可知，截至 5 世纪 30 年
代，不列颠的大部分已经落入到一个独裁首领的控制之下，他就是沃
尔蒂杰恩（Vortigern，意为"伟大的国王"）。根据英国和盎格鲁－撒
克逊的史料记载，就是沃尔蒂杰恩从德国和丹麦邀请了盎格鲁－撒
克逊雇佣军来到不列颠为他作战，人数逐年增多。我们对沃尔蒂杰恩的
情况几乎一无所知，虽然史料显示他一度接近绝对的至高权力，甚至
可以调动整个部族的迁徙。比如，他强迫沃塔迪尼人[1]的首领库尼达
（Cunedda），带领部族离开原来的政治中心洛锡安（Lothian），迁往
北威尔士，目的是去抵御爱尔兰人的入侵。

　　可见，与其他的独裁统治者一样，沃尔蒂杰恩的命令虽然有失公
允，却不容置疑，必须要令行禁止。吉尔达斯的著作写于 6 世纪 40
年代，但他的交流者中一定有亲历过沃尔蒂杰恩统治的人。他写道，
这一时期的不列颠是个繁荣昌盛的社会，人们成功地抵御了皮克特人
和苏格兰人的入侵。然而，这个说法可能只是反映了当权派的观点，
因为当时的不列颠就像很多殖民地独立时期的状态一样，其内部存在
很多对立的派系。内战时期祸不单行，443 年一场鼠疫横扫整个罗马
世界，其严重程度与黑死病不相上下。据推测，鼠疫于 446 年左右也
袭击了不列颠。而同年，被沃尔蒂杰恩安置在肯特的盎格鲁－撒克逊
雇佣兵，在首领汉格斯特（Hengist）和豪瑟（Horsa）的带领下，起

---

[1] 沃塔迪尼人（Votadini）是英国铁器文明时代的一支凯尔特人，原来居住在苏格兰
东南部和英格兰东北部，5 世纪迁移。

义反抗了。

撒克逊人起义

近代历史学家们相信，从罗马正式撤离不列颠的 410 年向前推算 50 多年，罗马人就已经开始在不列颠境内使用德国雇佣兵了。很多雇佣兵已经在各个城市定居下来，对市镇中的罗马生活方式习以为常，也许已经娶了当地妻子。有人主张说，盎格鲁－撒克逊人得益于对罗马城镇生活的熟稔通晓，他们后来才在不列颠东部地区快速顺畅地实现了统治的更替。然而直到最近，盎格鲁－撒克逊"军事掘墓人"之角色开始于 4 世纪晚期的相关考古证据，受到了严重的质疑。目前，我们最好采纳吉尔达斯和比德有关"盎格鲁－撒克逊人到来"的传统说法。导致不列颠陷入衰落的战争，肇始于罗马－不列颠内部不同派系之间的斗争，也许其中的某些或所有的派系都雇了盎格鲁－撒克逊雇佣兵。比如，有资料显示，沃尔蒂杰恩的一些反对者都有着非常典型的罗马名字，吉尔达斯记载下的一个人叫作安布罗斯·奥略留斯（Ambrosius Aurelianus），是一个在不列颠拥有王室家庭背景的军事领袖；另外一个对手叫维特利诺斯（Vitalinos），据记载曾与安布罗斯·奥略留斯打过仗。5 世纪不列颠境内分崩离析的状态，让我们联想到 20 世纪发生的一系列解放战争。比如，在非洲的前葡萄牙殖民地或比利时殖民地中，就是几股敌对势力之间彼此征伐。而彼时的不列颠，也许是沃尔蒂杰恩领导的"不列颠爱国阵线"对安布罗斯·奥略留斯所代表的"罗马派"宣战，而两派也许都雇了盎格鲁－

撒克逊雇佣兵。

吉尔达斯的记载表明，在各派忙于互相倾轧的内战时期，盎格鲁－撒克逊雇佣兵的倒戈突袭进一步削弱了不列颠。当时，雇佣军的供给和钱粮告罄，军饷没了着落，沃尔蒂杰恩雇用的盎格鲁－撒克逊友军起兵抗议，将战火直接烧向"附近的城市和乡间……几乎横扫整个岛屿，连西海岸都被凶残的红色火舌舔舐过"。战争中，有些布立吞人沦为盎格鲁－撒克逊人的奴隶，有人逃亡海外，有人撤退到森林中或近海岛屿上，而更多人逃进了"深山中险峻设防的"铁器时代的要塞里。盎格鲁－撒克逊人的突袭不是一种有组织的征服行动，而是一次野蛮的抢掠，因为吉尔达斯描述说，盎格鲁－撒克逊雇佣兵军队后来撤退到东部地区，很可能是肯特郡和东盎格利亚地区，这里是沃尔蒂杰恩分配给他们的土地。吉尔达斯认为盎格鲁－撒克逊人在不列颠进行了持续的破坏性的抢劫，这种观点也许有些言过其实。当时的情境很可能像发生在黑暗时代的一次"淘金热"：这些来自当时的"第三世界"——德国北部蛮荒地区——的赤贫移民，涌入这个西罗马帝国的富庶的农业省份。这些"蛮族"移民虽然最初是应邀而来，但他们发现自己虽然武孔有力，军事力量强大，但在政治上和社会生活方面却是不被接纳的。尽管吉尔达斯记载下了一系列盎格鲁－撒克逊人大搞破坏的戏剧性的故事，然而对5世纪晚期不列颠的内部稳定来讲，盎格鲁－撒克逊人也许不是唯一的，甚至不是最重要的威胁。只是在5世纪60年代到90年代的30年间，他们被那些侥幸活下来的参议院贵族们，当成了一场长期战争的理想的假想敌。对当权者来讲，意欲维持自己统治，恐怕没有什么比抵御外敌更好的刺激了，更何况这些敌人还是一群"未开化"的蛮族之人。根据后来有关这次"爱国战争"的传统说法，亚瑟就是战争高潮时期的军事领袖。

有关这些事件，吉尔达斯的记述是我们唯一可以依靠的材料。沃尔蒂杰恩死后，英国人有组织地抵抗盎格鲁－撒克逊入侵者，在安布罗斯·奥略留斯的领导下，他们取得了一系列胜利，在5世纪90年代时，御敌运动以巴顿山战役的关键性胜利而告终。据吉尔达斯记载，这次战争给不列颠带来了长达40年的和平，虽然他在6世纪30年代或40年代还是提到："时至今日，我们国家的这些城市里的人口仍不如从前，城镇荒芜，废弃至今。虽然与外敌的战争已经结束，但国内战争仍在继续。"吉尔达斯没有提到巴顿山之战中英军统帅的名字，但是我们在后面会看到，传统说法上坚信统帅就是亚瑟。

罗克斯特：呜咽的结局

考古发现已经证实了吉尔达斯上面的描述。不列颠的罗马市镇虽然没有全部毁于战火，但是确实有些市镇荒芜了。考古学家根据发现，已经描绘出罗马不列颠时期的第二大城市塞伦塞斯特（Cirencester）在5世纪40年代时的市民生活图景：城市防御工事维护良好，一个城门的防洪工事运作正常，公共广场干净整洁。但是不久之后，不知是由于那场鼠疫还是受到撒克逊人叛乱的影响，街道上出现了无人掩埋的尸体，整个市镇的规模看起来大大萎缩，只剩下分布在露天圆场里的一些小木屋。

47　　而最能够体现后罗马城市生活没落景象的，是靠近什鲁斯伯里市的罗克斯特（Wroxeter）。与大多数罗马市镇不同，罗克斯特后来没有发展成为一个现代都市，至今仍沉睡在农田之下，目前一场精心组织的考古发掘正在这里展开。当前的挖掘工作，是围绕着公共浴室建筑群的廊柱会堂进行的。这个建筑原本是一个用砖砌成的大厅，与大教堂的正厅规模相当。这本是一处体现罗马市政骄傲的最重要的建筑，却在公元 350 年左右弃置不用了，后来被拆除，继而盖起了许多简陋的木屋。

而让发掘者大为惊奇的是，对在时间上稍晚的文物的研究显示，这个地区后来经历过重新修葺。廊柱会堂这块土地被重新平整过，用数以千吨的砾石仔细铺垫后，在上面建起了大批原木建筑，还包括一个木料建成的宽敞大厅。这个大厅建在檩木之上，长约 38 米，宽约 16 米，还延伸出一个约 24 米长的扩建部分。大厅前面有柱廊正门，还有侧厅和台阶。这个区域的木料房子总体上构成了一个建筑群，而这座大厅是这个建筑群的中心。大厅的南面是一排排木料建成的临时货摊，一条细窄的碎石街道贯穿其中，看起来像是人行通道。在这条路的尽头处，是一系列的大型原木建筑，房子正面装饰体现出了罗马古典风格，发掘者评论说："这也许是直至雷恩爵士 [1] 和 18 世纪复兴以前，在不列颠境内体现古典风格的最后的建筑了。"

那么，是谁主持了这个市镇重建的浩大工程呢？要进行这样规模

[1] 雷恩爵士（Sir Christopher Wren，1632—1723），英国 17 世纪著名天文学家和建筑师。他设计的建筑物庄严整齐，雕琢精细，他喜好在建筑中采用古典原则，代表作有牛津的谢尔顿剧院、剑桥大学彭布罗克学院教堂等。

的一个工程，不仅需要强大的财力、物力的支持，而且更要有高度的组织能力以及强大的内驱动力，这绝对不是那些垂头丧气的农民，或入侵的威尔士人、盎格鲁－撒克逊人所能做到的。这次重建体现出明显的罗马公共建筑的风格（只不过是用木料建成），这让我们想到，这里也许是一个与宗教或公共用途有关的建筑群落，或者是某些重要人物的私人领地。

这个阶段的结束，也就是对这个城区的再次使用的结束，也同样让人心生疑窦。最后，这些大厅不像是遭遇了洗劫，或是主人匆匆弃之而去，而是看起来似乎是被有组织、有计划地拆除了，有用的材料都被运走了。发掘者还不能确定这一撤离发生的具体时间，目前一般性的解读是 5 世纪末期。至于为什么撤离，原因应该容易理解一些。罗克斯特是一个大型城镇，面积约为 1214 亩，仅城墙就长约 3 公里。这样规模的城池，如果没有强大的武装力量是很难防守的，所以很有可能是当时人们放弃了这里，迁往一个更容易防守的地方。如果截至公元 500 年左右，罗克斯特还是波伊斯王国[1]贵族们的核心活动区域的话，那么这里有可能也是独裁者沃尔蒂杰恩——他出现在波伊斯的国王谱系之中——的大本营吗？或者，这里可能是亚瑟的根据地吗？我们也许永远无法得知这些猜测的答案，然而，将如此巨大的物力、财力和人力投入到这个明显呈现颓势的城镇

---

[1] 波伊斯王国（Kingdom of Powys）是罗马在不列颠统治衰落后，出现在不列颠岛上的小公国之一，主要位于现今威尔士波伊斯郡，首都是罗克斯特。沃尔蒂杰恩的名字出现在该国早期国王谱系中。

中，至少说明了后罗马不列颠时期的一个有权有势的首领，力图保存下一些罗马文化的雄伟壮丽——尽管只能通过木料来实现。此举充分表明了他的影响力。

亡命深山

随着不列颠岛上城市的相继陷落，大大小小的军阀纷纷逃往深山。他们重新修葺了凯尔特人在铁器时代修建的军事要塞，在此安营扎寨下来。自从罗马首次征服不列颠后，这些旧时代的城堡要塞就被废弃不用了，但它们要比绵长且维护不当的城市城墙容易防御得多。军阀此举充分反映了当时社会上的恐怖氛围和撤退风潮，人们就如吉尔达斯描述的那样，"被恶狼一样的恶棍吓得惊恐不安"。今天，身处这些要塞中，那些难民营地、强盗头目、私人武装前呼后拥的军阀等形象，似乎仍跃然在目，而这也是现代历史学家所设想的亚瑟时代的社会背景。这一时期正值盎格鲁-撒克逊雇佣兵在英格兰东南部的肯特郡、萨塞克斯郡、东盎格利亚地区和泰晤士河谷定居下来。落脚伊始，他们就把抢掠的魔爪伸向不列颠的南部和西部。

萨默塞特郡流传着一个传说——该郡的南凯德伯里（South Cadbury）"就是（亚瑟王的）卡美洛城堡"——把亚瑟与其中的一座要塞联系了起来。1966—1972年，卡美洛研究协会在这里展开了考古发掘，成果引起了轰动。在要塞顶部，他们发现了一块面积约109亩的区域，周围用石块墙重新修筑了防御工事，围墙内有许多原木建筑，甚至包括一个黑暗时代军阀使用的宴会厅。要塞的设计要素让人很容易联想到罗马的军事建筑，从地中海地区进口的陶器显示出一丝贵族的奢华气息。这些建筑直到 5 世纪晚期还在使用，确切地讲，这一时期就是一般认为的亚瑟王的鼎盛时期。

虽然凯德伯里与卡美洛有着撇不清的干系，但事实上，发掘者不可能发现卡美洛，因为"卡美洛"这个名字是一位法国诗人在 12 世纪的文学创作的产物，因此这一概念对历史学家而言，除了象征意义之外，并没有什么实际价值。并且，这个地方也没有任何东西能确切地表明能与亚瑟王扯上关系，发掘事实只是说明了在 5 世纪晚期（约470—500），一个重要人物在这个要塞建起了围墙，修建了房屋和城门。他的扈从及随行人员队伍庞大，需要一个宽敞的驻扎营地，所以他修建了这个罗马－不列颠混合风格的要塞。

曾有人认为凯德伯里要塞气势如此非凡，其主人一定是一个卓然超群的伟大首领。现代考古学家已经证实，凯德伯里重新修葺的情况在当时并不是唯一的，在不列颠岛西南部和许多其他地方，许多铁器时代的要塞在这个时期都经过了重新修葺。换句话说，这种重新利用要塞的做法在当时蔚成风气，根本不是特例。仅在萨默塞特郡就发现了 12 起实例，而整个西南部达到 40 例之多，另外还有很多要塞遗址有待进一步调查。例如，在威尔特郡的埃姆斯伯里（Amesbury）村的树林深处，就沉睡着一座城堡，词源学家将这处早期的基督教聚居点的名字，与前面提到的安布罗斯·奥略留斯（Ambrosius Aurelianus）联系了起来，这里在盎格鲁－撒克逊时代早期，就被威塞克斯国王从布立吞人手里抢走了。

这些要塞的作用目前还不明确。它们是代表着某位独裁者（如沃尔蒂杰恩）或某个大元帅（如安布罗斯·奥略留斯）的集权统治？还是就像吉尔达斯指出的那样，只是体现了当地的防御力量？把这些雄伟的军事工程与独裁暴君或军事精英联系在一起，这个想法确实能让人浮想联翩。但事实上，我们还无法确定，这些重建要塞的人是否得到了当地人的拥护，甚至无从知道这些人是否为军事头领（要塞也可能是由当地农民、农场主和贵族组成的联盟来运作的）。经过对一些要塞的年代鉴定，时间看似都指向公元470—500年这个时期，而这正是抵抗盎格鲁－撒克逊人的激战正酣的时期，也是公认的亚瑟生活的年代。历史学家仔细鉴定了萨默塞特郡的凯德伯里－康哥斯伯里（Cadbury-Congresbury）要塞出土的文物，确定了这处要塞重建于5世纪中期至晚期，然而，仅在半个世纪之内，这里由木料与石头建起的城墙就开始坍塌了，沟渠里几乎堆满了淤泥和石头，也是从这时开始，进口陶器出现在了城堡里。这些现象似乎暗示着，某种紧急的危机状况已经过去，新建的防务再无用武之地，进口物资也开始到达这里。这是暴风雨后的平静吗？

巴顿山之围

上面说的暴风雨指的是在5世纪最后25年中，发生在布立吞人和盎格鲁－撒克逊人之间的一系列战役。吉尔达斯在他的记载中提到过这些战役，战争最终以发生在大约公元500年之前的巴顿山战役而告终。吉尔达斯的记载是在巴顿山之战发生43年后完成的，他声称这是"祖国最终的伟大胜利"。他描述了在罗马撤离不列颠近一个世纪之后，安布罗斯·奥略留斯是如何领导着罗马不列颠军队，击退了盎格鲁－撒克逊人的入侵，为不列颠赢得了和平，这种和平状态一直延续到吉尔达斯记载之时。考古发现也证实了他的描述，不列颠在巴顿山战役之后确实得到某种程度的恢复，其中一个明显的表现就是，在萨塞克斯郡、埃塞克斯郡和赫特福德等地，出土的6世纪生产的盎格鲁－撒克逊陶器大为减少，而这些地区在5世纪时都是陶器的著名产地。类似的情况还通过发掘出的墓葬用品得到印证，巴顿山之战后，盎格鲁－撒克逊人在泰晤士河上游河谷的扩张中止了约50年。然而，巴顿山之战本身却充满争议。吉尔达斯没有指出布立吞人首领的名字，我们也不知道撒克逊一方的统帅是谁。有当代作家猜测，撒克逊军队是一支来自肯特、萨塞克斯和威塞克斯王国 [1] 的联合军队，统帅是南撒克逊的埃尔（Aelle）国王。比德和《盎格鲁－撒克逊编年史》中都提到了埃尔，声称他是当时权倾一时的超级国王。

51　　　如果我们确切知道巴顿山在哪里，那么这个故事也许就能清楚得多。吉尔达斯指出，战役发生在不列颠西南部的一处山坳之中，这很可能指的是一处重新启用的山间要塞。6世纪的很多战役就发生在山间要塞，比如威尔特郡的老萨鲁姆和巴伯利城堡（Old Sarum and Barbury Castle）、格罗斯特郡的达尔罕营地（Dyrham Camp）等。然而，说到巴顿山之战，我们甚至不知道布立吞人是包围者还是被围者。有关战役的发生地点，历来有几种假说，其中最有可能的似乎是

---

[1] 威塞克斯王国意指"西撒克逊人的王国"，是盎格鲁－撒克逊人成立的王国之一，立国时间为519年左右。

利定顿城堡（Liddington Castle）。利定顿城堡位于今天威尔特郡的斯温顿（Swindon）附近，它曾是铁器时代的一个重要军事要塞。靠近城堡的一个小村子叫巴伯利（Badbury），语言学家提议说这个名字有可能源自凯尔特语 Badon。利定顿城堡所在的位置，正处于两大地域交界的中心位置。一侧是公元 500 年时盎格鲁－撒克逊人的主要定居点，以及格罗斯特、塞伦塞斯特和巴斯等城市治下的罗马不列颠地区；另一侧是诸多重新启用的铁器时代的城堡要塞，主要分布在格罗斯特郡、威尔特郡和萨默塞特郡的广大地区。如果天气好的话，我们可以从约 24 公里外的塞伦塞斯特遥望到利定顿城堡，其西侧的陡坡非常醒目，因为那是一座独立的小山丘。更重要的是，利定顿是黑暗时代不列颠的重要道路枢纽之一。取向正南的一条罗马大道俄迈恩路和穿越英格兰中部的瑞奇韦路[1]，恰好在利定顿交汇，而瑞奇韦路正从利定顿城堡的城墙下经过。这些道路直到中世纪早期仍在使用中，因而，利定顿的地理位置举足轻重。同时，考古挖掘已经证实，这处要塞的重新修葺、再度设防和陶器进口等，都与巴顿山之战的时间大致相同，所以，那场使科茨沃尔德地区[2]和西南部生灵 50 年免遭涂炭的战役，很有可能就发生在这里。但是，这些论断都是基于猜测，

[1] 瑞奇韦路（Great Ridgeway）被誉为英国境内最古老的一条道路，从威尔特郡沿伯克希尔丘陵延伸到泰晤士河谷。该路线于 1972 年被确定为国家级观景路径。
[2] 科茨沃尔德（Cotswolds）地区位于英格兰西部，在地理范围上涉及但并非完全覆盖六个行政区划郡：格罗斯特郡、牛津郡、萨默塞特郡、沃里克郡、威尔特郡和伍斯特郡。这个区域至今保留了浓厚而纯正的英国小镇风情，充满了诗情画意的田园风光，是欧洲最美的田园风光地带之一。

而过多依赖假设来重构这个故事也许并非明智之举。

　　没有人对巴顿山之战的历史真实性提出质疑，吉尔达斯确切无疑地记载了这个事件。但是，有什么证据能证明是亚瑟领导了这次战役呢？

52
　　　　第十二次战役发生在巴顿山，一天之内九百六十人被亚瑟军队杀害，亚瑟一人当阵，尽杀敌众。亚瑟是全部战役的胜利者。

　　上面的这段文字选自英国史学上最著名的章节之一，讲述的是亚瑟王的十二场战役和他领导的巴顿山之战的故事。这段文字出自威尔士修道士内尼厄斯（Nennius）所著的《布立吞人的历史》。

　　在此，我们必须先考量一番记载过亚瑟传说的相关史料，也就是历史学家们据以确信"亚瑟确有其人"的史料。现存的两个主要相关文献是《威尔士编年史》和内尼厄斯的《布立吞人的历史》，据信，两本书都保留下了一些五、六世纪的真实史料，都提供了某些亚瑟作为真实历史人物存在的证据。鉴于其重要的历史地位，我们还必须把这两本书放到一个更大的史料背景中去考量，这个更大的史料就是威尔士历史手抄本合集、现存于大英图书馆的哈里安宗谱3859[1]。哈里安宗谱是多种历史资料的汇编，其中就包括《威尔士编年史》和《布

---

[1] 哈里安宗谱3859是记载旧威尔士统治者宗谱的史料，追溯了威尔士历史上许多统治者的父系和母系血统。

立吞人的历史》这两种资料。虽然收录在同一本书中，但这两种材料相当不同。哈里安宗谱写于12世纪早期的不列颠，而我们要考察的事件发生在其成书的600多年前。

《威尔士编年史》和《布立吞人的历史》在材料源头上截然不同。《威尔士编年史》所载材料的年代远远早于12世纪，最后一个录入条目的时间是954年，记录的是一份10世纪南威尔士国王的家谱图。因而很有可能的一种情况是，我们手上的文献与954年编纂的那份文件会有或多或少的不同。《威尔士编年史》的内容可以上溯到5世纪中期，其中记载了两条与亚瑟有关的著名记录，其中之一就是"亚瑟之死"。

（490—516年）巴顿山之战，亚瑟肩扛我主耶稣基督十字架长达三日三夜，布立吞人取胜。

（约511—537年）卡姆兰战役 [1]，亚瑟和莫德雷德身亡。

然而，《威尔士编年史》这部史书只有到了公元800年左右，才实现了同代实时记载。在时间更早的一些章节里，某些名字的拼写

53

---

[1] 卡姆兰（Camlann）战役又称"剑栏之战"，是传说中亚瑟王的最后一战，发生在亚瑟与叛乱的圆桌骑士莫德雷德（Medraut）之间。有关这场战役的历史记载非常少，据传说，莫德雷德名义上是亚瑟的外甥，实际上是亚瑟与自己同母异父的姐姐乱伦而生的私生子。亚瑟在出征期间把卡美洛王国的大小政务都托付给莫德雷德，但他却背叛了亚瑟，篡夺了王位，并胁迫亚瑟的王后桂妮薇儿与他成婚。亚瑟闻讯后返回卡美洛，与莫德雷德展开了卡姆兰战役。

方式显示出，它们是到了公元 8 或 9 世纪才被首次记载出来。这就给
历史学家敲响了警钟：《威尔士编年史》也许不足以作为证据来复原
5 世纪的历史，因为它不是一部同步实时记录的史料。由此可见，虽
然编纂编年史的修道士确实记载了巴顿山之战，但他的消息来源并不
是从亚瑟王总部快马加鞭赶来的信使。他笔下的战争，其实是经过后
世学者加工的历史再现，而这也意味着我们无从得知哪些内容是最初
资料。更值得注意的是，《威尔士编年史》的大部分条目的记载都极
其短小精悍，简明扼要。而上面所列第一条条目明显看似增加了一些
富有传奇色彩的细节，比如三日三夜、十字架等。著名的亚瑟王研究
学者托马斯·琼斯推测，此条目的最初记载可能只是"巴顿山之战，
布立吞人胜"。我们在后面会进一步讨论《威尔士编年史》中提及的
"亚瑟之死"。

内尼厄斯：我把能找到的资料都堆砌在这里

如果你看过内尼厄斯的《布立吞人的历史》一书就会明白，为
什么《威尔士编年史》在公元 800 年后记载巴顿山之战时，会加入
那些传奇性的细节描写。《布立吞人的历史》包含了亚瑟王传说中
最著名的那些篇章，但是，从史料角度来看，它甚至比《威尔士编
年史》更加不可信。《布立吞人的历史》中有关亚瑟的记载写于 830
年左右，也就是据推测的"亚瑟之死"后的 300 多年，这段历史保
存在了 10 世纪以后的手抄本中。9 世纪时，亚瑟已经成为一个民
间英雄，内尼厄斯认定他应该有许多不平凡的事迹。目前没有证据

表明，内尼厄斯在记载这些发生于 5 世纪的事件时，凭借了任何可靠的资料来源。比如，他给我们列举出了著名的亚瑟王的十二次战役，开列出一系列模糊而古怪的地名，以及许多乍一看稀奇古怪、模棱两可的细节。

> 亚瑟与他们（即盎格鲁－撒克逊人）作战，与他并肩战斗的还有布立吞的国王们，但他本人才是领袖。第一次战役发生在格莱（Glein）河的河口；第二次、第三次、第四次和第五次都发生另外一条河旁，是位于林纽斯（Linnuis）地区的度步格拉斯（Dubglas）河；第六次战役在巴塞斯（Bassas）河；第七次战役在苏格兰森林，也就是凯特·考特·塞里登（Cat Coit Celidon）；第八次战役在桂尼恩要塞（Fort Guinnion），亚瑟肩携圣母童贞玛利亚像，异教徒溃逃，被杀无数，彰显我主耶稣基督和圣母童贞玛利亚的德行；第九次战役发生在雷镇（Legion）城；第十次战役发生在一条叫特瑞波如特（Tribruit）河的河岸上；第十一次战役发生在恩地（Agned）山上；第十二次战役发生在巴顿山，一天之内九百六十人被亚瑟军队杀害，亚瑟一人当阵，尽杀敌众。亚瑟是全部战役的胜利者。

有人认为，这张战役清单也许只是一份对 5 世纪一系列战争的简要记录，但若仔细推敲就会发现情况并不尽然。人们普遍同意，这些地名也许是从某一首威尔士战争诗歌中提取出来的，这种诗歌在早期威尔士文学中相当常见。那时的诗人喜欢把他们的英雄不曾参与的战役也归到他们主人公的名下，以彰显他们的荣誉。目前，大多数学者都同意，即便亚瑟确有其人，他也不可能参加内尼厄斯列举出的所有十二次战役——至少有两次战役他确实没有参与，并且，目前没有过硬的证据表明他在巴顿山之战中临敌作战。

还有一个反对的理由是，6世纪40年代的吉尔达斯在自己的著作中，提到了同时代生人对战争的切身记忆，提到了不列颠抗敌运动领导人安布罗斯·奥略留斯，但是他在巴顿山之战中只字未提亚瑟其人，或其他任何领导人。而最让人心生疑窦的是内尼厄斯记载中的那些不切实际的细节，比如，确切的"九百六十名"士兵（也许来某首威尔士诗歌的一个句子结构："三个三百，外加三个二十"），以及明确断言"亚瑟一人当阵，尽杀敌众"，这种诗意风格与史学叙述风格不相吻合，所叙情形也不符合常理。因此最有可能的情况是，内尼厄斯将巴顿山之战的荣耀归于亚瑟，反正无人知晓那次战争的头领究竟是谁。如果《威尔士编年史》和《布立吞人的历史》都不能作为5世纪历史的基础史料，那么它们能否给我们提供一些线索来探寻这个故事的来源呢？而这张战役清单中的地名又是从何而来呢？

北方武人

无论是谁领导了这些战役，他们的名字和其他提及亚瑟的早期诗歌，都出人意料地把我们的视线引向了位于苏格兰南部的坎布里亚（Cumbria）郡，以及爱尔兰海岸的索尔韦（Solway）地区的瑞格特王国[1]，而不是人们原来以为的不列颠西南部或者威尔士地区。即便在今天，如果想要——一确定亚瑟十二次战役的发生地点，最终也很有可能一无所获。但是，其中的一次战役——凯特·考特·塞里登战役，也就是苏格兰森林之战——的发生地点，毫无疑问就在北方，并且，研究者通常认为它就在坎布里亚郡卡莱尔市北部森林茂密的山区。由此我们可以推测，诗人们的写作环境和亚瑟故事的社会背景，反映的可能就是这一地区的状况。并且，其他的战场名字也可以为此佐证。比如，第十一次战役的战场恩地（Agned）山，在大英博物馆的手抄本里另有一个名字：Bregomion 或者 Breguoin；在一个梵蒂冈版本中，语言学家已经认定它指的就是布瑞姆纽姆（Bremenium），是一座位于英格兰与苏格兰边界的切维厄特山区[2]的古罗马要塞。我们通过其他材料得知，在 6 世纪晚期，这里确实发生过一场由瑞格特国王尤瑞恩[3]领导的战役。布瑞姆纽姆要塞位于一条叫作戴尔路的罗马道

---

[1] 瑞格特王国（Kingdom of Rheged）是后罗马时代和中世纪早期的一个不列颠王国，据传位于英格兰北部与苏格兰南部地区。对它的描述出现在几首古代诗歌与吟游诗人的作品中。

[2] 切维厄特（Cheviots）山区是跨越英格兰诺森伯兰郡和苏格兰边界的一系列连绵起伏 50 多公里的丘陵高地，北为苏格兰南部高原，南为奔宁山脉，东为地势陡峭的火山岩地貌，西部为地势平缓的砂岩页岩，最高点为切维厄特山，海拔 816 米。该山区现为诺森伯兰国家公园的一部分。

[3] 尤瑞恩（Urien），6 世纪晚期的瑞格特王国的国王，他的事迹保存在吟游诗人塔利埃辛（Taliesin）所著的《塔利埃辛之书》中。

路[1]上，而沿着这条道路可以从爱丁堡取道向南。该要塞恰好位于沃塔迪尼部落[2]和瑞格特部落的分界线上，对苏格兰南部彼此征伐不断的诸多部落来讲，这里确实是个理想的一决高下的地点。时至今日，布瑞姆纽姆要塞的城门仍然有一人多高，火炮台上杂草丛生，这个风蚀严重的要塞在4世纪晚期就已经被罗马人废弃不用了。尤瑞恩国王领导的这次战役，在黑暗时代通过北方吟游诗歌得以流传，但是很确定的是，战役领导者不是亚瑟。盎格鲁－撒克逊人渗透到切维厄特山区的时间，晚于亚瑟时代约50年，换句话说，在5世纪最后的25年里，也就是我们认定的亚瑟活跃的时代，盎格鲁－撒克逊人还没有到达这个地区。

56　　　内尼厄斯的战役清单中还提到："第一次战役发生在格莱（Glein）

---

[1] 罗马道路（Roman Road）是古罗马的重要基础建设设施。最初始建于公元前500年，并随罗马共和国及罗马帝国版国的扩大而延伸。这些罗马道路是为罗马军队、官员及平民带来便捷的交通路径，更促进了陆上通信及贸易。这些道路由宽阔而长距离的公路连接上地方小路，进而连接各主要市镇及军事基地，构成一个道路网。罗马道路主要由石头铺成路面，部分混入金属材料。人行道高于路面以方便排水，而道路两旁还有马道和排水沟渠。罗马道路的施工测量十分精确，还有切割山坡、用桥梁连接河流和沟壑、湿滑的地面用木桩作地基支撑等工艺。罗马国力最鼎盛时，有超过29条大型军事公路由首都罗马以辐射形式向外扩散，连接了罗马帝国的113个省份的372条大道，总长超过40万公里，其中8.5万公里的道路铺设了石头路面，在当时的不列颠尼亚行省有至少4000公里的罗马道路。

[2] 沃塔迪尼（Votadini）部落是不列颠铁器时代的凯尔特人的一支，领土位于苏格兰东南部和英格兰东北部，曾是罗马不列颠尼亚行省的一部分，后来迁移到爱丁堡地区。

河的河口。"今天的诺森伯兰郡[1]境内有一条格伦河（River Glen），附近出土过一处盎格鲁－撒克逊人的王室大厅及附属建筑，还包括一块像军事要塞一样的圈地，这块圈地应该是从当地原住民手里抢来的。这条后来成为诺森布里亚王国[2]王室驻地的著名的格伦河，是否就是内尼厄斯提到的格莱河呢？让我们假想一下：一个以凯尔特人为主的地方遭遇了盎格鲁－撒克逊人的征服，因而这里爆发了一次征服与反征服的战争——这种设想看似合情合理。然而，如果说在5世纪晚期，这里发生一场当地人与盎格鲁－撒克逊人的战役，那么应该是完全不可能的，因为直到6世纪中叶，盎格鲁－撒克逊人才踏足这里。

有关内尼厄斯的战役清单，我们还可以做许多其他推测，但最终都无法得到证实。这些战役给我们留下了巨大的假想空间，通常是得出一种可能性，貌似能支持几乎所有的证据，但一经仔细推敲，发现一切又都站不住脚。目前我们能确定的只是，这里发生的战役不是5世纪的传奇英雄亚瑟领导的抵御盎格鲁－撒克逊入侵者的战斗。这个结论也许让人丧气，然而，它却给我们提示了一种可能性：构成亚瑟故事社会背景的那些战役，也许就是不列颠北部边境部落之间内战征伐的一部分。

---

[1] 诺森伯兰（Northumberland）郡位于英格兰东北部，现为英格兰最北部的一个郡，东临北海。

[2] 诺森布里亚王国（Kingdom of Northumbria）是由盎格鲁人建立的盎格鲁－撒克逊北方王国之一，位于今天英格兰北部与苏格兰东南部，主要位于亨伯河以北。该王国于7世纪早期形成了统一王国，到11世纪中叶，诺森布里亚不再作为独立的王国实体而存在。

那么，这些故事蕴含着怎样的底蕴？是否可能是一位西北部的早期战斗英雄，他的名声超越了本地而远播他乡？如果西北部地区确实发生过战斗，并且被后世的一位诗人改造成为一张战役清单，那么这些战役发生时的社会和政治背景又是什么呢？

坎布里亚郡的卡莱尔（Carlisle）是罗马时代边境地区的主要市镇。当代考古学家抓住城市改造的机会，对一块方圆约 30 亩的老城区进行了考古挖掘。作为罗马市镇中的后起之秀，卡莱尔大约在 369 年获得了省会城市的地位，而当时不列颠境内只有五个城市拥有这种地位。19 世纪时这里曾发现了大量考古文物，证明了在罗马时代晚期，卡莱尔优渥的城市生活仍在延续着。今天，卡莱尔博物馆保存了许多纪念柱、雕塑、钱币、石头建筑和神庙的残迹，以及大量的铭刻碑文等。卡莱尔的城墙圈围起来的面积约为 425 亩，公元 400 年之后城市生活依旧稳定。罗马人撤防不列颠后，大量原木材料的罗马建筑在这里重建起来，道路系统畅通，城市高架水渠一直有效使用到 685 年。12 世纪的著名历史学家、马姆斯伯里的威廉曾提到，这里有一座 12 世纪时仍然矗立的拱形建筑，上面有献给罗马战神玛尔斯和胜利女神的铭文。据预测在未来几年间，这里可能会找到一些有价值的信息，来解答罗马不列颠晚期与盎格鲁－撒克逊英格兰早期之间如何衔接的问题，现在已经浮现出了一些令人振奋的线索。比德的著作《圣卡斯波特[1] 的一生》中也描述了 7 世纪的卡莱尔，当时，这里已

[1] 圣卡斯伯特（St Cuthbert，约 634—687），7 世纪诺森布里亚王国的一位凯尔特圣人，在世时主要在西北部传教。他是中世纪英格兰西北部最重要的圣人之一，也是诺森布里亚的"主保圣人"。

经形成一个稳定的基督教社区，有一座女修道院和一座教区教堂。那么，它们是建立在盎格鲁－撒克逊人到来之前吗？一座可能建于5世纪之前的教堂，就是现已被拆除的不列颠最早殉道者圣奥尔本（St Alban）的早期教堂。圣卡斯伯特的盎格鲁－撒克逊教堂（8—10世纪），建造在当时一座现成的罗马建筑里。685年时，卡莱尔市民们心怀对昔日罗马的敬仰之情，引领着盎格鲁－撒克逊修道士卡斯伯特"环绕着城墙，观赏建造在城墙上的壮观的罗马喷泉"。

卡莱尔的情况告诉我们，罗马帝国在不列颠历史上并非转眼间就湮没无闻了，罗马生活方式在卡莱尔持续的时间比其他地方要长久得多，例如，比塞伦塞斯特长两个世纪，比罗克斯特长一个世纪。在这个边境地区，黑暗时代的不列颠管理者是通过宗谱来识别罗马人后裔的。他们也许是罗马不列颠时代拥有大量土地的贵族，蒙末代罗马官方政府撤离之福而被赋予了权力。这种情况就像当代许多第三世界国家的统治者，原本默默无闻，借殖民势力撤离之机建立起自己的王朝、君主政权，甚至"王国"。那么，亚瑟的故事背景——或者至少是故事产生的社会环境——能否就是这些北方的小酋长或是前任镇议员，在罗马风格的卡莱尔寺庙或废墟上建立起的卡美洛城堡（虽然它只是用木料草草建成的防御要塞）？

最后决战

我把早些时候引自《威尔士编年史》中的一条，也就是"亚瑟之死"的条目，留到结尾这里才讲，而这个是内尼厄斯不曾提及的。这是亚瑟传说中最引人入胜也最神秘难解的一节。

58　　　（约 511 年，）"卡姆兰战役，亚瑟和莫德雷德身亡。"这句陈述中出现了亚瑟故事中的两个主要人物。按照传统说法，莫德雷德是叛乱者，当然，只通过这个简短的叙述，我们也无从判断他是亚瑟的朋友抑或敌人。与巴顿山条目不同，这条记载的行文风格简短生硬，与汇编中的其他条目风格倒是一致。在这条叙述中，说到"战役"时，它用了凯尔特语 gueith，而不是拉丁语 bellum。我们必须牢记，这本书的语言表明了它很大一部分是写于 5 世纪之后的。这一条目与巴顿山记载一样，并不是实时记载于事件发生的时刻，而是在大约 800—1100 年时追述的。那么，这些名字是否可能是后来补缀上的？或者，此条衍生于某个早期的记载，以便让我们确信亚瑟确有其人？

　　恰巧，在哈德良长城[1]上有一个叫作 Camboglanna 的罗马要塞，语言学家认为《威尔士编年史》中提到的卡姆兰（Camlann）可能就是它后来的名称变体。直到不久前，学术界还认为这处要塞是位于卡莱尔东部的厄行河（River Irthing）流域内的波岛斯维德（Birdoswald）。然而，最新的学术观点又趋向于认定它指的是波岛斯维德附近的一座要塞，因为这处要塞也位于厄行河的一个急拐弯处，暗示了它的名字——"Camboglanna"的含义："弯曲的峡谷。"毫无疑

---

[1] 哈德良长城（Hadrian's Wall）是公元 122 年罗马帝国皇帝哈德良在不列颠境内修筑的一个防御工事。该工事由石头和泥土构成，位于英格兰北部，东西横贯不列颠岛。当时修建的目的是防御北部皮克特人的入侵，保护罗马治下的不列颠尼亚行省的安全，它标志着罗马帝国扩张的最北边界。哈德良长城至今仍有部分遗存。

问，这个地点是个上演史诗般谢幕的绝好所在。我们不应该排除这种可能性，在黑暗年代里，卡姆兰确实发生过一次战役。《威尔士编年史》中提到过卡姆兰之战，它甚至比巴顿山之战更加广为人知。事实上，它已经升华为一种悲情的、无法挽回的灾难的代名词。那么，这个地方是否真与亚瑟王的传奇故事有关？它是否真是丁尼生所说的那个"西方的最后一战，明灭难辨，离奇诡异"的战场？另外，亚瑟是否可能只是索尔韦地区的一个部落酋长兼战争首领，他不曾出生入死地抵抗盎格鲁－撒克逊入侵者，而只是卖命于不列颠敌对小王国之间的殊死搏斗，在日暮西山的后罗马时代脱颖而出？其实，这种想法相当富有启发性。试想，亚瑟是一个不具有传统英雄属性的"反英雄"，这是一种适合 20 世纪末叶大众品位的诠释，这与丁尼生根据他自己时代的鉴赏力来评价他，有着异曲同工之妙。试想是否有这种可能性：两个无名部落的两名无名首领决战至死，却催生了整个亚瑟王的故事，产生了世界文学史上最伟大的人物之一，以及民间传说中最伟大的魔法师？一切皆有可能。尽管并不情愿，我们也必须接受这个现实：目前没有任何确凿的证据表明亚瑟确有其人。

　　与海因里希·施里曼发现了特洛伊和迈锡尼一样，当代人对亚瑟的孜孜追寻激发出许多令人振奋的发现，催生了一系列理论，而这些都极大地改变了我们对不列颠后罗马时代的认识。然而，就与没有确凿的证据证明特洛伊之围确实发生过一样，我们同样无法证明亚瑟王领导的那些战役确实发生过。

　　罗马帝国衰落后，凯尔特不列颠渐渐步入了黑暗时代。面对日益强大的盎格鲁－撒克逊帝国主义者们——比如奥法国王[1]、阿尔弗雷德大帝[2]、埃塞尔斯坦[3]——的侵略势力，英国人需要一个英雄，而至于这个英雄是否是个血肉之躯或是其他，都并不重要，重要的是"王者归来"的希望。就像千年后托马斯·马洛礼[4]在《亚瑟王之死》中所言：

> 然而，有人说亚瑟王并没有死，而是秉承我主耶稣基督的意愿，去往另一个地方。人们坚信他会再次归来，最终赢得神圣十字架。我不说它定会如此，但许多人说这个宿命写在他的坟墓上：永恒之王亚瑟长眠于此。

---

[1] 奥法（Offa）是盎格鲁－撒克逊英格兰时期麦西亚（Mercia）王国的一位强权统治者，757—796 年在位，曾统一过英格兰南部地区，并尝试与欧洲大陆统治者建立平等关系。本书将在第四章中介绍奥法。

[2] 阿尔弗雷德大帝（Alfred the Great）是盎格鲁－撒克逊英格兰时期威塞克斯（Wessex）王国的国王，871—899 年在位。他是英国历史上第一个以"盎格鲁－撒克逊人的国王"自称并名副其实的人。他率众抵抗维京海盗的入侵，使得英格兰大部分地区回归盎格鲁－撒克逊人的统治。本书将在第五章中介阿尔弗雷德大帝。

[3] 埃塞尔斯坦（Athelstan）威塞克斯王国的国王，是阿尔弗雷德大帝的孙子，924—927 年为盎格鲁－撒克逊人之王，927—939 年为英格兰国王。现代历史学家认为他是首任英格兰国王，也是最伟大的盎格鲁－撒克逊人之王。他在位期间征服了维京人，并曾使苏格兰与威尔士国王归降。本书将在第六章中介绍埃塞尔斯坦。

[4] 托马斯·马洛礼（Thomas Malory，约 1415—1471），英国作家，著作有《亚瑟王之死》。

　　读者们或许也会愿意记住电影《双虎屠龙》[1]中的报纸编辑的忠告：“当传奇成真时，就记载传奇。”

---

[1]《双虎屠龙》（*The Man Who Shot Liberty Valance*）是 1962 年由约翰·福特（John Ford）执导的一部经典西部影片，表现了美国西部社会由“力强者胜”转变为文明法治的历史进程。当主人公史塔德向报纸编辑和盘托出自己成功惩治“地头蛇”的前因后果时，编辑意识到史塔德的名声都建立在一个虚构的神话之上。但认真思考后，编辑将采访记录烧掉，决定不刊登这个故事，说道：“这就是西部，先生，当传奇成真时，就记载传奇。”

第三章　萨顿胡人

在海岬之上，盖茨人建起了又高又大的坟冢，远行的水手远远即可望见……他们在墓冢之内，摆放上项圈饰针，以及所有能象征他们劫掠来的财富的东西。他们把金子埋在地下，让土地来保护这笔巨财，现在还都保存在那里……

——《贝奥武夫》

1939 年夏天，正值德国军队大举进攻波兰、战争乌云笼罩欧洲上空之际，在英国萨福克郡海岸的一座椭圆形的小土丘上，英国考古史上最伟大的发现揭开了序幕：一座古代墓葬重见天日！该墓冢位于一个陡坡边缘，俯瞰德本河[1]。砂质土壤之上留下来一艘巨型木船的轮廓印迹，船长约 27 米，船中装满了金银财宝和行伍装备，据判断，这些装备应该属于一位出身高贵的武士，或者一位黑暗时代的国王。我们曾以为早期盎格鲁－撒克逊人处于原始文明阶段，但此处墓葬的财富之巨、陪葬品工艺之精巧，甚至修正了这种传统认识。然而，这种改观也伴随着重重疑问，说来也许难以置信，最核心的问题竟然是专家们对这个墓葬中是否有过尸体而一直无法达成一致意见。如果墓中确实曾有尸体，那么这位墓主人是谁？如果没有，这里却为何处处彰显着王权标志？如果仅是一个衣冠冢，却为何设计得如此奢华？为了回答这些问题，我们先要了解一下萨顿胡[2]人的历史和社会背景。

在上一章中，我们已经讲到盎格鲁－撒克逊人在东盎格利亚地区、林肯郡、肯特郡和泰晤士河谷定居下来，与布立吞人进行了巴顿山之战，在他们内部承认了一位强有力的国王——萨塞克斯的埃尔[3]——的权威。然而，我们还没有仔细考察盎格鲁－撒克逊人的社会和政治组织结构，比如，这群来自北海地区的移民，是一个已经实行了世袭国王统治机制的组织严密的部落，还是真如一位著名的学者

[1] 德本河（Deben River）是萨福克郡境内的一条河流，位于德本汉姆（Debenham）西边，穿过伍德布里奇（Woodbridge），最终流入北海。

[2] 萨顿胡（Sutton Hoo）英格兰萨福克郡伍德布里奇附近的一处庄园。1939 年这里发掘出盎格鲁－撒克逊国王的船冢墓葬。

[3] 萨塞克斯的埃尔（Aelle of Sussex）是早期文献记载的第一位南撒克逊人的国王，统治地区主要位于现在的英格兰萨塞克斯郡，在位时间为 477 年到约 514 年。

所说的那样只是"一群流民"？再比如，他们的国王是通过高贵血统世袭而来，还是战争头领用实力证明自己配得上这个地位？这些问题都是一些重要的考量因素，来决定我们对盎格鲁－撒克逊早期王国的认识，也是我们深入研究萨顿胡人之前需要考虑的问题。

东盎格利亚

我们暂且把那些让人费解的 5 世纪晚期的萨顿胡谜团放在一边，先进入一个现代史学家至少有个大致框架可循的时期。公元 500 年后，在不列颠南部和东部，大量盎格鲁－撒克逊小王国如雨后春笋般涌现，东盎格利亚（East Angles）王国就是其中之一。鉴于萨顿胡墓葬发现在东盎格利亚王国领土之内，历史学家们马上提出，这是一个该地区早期国王的墓葬。那么我们要回答的第一个问题就是：这个东盎格利亚王朝是怎么回事？

大英博物馆保存了一份编号为 Cotton Vespasian BVI 的手抄本，该书成书于公元 800 年左右的英格兰中部地区，记载了盎格鲁－撒克逊诸多王室的谱系情况。根据王室谱系可知，东盎格利亚王朝的创建者叫沃尔法（Wuffa），他的后裔就是沃尔夫加斯王朝统治者（Wuffingas，含义大概为"狼的子孙"）。我们在本章稍后可以看到，东盎格利亚王室的先祖也许来自瑞典。这个族谱记载道，沃尔法生活在 6 世纪，一些他同时代人的后裔也成为早期王族，例如，肯特王国的欧行厄斯（Oiscingas）、麦西亚王国的艾克林加斯（Iclingas）。事实上，沃尔法的统治开始于 575 年左右，这与 13 世纪历史学家温多佛的

罗杰的叙述相符，因为罗杰记载道，沃尔法的统治时间是571—578
年。另一份史料中提到，沃尔法的父亲维哈（Wehha）据传是第一个
统治东盎格利亚的人，这也很有可能符合史实，虽然沃尔法看起来是
被当作王国的创建者。同样的情况也存在于威塞克斯王国，其先祖也
可以追溯至6世纪时的一个国王。这些史实意义重大，因为后世的很
多伟大的国王，诸如奥法国王、阿尔弗雷德大帝，声称其家族在到达
不列颠之前就已经贵为王室了。但事实上，于5世纪早期定居下来的
盎格鲁－撒克逊王国，就是在这些人的统治之下，而他们的家世也许
根本无法追溯得那么久远。国王谱系中还记录了一些较早的名字，比
如奥法国王声称自己是主神奥丁[1]的后代，然而，这与威塞克斯国王
彻迪克[2]的家谱中敬称亚当为祖先、东盎格利亚国王沃尔法自称为恺
撒的后代一样，更多的是象征意义，而不是指真正的血缘关系。由此
可见，7世纪英格兰的诸多盎格鲁－撒克逊王国，其实是被一些雇佣
兵头目的后代统治着的。当年这些雇佣兵头领虽然目不识丁，却抓住
了5世纪和6世纪赋予他们的时代机遇，成就了伟业，这情形颇似

---

[1] 奥丁（Woden 或 Odin）是北欧神话中两大神族之一的阿萨神族的主神，传说中的
形象为50多岁的男神，身材高大，失去一目，头戴宽边帽，冷峻严肃。他是北欧神话
中的战神、风暴之神、亡灵之王、知识之神、诗歌之神、法术之神等，由于众神大多
出于他，所以又是"众神之父"。
[2] 彻迪克（Cerdic of Wessex）519—534年在位，《盎格鲁－撒克逊编年史》中称他是
威塞克斯王国的祖先。

20世纪60年代早期的"疯狂麦克"霍尔[1]，因势借力在刚果创建了自己的王朝。

　　然而，在英格兰最早的上层统治者中，可能存在很多种不同类型的国王。并且还有一种可能的情况：一些也许本身就是某个古代王族后裔的有影响力的武士，带领着追随者们从欧洲大陆跨洋渡海来到英格兰，在此创业发迹，建立了自己的王国。像6世纪中期的东盎格利亚的维哈和沃尔法父子，很有可能也是欧洲大陆移民，因为根据东罗马帝国作家普罗科匹厄斯[2]的记载，北欧入侵不列颠的移民潮正是发生在这个时候。读者一定要认真对待这种可能性，因为我们在下文中就要看到萨顿胡墓葬与瑞典墓葬形制的很多相似之处，而沃尔夫加斯家族可能就是发源于瑞典的。如果这一家族只是普通士兵的话，那也无法解释这种密切的联系。

不列颠统治者

　　如果盎格鲁－撒克逊人在入侵不列颠的过程中，最初是以较大规模的部族迁徙的方式破境而来的话，那么这倒是提供了一条解释盎格鲁－撒克逊王国中霸主地位起源的线索。盎格鲁－撒克逊历史学家

64

---

[1] 原名托马斯·迈克尔（Thomas Michael），20世纪英国的一位雇佣军领导人，以领导雇佣军在非洲参加的一系列军事活动而闻名。别号"疯狂麦克"是刚果危机期间由东德广播电台首次称呼的。

[2] 普罗科匹厄斯（Procopius，约500—565），东罗马帝国著名学者，据传著作有《战争》《秘史》等。

比德在 731 年写道，8 世纪之前，有几位盎格鲁 - 撒克逊国王在众多盎格鲁 - 撒克逊王国中成就了霸权地位，是当时所有其他盎格鲁 - 撒克逊王国的宗主。他用来表达这一地位的拉丁词语是 imperium，通常意指统治不止一个王国的国王。比德列举了这些具有霸主地位的国王的名字：萨塞克斯的埃尔（Aelle of Sussex，约 490）、威塞克斯的查乌林（Ceawlin of the West Saxons，约 590）、肯特的艾瑟尔伯特（Aethelberht of Kent，约 600）、东盎格利亚的拉德瓦尔德（Raedwald of the East Angles，617—约 624），以及诺森布里亚王国的埃德温（Edwin）、奥斯瓦尔德（Oswald）和奥斯威（Oswy）。公元 890 年左右，一位威塞克斯作家重新引用了这个名单，并且冠以这些具有霸主地位的国王一个新的英语称号：bretwalda 或 brytenwealda。第二种书写也许是出现时间更早的一种形式。然而，现代历史学家对这个词的含义的理解却出现了异议，因为我们的盎格鲁 - 撒克逊祖先从欧洲大陆带来了许多日耳曼语系的词汇，而有些词在盎格鲁 - 撒克逊统治英格兰的五百年间，意思已经发生了变化，这个词也不例外。到 10 世纪时，甚至更早，在比德在世的时候，词语 bretwalda 的意思已经转变成了 "不列颠统治者"（Britain-ruler），但其最初含义可能指的是 "超级国王"，是统治其他国王的 "大统治者"。在黑暗时代，这个词作为与 "帝国" 相关的一种表达方式，在盎格鲁 - 撒克逊的姊妹语言——古高地德语[1]——中也曾出现，大概是古代日耳曼语系中对国王身

----

[1] 古高地德语（Old High German）是今日德语的原型，一般指日耳曼语族在经历第二次子音推移时，在今日德国山区所通行的德语方言，出现时间一说为公元 5—11 世纪。

份的一种表述，在这个意义上英语将其借用了过来。这与我们后面会看到的一个现象异曲同工：在不列颠的土地上，盎格鲁－撒克逊人继承了罗马的礼仪程式，来为他们的"国王"增辉添彩。

不列颠统治者身份与萨顿胡有着千丝万缕的联系，因为一般性的观点认为，船冢中埋葬或纪念的确定无疑就是东盎格利亚的"不列颠统治者"拉德瓦尔德，而陪葬品中也有体现不列颠统治者身份的专用品。如果情况果真如此，此处墓葬对我们研究英国早期历史的意义将更加重大。但是，我们暂且不要这样先入为主地看这个故事。

绝世宝藏

在萨福克郡这个风蚀严重、生气寥寥的角落，萨顿胡一直是个引人注目的地方，因为当地有关东盎格利亚国王们的传说源远流长。据说，亨利八世曾派人来这里挖掘过宝藏。伊丽莎白一世女王的术士顾问约翰·迪伊 [1]，当年沿着萨福克郡海岸游历时也曾挖开过一座土丘，考古学家已经发现了伊丽莎白一世时期的掘墓者留下的食物残迹和一件工具。据说大约 1690 年时，附近曾经挖出过一顶重 60 盎司的金质王冠，后来应该是被卖掉熔毁了。

1939 年 8 月 23 日，考古学家们终于停下了手头的挖掘，他们已

---

[1] 约翰·迪伊（John Dee，1527—1608）英国著名数学家、天文学家、占星学家、地理学家、神秘学家以及伊丽莎白一世的重要顾问，精通炼金术、占卜、以诺魔法和赫密斯哲学。

经揭开了一处迄今为止只存在于神话世界、《贝奥武夫》[1]传说和北欧萨迦传奇中的宝藏。在此之前，人们已经对8世纪以后盎格鲁－撒克逊人的文明成就了解颇为深刻，而这处发现豁然打开了一扇通往8世纪之前的窗子。此处墓葬向人们展示了基督教占统治地位之前那个蛮荒而恢宏的时代，反映了当时拉丁文化在英格兰扎根的情况。

简而言之，考古发掘揭示出的是一艘巨船的压痕。这艘船应该具备划动或航行的能力，船身修长。出土时，其木质船身已经解体而消失，但是成排成列的铆钉都保存了下来。在船体中部有一个木质房间，房间里发现了如下物品：一顶头盔、一把饰有黄金和石榴石的宝剑、一块细长的砥石、一根铁质架杆、一根木棒、数枚梭镖、一把战斧、一块饰有飞禽与龙形象的盾牌、嵌银的角质酒杯、一套十个饰有十字图案的浅底银碗、一个有凹槽的古典风格的大碗、三个带挂钩可悬挂的青铜碗、一对银勺子、一架在埋葬前已经被分解成部件的里拉琴[2]、一个錾刻有阿纳斯塔休斯皇帝[3]印章的大银盘。另外，还有19件镶嵌着石榴石的精美首饰，其中包括一件重约1磅的金锁

---

[1]《贝奥武夫》(*Beowulf*)是一首完成于公元8世纪的英雄叙事长诗，是古英语记载的最古老的传说之一，在语言学方面是非常珍贵的文献。诗中描写的故事发生5世纪晚期的斯堪的纳维亚半岛，描述了人民崇拜的英雄贝奥武夫一生中的三次主要战役。贝奥武夫一生拥有很多财宝，最终因斩巨龙之首受伤而死，人们把他的宝藏安放在他的墓冢当中以示纪念。

[2] 里拉琴（lyre）是西方古典文明中最常见的弦乐器，共鸣箱特别狭窄，便于携带，乐器弦数常在5—8根之间，适于伴唱。

[3] 阿纳斯塔休斯皇帝（Emperor Anastasius），东罗马帝国皇帝，491—518年在位，在位期间修建了著名的"安纳斯塔西亚墙"来保卫君士坦丁堡及临近地区。

扣和一个巨大的钱袋，钱袋里装有 40 枚来自欧洲大陆的墨洛温王朝（Merovingian Dynasty）的钱币。

然而一个问题出现了：墓葬里没有明显的尸体的痕迹。进而其他问题尾随而至：比如，那顶头盔的某些部分留存得非常好，而某些部分却看似完全不见了，难道这顶头盔在葬身墓冢之前就已经有了破损吗？头盔的主人是死于战场吗？

当然考古学家们最关心的一个问题是，这是否是一个国王的墓葬？萨顿胡墓葬看起来确定无疑是皇家规格，它反映了盎格鲁－撒克逊社会最上层社会的宫廷状况。至于这些财富，如果它们不是某个国王的私人财产的话，至少也可以理解为是由这个国王监护人保管的"部落财富"。更进一步讲，大多数学者都认为，很难想象在 7 世纪时，这么一大笔财富不属于国王却属于其他什么人。同时我们也应该记得，虽然我们很自然地希望给萨顿胡墓主冠以一个国王身份，但"国王"这个词语在早期语境中的含义至今还没有完全明朗。我们还不确定在那个时期，谁能是国王，一个王国中能有多少个国王。例如在威塞克斯王国，一个时期内曾有 5—6 位"国王们"同时在位统治。在一个王国内，几个国王可以联合治理国家，儿子们可以在老国王在世时就被立为国王，拥有国王身份。简而言之，我们无法确定在 7 世纪早期的东盎格利亚，该如何看待国王身份和王位继承这个问题。

出土的钱币可以推算出墓葬的大致时间，最新的硬币铸造时间大约不早于 620 年，不晚于 640 年。如果"萨顿胡墓主是一位国王"这个假定正确的话，那么此处墓主就有可能是以下几位东盎格利亚的国王："不列颠统治者"拉德瓦尔德（死于约 624 年）、国王欧普瓦尔

德（Eorpwald，死于 627 年）、国王斯哥伯特（Sigebert）和艾格瑞克
（Ecgric，死于 636 年或 637 年）。除此之外，还存在一些其他可能
性，比如异教徒瑞克伯特（Ricberht），他杀死了欧普瓦尔德国王，并
即位统治东盎格利亚王国。或者拉德瓦尔德的儿子瑞根哈瑞（Raegen-
here），他死于 617 年的一场战争中。

另一种比较有可能的情况是，墓主可能是某位国王的父亲。埃尼
（Eni）是"不列颠统治者"拉德瓦尔德的弟弟，也是四位东盎格利亚
国王的父亲。他也很有可能死于由钱币推算出的 620—640 年的时段
之内，如果他出生在 6 世纪晚期的话，那么到 630 年左右已经是个
年长之人了。他的几个儿子统治期间恰逢东盎格利亚盛世，这些儿子
很有可能在父亲身后为其奉上至为荣耀的待遇。上面列举了这么多情
况只是为了说明，在没有保留任何个人特征的情况下，想要确定一个
人的身份是怎样的困难重重。

是否有尸体？

67　　为了确定船葬中是否曾有墓主尸体，大英博物馆实验室对墓葬地
域的土壤沉积物进行了认真的科学分析。此次调查以某些无法绝对确
定的化学痕迹为依据，过程全面而深入，其精密程度已经达到了凶杀
调查的标准。1975 年，大英博物馆实验室给出的结论是，在放置宝
剑和珠宝的地方确实曾放置过一具尸体。

然而，这个结论引起了争议。首先，考古发掘者都知道，墓葬中
陪葬品的位置并不能表明安置尸体的位置。其次，更重要的是，经过

伦敦盖伊医院的高级法医专家公正中立地检验，船上并没有发现任何火化或埋葬的尸体遗迹。最后，墓葬现场没有任何个人物品的痕迹，无论是戒指、挂件、饰针、衣物碎片、皮带搭扣，还是鞋子或衣物上留存下来的金线，再加上陪葬品的摆放方式缺乏说服力，这些似乎都表明墓葬中根本没有尸体。

当然，船冢停置的酸性土壤可能已经销蚀了包括牙齿在内的任何人体痕迹，大家在这一点上取得了共识。大英博物馆的化学实验确实在宝剑旁边的土壤里，探测出较高的碳酸盐含量，然而，这也可能是那些残留的象牙物品——比如一套象棋——造成的。

高级法医的观点认为，将萨顿胡船冢看作为一个客死他乡、身葬异地的人建立的衣冠冢，是对这一谜团最可接受的解释。他们的推断基于以下理由：第一，这里没有任何尸体迹象。第二，这里没有任何可能暗示个人身份的物品，比如衣物、私人物件或饰物等。第三，殉葬品的摆放充满疑点。最终，法医鉴定报告说："经仔细研读所有可见的与墓葬有关的材料，我们的共同观点是，没有证据支持'船冢中曾葬有人体'这一观点。"

然而，1979年考古学家再次查阅发掘者的最初记录时却发现，1939年初次挖掘时，他们还挖掘出了一套完整的铸铁棺材配件，但这条记录在随后的有关萨顿胡的讨论中完全被忽略掉了。这些金属配件的所在位置清楚地呈现出一个长方形的轮廓，其间可以放置一口木质棺椁，而陪葬品恰好可以围绕着停放"尸体"的位置整齐摆放。这个戏剧性的发现表明，我们终于可以把这里当作一个典型的 7 世纪盎格鲁－撒克逊贵族墓葬来看待了。眼里容不得半点沙子的人也许还会争辩，有棺材也不能保证一定就有尸体。但是，我们已经知道，骨骼完全可以因酸性土壤而被销蚀得毫无踪迹，因此，我们莫不如就接受在萨顿胡墓葬中的确曾有过尸体这个假设。我们下面的论述就基于这个假定。

墓主是谁？

有关"墓主是谁"以及"他是否是一位国王"的问题，最主要取决于对墓中发现的两件随葬品的解释：一件是一根末端带尖头的铁质架杆，另一件是一块细长的大砥石或石棒。这两件物品现在已经被分别解释为：一根旗杆和一根权杖。因此可以说，它们不仅是社会地位的象征，而且是一项重要职务的象征。大英博物馆的出版物中指出，这块砥石就是"不列颠统治者"拉德瓦尔德本人的权杖。我们现在就来检验一下这些说法。

这根"权杖"不计顶端的青铜配饰，长约 0.6 米，据信，它本应是被握持着放置在膝盖之上，顶端配饰是一只青铜小雄鹿。如果"小雄鹿"这个细节正确的话，那么它倒很能说明问题，因为雄鹿有可能与皇权有一定的关系。在英雄史诗《贝奥武夫》中，传说中的丹麦国王赫罗斯加（Hrothgar）的皇家大厅就叫作 Heorot，意即"雄鹿"。（也许是因为在门上装饰着雄鹿的头？）这根"权杖"其实就是一块磨刀石，同时期的某些瑞典墓葬的出土文物中也有类似物品，只是这块砥石更大，做工也更加精细，并且不曾使用过。一般来讲，将大砥石当作国王权力的象征应该是站得住脚的，因为很多古代国王富有深意的别号，都是围绕着战争、宝剑和磨刀石这些意思命名的。一位杰出的考古学家在谈到这一点时，曾称其是"一件丑陋的、充满野蛮意味的独特的东西，除了也许可以作为国王本人的象征，表征着北方世界里铁匠及其工具的神性与神秘感之外，其他含义完全让人不得其解"。

然而，砥石是否是皇家的专门御用品，或者它正式的象征含义是什么，这些还都没有定论。最密切的联系看似与索尔[1]崇拜，说到底还是和奥丁崇拜有关。一个早期北欧神话讲述了奥丁乔装打扮成一个手艺人，带着一块神奇的磨刀石。在这种情况下，我们似乎应该慎取"砥石是不列颠统治者的权杖"这一说法。

那么，它能否是一个王国的传世之宝呢？一个很独特的观点指出，权杖上面雕刻的八张脸代表的是东盎格利亚王室沃尔夫加斯家族的八位祖先。有关这一点，我们可以给予证实：东盎格利亚的谱系图显示出，他们在真实的人物祖先维哈与沃尔法父子之前，确实有过八位神话祖先。那么，它是沃尔夫加斯家族的传世权杖吗？如果真是这样，墓中的另外一件陪葬品就适得其所了。在靠近砥石的位置，考古学家发现了一根木棒的某些残迹，它用薄薄的金质条状物配有一颗石榴石和金银丝来装饰，顶端有一个圆环和一个用金片剪出来的动物形象，这动物有可能是一匹狼，而这里出土的钱包上面也描绘了狼的形象。由此我们想到，这名工匠是否用这个设计作为双关语，来暗示王

69

---

[1] 索尔（Thor），北欧神话中负责掌管战争与农业的神，职责是保护神国的安全和在人间巡视农作，他力大无比，勇敢善战。一说认为索尔是主神奥丁之子。

朝的名字为 Wulf[1]（狼）= Wuffingas（沃尔夫加斯），意思是"狼的子孙"？这根木棒是否有可能是一个皇家护身符？有关这一点，我们至少可以列举出另一种十分相似的情况。1656 年，在法国巴黎圣日耳曼德佩（Saint-Germain-des-Prés）区出土了一座确定无疑的 7 世纪王室墓葬，在墓中也发现了一根木棒。后来的研究表明，这些木棒确实是盎格鲁－撒克逊的王室专用品之一。

萨顿胡墓葬中发现的第二件意义重大的物品，就是那根铁质架杆。架杆长约 1.5 米，顶端有一个水平的垂直于杆身的镂空格框。这根架杆是做什么用的呢？猜测从一种便携式的火把（它的头部可能包裹着可燃烧的丝束），到作为战利品悬挂敌人头皮的架子，可谓五花八门。而历史学家们最感兴趣的一个提法是：它可能是一根旗杆。他们指出，在比德的《英吉利教会史》中有一段饶有趣味的章节，描述了诺森布里亚的埃德温国王——他继东盎格利亚的拉德瓦尔德之后，成为"不列颠统治者"——用旗帜仪仗来彰显自己的威严。

70　　　　　他的威望在国境之内至高无上。在战场上，他的前面要有人举着横幅前导。即使在和平时期巡视城市、庄园地产，或在王国内巡行时，仪仗前总是有旗手引导。他无论沿街走到哪里，前面总是有人举着旗帜，罗马人称这种旗帜为"tufa"，英语中为"thuf"。

---

[1] wulf 在原始日耳曼语中的意思为"狼"。这个词素是早期日耳曼男性名字中的一个非常重要的元素，可以作为名字的第一个元素，如 wulfstan；也可以作为名字的后缀，如 cynewulf 或 ludolf。取为男名的元素可能与狼最初为某种神圣动物有关。

从一般意义上讲，这段著名的文字显示了盎格鲁－撒克逊国王们对罗马传统的刻意尊崇，想要通过仿效罗马帝国的统治风格，来增加自己统治的合法性与威望。（我们在后面会看到，这种趋势贯穿在后世很多英格兰国王的统治之中。）由此我们猜想，东盎格利亚的王室沃尔夫加斯家族，在表明他们在不列颠的统治是继承罗马权力这一问题上，可能已经取得了共识，因为他们的谱系记录在神话中的奥丁祖先之后，把恺撒的名字也吸收了进来。然而，令人遗憾的是，萨顿胡"旗帜"上设计有铁格框和一个接近方形的小金属架，外观上看起来怎么也不像"vexillum"、"signum"或者"tufa"（比德用来区分不同类型的罗马旗帜的拉丁词语），更不要说它的长度也许根本不够拿来当作旗帜。鉴于比德没有特别提及"旗帜"或"权杖"与"不列颠统治者"职务之间的联系，我们也只好接受这个事实。目前还没有证据能把"旗帜"或"权杖"与"不列颠统治者"的职务联系起来。

东盎格利亚王国

通过对萨顿胡墓葬的研究，我们对当时高超的手工技艺有了一定了解，也见识了一些意义至今不甚了了的仪仗用品。虽然有些物品与王室相关，但没有明显的证据表明它们是某位国王的御用品，那么，我们有什么证据能把这处墓葬与东盎格利亚王室联系起来呢？

此处墓葬不是孤立存在的，就在同一地域至少还有另外 16 座土丘，有些至今还未曾发掘。现在就让我们来考察一下，该墓葬的东盎格利亚王国的社会背景。

71　　　此处墓葬一经发现，人们的视线立刻聚焦到附近的一处小教区——蓝道申村[1]。从萨顿（Sutton）出发沿德本河上行约6公里，就可以到达蓝道申村。而它之所以引起人们的关注，是因为它与东盎格利亚的多位国王有着深厚的渊源。比德记载说，东盎格利亚的塞德主教（Bishop Cedd）曾为东撒克逊人的国王斯威瑟姆（Swithelm）主持受洗仪式，仪式在"一个王室村落举行，叫作蓝道申，也就是蓝道的宅第。东盎格利亚国王义塞尔沃德（Aethelwald）——东盎格利亚人的前任国王安纳（Anna）的弟弟——是他的教父"。我们通过这段记载可以推知，在义塞尔沃德国王统治时期（655—664年），蓝道申村是东盎格利亚王国的王宫所在地。当时，那里也许还有一座教堂，而这座教堂因为举行了外族国王庄严隆重的受洗仪式而显得越发重要了。这一线索可以引导我们进行更多的探索。

　　从蓝道申村跨过德本河，就是沃法德（Ufford）村，这个名字是由盎格鲁－撒克逊名字沃尔法（Uffa或Wuffa）派生而来的。王国创建者的名字与王室驻地的名字如此相近，这难道只是巧合吗？类似的，靠近萨顿还有一个村庄叫金斯顿（Kingston），这个名字也暗示着这里曾是众多的盎格鲁－撒克逊英格兰王室产业之一。一张保存下来的土地特许状可以证明此地的悠久历史，它记载了威塞克斯国王埃

---

[1] 蓝道申（Rendlesham）村是萨福克郡伍德布里奇（Woodbridge）附近的一个村庄，据信曾是东盎格利亚王国的王室中心所在地，也是1980年所谓的"蓝道申森林事件"飞碟谜团的发生地。

德加（Edgar）一世，在 10 世纪时将金斯顿村和麦尔登（Melton，位
于蓝道申村下游方向约 3 公里处）村，当作礼物赠送给伊利大教堂
（Ely Abbey）。由此可以合理地推测，这些产业原本是东盎格利亚的
王室土地，只是维京战争后转到了威塞克斯国王手里。

　　最引人注目的是（当然，这很可能就把我们带到民间传说中去
了），在 1722 年出版的威廉·卡姆登的《不列颠尼亚》[1] 一书中有一
条关于蓝道申村的记载：

　　　　据说自从这里发现了一项重达约 1.7 千克的古代王冠后，此
　　地的挖掘寻宝持续了 30 年。这项王冠据信属于拉德瓦尔德本人，
　　或者东盎格利亚的某位国王，但是王冠已经被卖掉并熔毁了。

　　虽然这个故事给后世很多以讹传讹的古文物研究（和一个蒙塔
古·罗兹·詹姆斯 [2] 的灵异故事）提供了灵感，然而这个说法常被视
为无稽之谈，因为 7 世纪的盎格鲁－撒克逊英格兰国王并不戴王冠。
但是，这个"不戴王冠"的论断也许并不能站得住脚。1656 年，在
法国巴黎圣日耳曼德佩区出土了希尔德里克二世（Merovingian Child-
eric II，卒于 675 年）的墓冢，现场发掘者看见了"一个巨大的黄金

72

----

[1] 威廉·卡姆登（William Camden，1551—1623），文艺复兴时期的英格兰历史学家，
其著作《不列颠尼亚》是有关不列颠岛与爱尔兰岛的首次地理调查记录。
[2] 蒙塔古·罗兹·詹姆斯（Montague Rhodes James，1862—1936 年），英国作家，作
品常以 M.R.James 的名字发表。他以写作灵异故事而著称，是"古文物灵异故事"的
开创者。

王冠形状的东西，围绕在国王的头部"，很显然，它是某种冠冕，并且与罗马人戴的冠冕很相似。这个故事倒是符合我们所理解的盎格鲁－撒克逊人对罗马文化的尊崇，但是，我们必须对萨顿胡墓葬有更深入的了解，否则就不宜用这个故事来拼凑萨顿胡的故事，虽然它引人入胜，也能营造神秘氛围。

拉德瓦尔德的宫殿？

比德在《英吉利教会史》中提到过沃尔夫加斯王朝在蓝道申的宫殿，据推测，这处宫殿应该与同时代的诺森布里亚王国的埃德温（Edwin）国王的宫殿相似。考古学家对位于诺森伯兰郡耶沃润（Yeavering）村的埃德温宫殿的发掘，取得了巨大成功。出土的王宫大厅全长约27米，是一栋木质结构建筑，颇似一些现存的中世纪的什一税谷仓[1]。大厅内部的装饰也许类似于英雄史诗《贝奥武夫》里描述的雄鹿厅，挂毯上描绘的是斯堪的纳维亚的古代英雄。大殿周围应该还有一些辅助性建筑，也许包括一座后来转为用于基督教的神庙。在耶沃润村还出土了一座壮观的木结构建筑，外观颇似圆形露天剧场的一部分，在中心有一大坑以置图腾。这里显然是一处民众集会的地方，也可能是一个大型的营地或畜栏，来圈置从当地凯尔特人手中得来的牲畜。

令人遗憾的是，无论是实地考察还是空中航拍，考古学家在蓝

---

[1] 什一税谷仓指中世纪北欧大部分地区用于存储租金和什一税的谷仓，这种谷仓常靠近乡村教堂，穹顶多为木架结构。

道申村都没有发现任何类似的建筑痕迹。细心的本地研究者缩小了范围，专心寻找比德提到的第一座盎格鲁 - 撒克逊教堂。现今的圣格雷 73 戈里教堂（Church of St Gregory）所在地是一种可能性，但更有可能的是该教堂东北方向约 800 米处的一块面积约 12 亩的长条状田地。1837 年，此处发掘出一座规模相当大的盎格鲁 - 撒克逊墓地，据推测，可能是王室村庄里居民的墓地。如果我们的假设"这里距离蓝道申早期宗教中心很近"正确的话，那么蓝道申的异教神庙和随后出现的木质基督教堂应该就在附近。早期基督教传教士的主攻目标多是王宫朝堂，国王们是最早的皈依者，所以，最早的教堂都是为国王专门建造的，由此我们可以推测，沃尔夫加斯王宫距离此地的早期基督教堂和异教神庙应该很近。这种地理位置关系在瑞典的老乌普萨拉（Old Uppsala）考古发掘中得到了证实，而据推测，瑞典的乌普萨拉与英格兰蓝道申和萨顿胡的沃尔夫加斯家族之间，也许存在着家族亲缘关系。总而言之，以上这些因素表明，萨福克郡东南部的德本河与阿尔代河（River Alde）之间的河谷地带，曾是东盎格利亚王朝统治的心脏地带。

共敬基督与异教神祇

沿德本河河口向南行约 3 公里，站在老费利克斯托 [1] 的悬崖之

---

[1] 费利克斯托（Felixstowe）是萨福克郡的城镇之一，依傍德本河，濒临北海，费利克斯托港是英国主要的集装箱码头。老费利克斯托与现今的城市在地理范围上不完全一致，前者更靠近德本河。

上远眺大海，你会看见罗马"撒克逊海岸"[1]要塞之一的沃尔顿城堡（Walton Castle）的废墟。到 1800 年时，要塞所在的悬崖已经被海水严重侵蚀，目前，只有在水位非常低的时候，我们才能看见一些砖石建筑的残迹。这个地方今天看起来与 17 世纪的一系列素描画非常相似，只余一个长方形的堡垒，各个角落分布着鼓楼。7 世纪 30 年代时，在沃尔夫加斯国王的支持下，东盎格利亚的第一个主教辖区在这里成立了。其实，很多"撒克逊海岸"要塞所在地后来都与沃尔顿城堡一样，都被改建成为教堂，比如伯格城堡（Burgh Castle）、布拉德维尔（Bradwell）、波切斯特（Portchester）、瑞卡维尔（Reculver）等。很显然，在移民潮初期，这里已经易手给盎格鲁－撒克逊王室。国王们接受了基督教后，很可能就把这个地区赏赐给教堂，作为建立主教辖区的安全之所。而沃尔顿作为如此靠近德本河谷的重地要镇，再次说明了这个弹丸之地对东盎格利亚王朝的重要性。

74　　如果 7 世纪 30 年代时东盎格利亚王室已经接纳了基督教，那么会不会有一位国王未被圣化而葬于异教徒的坟场？在传统上，王室是何时开始将国王埋葬在基督教堂的？而萨顿胡船冢是否体现出某种具体的异教或基督教的宗教特征？

　　可以确定的是，这处坟场不是基督教墓地，船冢也不是基督教的安葬方式。事实上，萨顿胡船冢里没有任何东西体现出基督教或任

---

[1] 撒克逊海岸是罗马帝国晚期兴建的军事工程，由英吉利海峡两岸的一系列军事要塞组成，建于 3 世纪后期，目的是防御撒克逊人的侵袭。目前，在英格兰东部和东南部仍有几座要塞遗址留存。

何异教的程式仪轨，甚至可以说没有任何与宗教相关的东西。发掘之初，出土的两把银勺子曾被解释为基督教的洗礼勺，因为上面刻着的两个希腊文单词 Saulos 和 Paulos，有可能指的是圣保罗（Saint Paul），只是后来发生了变体。然而很遗憾的是，这两个词的发音不一致，因而这个说法不能成立。另外，墓葬中的这两把银勺子与其说是为了体现基督教含义，倒不如说是为了表现异国情调而更让人信服些。之所以把它与异国情调联系上，是因为墓葬中还出土了一些拜占庭风格的华丽大碗，虽然有些碗上刻有十字图案的装饰，但是我们不能以此就断定其主人是基督徒。这些碗很有可能是一个蛮族首领通过礼物赠送、交换、贸易或抢劫而得来的财富。由此可见，这些手工艺品无法不容置疑地证明墓主是一个基督徒，而这其中的含义可能意义重大，难道这暗示着萨顿胡墓主是葬于东盎格利亚王室彻底接受基督教之前吗？比德的有关拉德瓦尔德统治期间（599—624 年）的一段记载可以支持这个说法，王室在信奉基督教方面，在一段时间内态度表面化，并且立场摇摆不定。

拉德瓦尔德确实在肯特（Kent）皈依了基督教，但是他的态度是矛盾且机会主义的，待他一回到东盎格利亚，他就成了叛教者，最终，他似乎是既敬奉耶稣基督，又尊崇他原来信仰的异教诸神。在同一座神庙中，他设置了一个圣坛专为基督敬献祭品，同时还有一个规模稍小的祭台，来为那些基督教所谓的"魔鬼"敬奉祭品。拉德瓦尔德这种情况在黑暗时代的国王中并不是唯一的个案。在东盎格利亚王国，国王欧普瓦尔德（Eorpwald）被异教徒瑞克伯特（Ricberht，627—628 年在位）谋杀并篡位。另外，还有一位国王艾格瑞克（Ecgric，可能死于 636 年或 637 年的一次战争中）不曾出现在族谱中，无法得知他是否接受过基督教洗礼。在这种社会氛围下，东盎格利亚出现一座受基督教影响的异教墓葬，看来并不是完全不可想象的。目前的研究表明，不太可能在萨顿胡墓葬中找到明显的基督教影响的痕迹。这处墓葬很明显是非基督教风格的，至少某种程度上，其过时的风格反映出异教根基在盎格鲁－撒克逊英格兰逐渐弱化的历史潮流。

贸易中的国王与商人们

萨顿胡船冢可能是异教墓葬，而出土的文物则表明在那个异教时代，人们活动地域之广阔已经远远超出了我们的想象。拜占庭大银盘、墨洛温王朝的硬币、埃及科普特[1]风格的碗、进口玻璃等，都暗示着当时商业贸易活动之活跃。萨顿胡船冢的陪葬品的丰富与奢华其实并不是特别突兀，因为更早时候在德本河谷出土的某些盎格鲁－撒克逊时代的文物，比如，进口的蓝色玻璃器皿、圆形金胸针等，已经预示出这个讯息。考古学家还曾在蓝道申村稍北一些的威科姆市场村，发现过产自埃及的科普特青铜碗。由此看来，在 6 世纪和 7 世纪时，德本河谷的进口贸易已经非常活跃，异国文化从东南方源源涌入萨福克郡。当前考古学家正在跟进某些线索，来探寻萨福克郡东部的

---

[1] 科普特（Copt）人，该词意为"埃及的基督教徒"，是古代埃及的少数民族之一，是公元 1 世纪信奉基督教的古埃及人的后裔。目前，埃及的科普特人是中东地区最大的基督教族群。

伊普斯维奇（Ipswich）镇的起源。这里曾出土了多得难以置信的早期居民遗迹，似乎暗示着该镇最初发轫于港口，且得到了 7 世纪沃尔夫加斯国王们的扶持。

　　7 世纪晚期到 8 世纪时，与不列颠岛东盎格利亚遥遥相对的荷兰海岸成为当时的贸易中心，景象欣欣向荣，一系列城镇成为不列颠与欧洲之间的大型贸易中转港，比如位于荷兰莱茵河沿岸的道瑞斯戴德（Dorestad）。外国商人在 7 世纪时已经进入英格兰，例如，比德就提到过一位公元 679 年生活在伦敦的荷兰人（抑或弗里斯兰人）。他还提到，在 731 年，也就是写作《英吉利教会史》的时间，伦敦已经是"一个大市场，人们从海上与陆上会集到这里"。可以乘船直达的专门贸易港口，其自身自然具有显而易见的优势，然而考古学家认为，有些港口最初也是得到了王室的扶持才发展起来的——国王们希望通过这种方式，来控制涌入国境的财富。（8 世纪早期的土地特许状证明，皇家收费站控制着沿海诸多市场，而它们也许更早时候就出现了。）越来越多的证据表明，盎格鲁 - 撒克逊英格兰有许多沿海、沿河的商业贸易点，而有些就是依据国王命令而设置的。这些地方都活跃着一个商人阶层，他们买进自己享用的奢侈品，虽然这些东西无法与王室用品相提并论。当时的很多贸易中心都叫作 wic，而带有该词尾的某些地名也暗示出该市镇的悠久历史，比如，在 7 世纪的一条法规中，伦敦的名字显示为 Lundenwic，南安普敦的前身叫作 Hamwih，约克的名字是 Eoforwic。时至今日，英格兰还有一些地名保持着这个特征，比如，肯特郡的福德维奇（Fordwich）镇，这里曾发掘出早期盎格鲁 - 撒克逊人的墓地，另外一个例子就是伊普斯维奇（Ipswich）

76

镇。（wic 这个词尾是德语从拉丁文 vicus 借用来的，其含义显然为"交易场所"。7 世纪时伦敦的皇家收费站是由一名所谓的"wic 长官"来管理的，因而我们也可以假定，其他带有 wic 词尾的地方也在王室控制之下。）

在伊普斯维奇镇的考古发掘，并没有像其他盎格鲁－撒克逊考古那样引起关注，但是，它呈现出来的城市景象仍给人留下了深刻的印象。在方圆约 182 亩的地域内挖掘出大量早期墓葬，出土文物包括进口玻璃、陶器与土罐，以及大量的被称为"伊普斯维奇陶器"（约 650—850 年）的中盎格利亚陶瓷制品。伊普斯维奇镇距离萨顿胡约 8 公里，那么该镇与位于德本河谷的王室中心有什么关系吗？我们参照当时另外一个强盛王国——威塞克斯王国——的情况：威塞克斯的政治与基督教中心在温切斯特（Winchester），而其贸易中心则位于南安普敦，那么，这种关系是否同样存在于东盎格利亚政治中心和伊普斯维奇镇之间呢？如果事实果真如此的话，那么该镇也许就是沃尔夫加斯国王们扶持建立的一个贸易港口，商人们在王室监管之下，向东盎格利亚境内源源输入货物。换句话说，伊普斯维奇镇也许就是萨顿胡墓主的一个主要的收入来源地。

与瑞典的联系

77　　萨顿胡墓葬与瑞典的密切联系，给我们的深入研究提供了契机。萨顿胡发掘细节和头盔的复原品一经公之于众，瑞典考古学家马上宣称，那些头盔、宝剑和盾牌是瑞典制造的。（那顶带有镀锡条板的头盔反映出民间传说的某些特征，其生产时间也许要比埋于萨顿胡的时间久远得多。）我们已经知道，萨顿胡墓葬是一处王室或贵族的船冢，而这种墓葬方式在盎格鲁－撒克逊时期的瑞典很常见。我们从史料记载和诗歌中可以得知，装饰精美的宝剑和盔甲有时可以作为传家宝，世代相传。（奥法国王的阿瓦宝剑在200多年后，成为威塞克斯王室的珍贵财产。）那么，萨顿胡出土的这些手工艺品是否可能来自瑞典？是否可能是王室的传世之宝？在萨顿胡船葬发生的时候（约620—640年），沃尔夫加斯王朝在东盎格利亚的统治已逾四代，并且其中一位国王还荣膺"不列颠统治者"称号，这一地位很有可能让他们对于自身古老的瑞典起源有了更强烈的意识。瑞典老乌普萨拉出土的战争装备，与萨顿胡出土的头盔和盾牌几乎相同（后者现在被认为是由英格兰的盎格鲁－撒克逊作坊制造的）。萨顿胡墓葬与老乌普萨拉的王室陵墓也十分相似。这些证据在很大程度上表明，如果东盎格利亚的沃尔夫加斯国王们的祖籍确实是瑞典的话，那么他们应该是乌普萨拉王室——斯凯尔芬斯（Scylfings）家族——的一个分支。

有关墓主

至此，我们也禁不住要同意大英博物馆的结论：此处船冢纪念的是"不列颠统治者"拉德瓦尔德。尽管我们还不能完全接受"随葬品是'不列颠统治者'专用品"这个说法，并且有关"权杖"和"旗帜"的争论还远远没有定论，但是，拉德瓦尔德确实是最有可能的人选。我们现在最有可能确定的是，这个墓葬是为一位国王修建的一种

78

纪念碑。如果它是一座衣冠冢，而不是一个真正意义上的墓葬的话，那么墓主可能是某位退位的国王、某位死于战争的国王或某位埋葬在教堂里的异教国王。如果墓冢里真的曾有过尸体的话，我们可以推定他是东盎格利亚人，是一位沃尔夫加斯王室统治者。时人依照瑞典的传统方法将他葬在一艘船里，他生前的行伍装备和其他贵重物品陪伴着他。墓葬没有任何物品表现出任何正式的宗教信息，无论是异教的还是基督教的，它只是蛮族在东盎格利亚完全接纳基督教之前，对自身拥有的盎格鲁－撒克逊财富与权力的一个展示。但是，从"政治"意义上说，这处墓葬又是保守的，这种仪式即便在当时看来也许都是极其过时的。

萨顿胡

目前，在萨顿胡至少有 17 座土丘，其中很多还未经任何考察。根据肉眼可辨的迹象判断，有几处可能也是船冢，因为土丘中部的凹陷，有可能是船体中部木质船舱的塌陷造成的。其实，现当代考古学家应该庆幸有这种塌陷，因为这种外观让土丘陵墓看上去像是已经被盗过，才得以从亨利八世的手下、伊丽莎白一世时期的约翰·迪伊和其他盗墓者手下逃过一劫。7 世纪中期以后，东盎格利亚王室似乎就停止使用这块墓地了。当然，后来这里也出土过一些土葬墓，其中有一个被割下的头颅，根据放射性碳定年法测定属于 8 世纪中期。我们根据目前的资料推断：截至东盎格利亚末代国王被维京人杀掉而皇脉终止时，如果蓝道申村一直是王室驻地的话，那么王室教堂和墓地很有可能就在靠近今天圣格雷戈里教堂的某个地方。而萨顿胡葬有船冢的异教坟场，借着灵异鬼怪故事的保护，一直到 16 世纪都无人问津，之后曾被亨利八世和约翰·迪伊打破了宁静，再之后就一直沉寂到 1939 年才迎来了巴索·布朗[1]的再度挖掘。

最后，还有一个让人好奇的传说或许可以补充进萨顿胡故事中。一位来自萨福克郡的伯里圣埃德蒙兹（Bury St Edmunds）镇的 11 世纪的历史学家，根据萨福克郡的传说记载道，丹麦维京人的入侵最终导致东盎格利亚王国的灭亡，公元 869 年，沃尔夫加斯王室的末代国王"殉道者"埃德蒙（Edmund the Martyr）被杀害。他先是被埋葬在了萨顿王宫的附近，然后在 10 世纪 30 年代被迁往伯里圣埃德蒙兹镇的最终安眠地。试想一下，东盎格利亚人把他们的国王暂时埋葬在距离其祖先坟墓最近的教堂里，这可能吗？虽然它貌似可信，但我个人认为不可能。不过，只有待探明了蓝道申村的王宫和教堂的下落，等萨顿胡的所有墓丘都得以发掘，我们才能够知晓这个王朝的来龙去脉。也只有到了那时，萨顿胡人才会完全揭掉那层神秘的面纱，真相才不会再躲闪在历史的迷雾中。

79

---

[1] 巴索·布朗（Basil Brown，1888—1977），是一位自学成才的英国考古学家和天文学家，于 1939 年发现并发掘了萨顿胡船冢。

第四章 奥法

麦西亚出现了一位伟大的国王奥法（Offa），他以恐怖雷霆之手段，将其他国王和地区紧紧控制在自己周围。他下令在威尔士与麦西亚王国之间，修建一道宏伟的边境防御工程——从海到海的奥法堤。

——阿塞尔主教《阿尔弗雷德大帝传》

公元 787 年春天的一天，一些威尔士人沿着偷牛贼的小路，骑马进入盎格鲁－撒克逊英格兰境内，没想到却带回威尔士一个让人吃惊的消息：成千上万的盎格鲁－撒克逊人聚集到了边境地区，那里马匹熙攘，车辆往来，车上装着口粮、帐篷、绳子、钉子和武器。但是，与前些年的远征不同的是，这次他们没有烧庄稼，没有抢东西，今年他们是带着工具来的——铁锹、斧子、锛和锤子，他们此次集结是为了沿着边境建造一道巨大的堤防。这条沟渠深达约8米，宽约18米，它北起爱尔兰海，向南延伸，纵跨陆地，直至布里斯托海峡。这些人就像现代的高速公路建设者一样，把碧绿的田野切割出一条深沟。

奥法堤

有些地方的盎格鲁－撒克逊村庄被堤防隔在了威尔士一边，地方贵族们虽然势力强大，但这是国王的决定，他们也无能为力。第一批人员放火烧掉了灌木丛和野草，砍除杂树，清除障碍。他们在不同的山头上燃起巨大的篝火，来远距离取直，而较近距离之间就靠埋在地上的大木桩来定位。当地农民的耕牛也都被征用了，牛拖着重犁，先在黑土地上犁出一条深沟，这样挖沟的人就可以在这个基础上施工了。然后，主要劳力们进驻工地，他们绝大多数都是服兵役的农民。

毫不奇怪，这些人像所有的军人一样，一边牢骚满腹，诅咒连天，一边喊着号子，挥汗如雨。一个威尔士人恰好认识一些盎格鲁－撒克逊人，他也许是从他们口中得知，这段长度是分配给他的英格兰邻居们的工作：他们是马格索坦（Magonsaetan）人，住在今天的什罗普郡（Shropshire）。其他劳工也许来自更远的地方，操着不同地方的口音，比如东盎格利亚人、肯特人，还有来自今天德比郡（Derbyshire）的峰区人。人群中也应该有各行各业的能工巧匠，比如来自格罗斯特（Gloucester）的铁匠，还有来自北安普敦郡（Northamptonshire）的采石工人和石匠。这时，这些威尔士偷窥者看见远处跑来一支疾驰的马队。他们骑马跑过正在挖土的绵延不断的长龙，绕过材料堆、桩标和石堆，奔上一个制高点，视察工程的进展情况。在这群人里，就有那个统筹工程全局的人，这个人目光专业，严密监控着工程的每一个阶段。他让所有人都或敬或畏，虽然年迈，却仍一言九鼎，他就是奥法，"麦西亚人和所有英格兰人的国王"。

上面的场景是我们想象出来的，但是，大多数细节都是以考古界对奥法堤[1]的近期研究成果为基础的。在对奥法堤的研究中，有一

---

[1] 奥法堤（Offa's Dyke）是黑暗时代英格兰和威尔士边界上的线状军事工事，从塞文河畔的切普斯托向北延伸270公里至迪伊河三角洲。建于麦西亚国王奥法在位时的8世纪末，目的是防御威尔士人的进攻。奥法堤在数个世纪都是英格兰和威尔士的分界线。奥法堤修建时大部分是平坦的堤坝，至今仍有部分遗存，成为一些徒步旅行者的远足路线。

个现象引起人们的关注：与奥法同时代的人没有留下任何记载，来证明是奥法修建了这座堤防。倒是阿塞尔主教[1]在100年后记载说："是奥法下令在威尔士与麦西亚王国之间，修建宏伟的边境防御工程——从海到海的奥法堤。"这座防御工事至今仍然分隔着两个国家，时至今日，一个真正的威尔士人生活在英格兰一边，仍然是件有些丢脸的事。所有走过奥法堤之路的人，都会为此项工程的规模之巨惊叹不已。威尔士边境总长约241公里，而奥法堤途经了大部分边界，至今仍有些地方的土堤高出地面约6米。

奥法堤一路或跨过亚当浩普山（Edenhope Hill），或深入到克伦森林（Clun Forest）中，这种设计让人不由得心生疑窦：它的修建目的是什么？它是如何修建起来的？在那个黑暗年代，一位国王要具备怎样的力量和魄力，才能开启如此规模的工程？一位历史学家认为，投入这个工程的人力、物力可以与修建埃及大金字塔相媲美。当今英国顶级的公路承建商们，曾被邀请来估算这个工程放在今天的成本，最后也都毫无结果。说来奇怪，历史学家们在有关奥法堤的很多问题上，无法取得一致意见，比如大堤的功用，它最初建成时是什么样子，或者大堤的具体建造过程为何，而奥法国王本人更笼罩在重重谜团之中。奥法国王是英格兰统一过程中的关键人物之一，但是他却没有现代个人传记，甚至在他生活的8世纪也没有传记流传

---

[1] 阿塞尔主教（Bishop Asser，?—909）出生于威尔士，是盎格鲁－撒克逊时期教士、学者与历史学家。曾被威塞克斯国王阿尔弗雷德大帝聘请入朝，为其进行写作与翻译。著有英国历史上首部盎格鲁－撒克逊君王传记《阿尔弗雷德大帝传》。

下来。一直以来，记载其统治情况的史料残缺不全，并且很大程度上依赖于后世传说，历史学家们通常认为缺乏可信度。然而，在过去的几年中，一些饶有趣味的考古发现给他的故事提供了一些新的线索。

麦西亚的起源

在 9 世纪 60 年代与 70 年代维京人入侵英格兰之前，英格兰这块土地上王国林立，奥法的麦西亚王国就是其中之一。这些王国是在罗马帝国衰落后，由居住在不列颠岛的不同盎格鲁－撒克逊部族建立与发展起来的。这些王国虽然种族多样，但却共同遵循一个由来已久的传统：接受一个超级霸主——也就是 bretwalda（这个词的最初含义可能是"大统治者"，但是到了奥法时期，其含义已经成为"不列颠统治者"）——的统领。这位超级霸主是这些国王中的一位，但其他国家的国王都是他的臣子，他们向他进贡，定期朝觐，想在自己的领地上颁授土地也要得到他的允许，战争中要统一听从他的调遣。5 世纪晚期到 7 世纪早期的萨塞克斯、威塞克斯、肯特和东盎格利亚等王国，都曾有国王短期居于这种霸主地位。我们在前一章已经得知，号称最伟大的盎格鲁－撒克逊考古发现的萨顿胡船冢，一说就是东盎格利亚的"不列颠统治者"拉德瓦尔德的墓葬。

7 世纪时，诺森布里亚（Northumbria）王国连续三位国王，在位期间都保持了"不列颠统治者"的地位，他们在南部边境与麦西亚进行过激烈的战争，也不时从亨伯（Humber）河以南的小国君主手里接受贡品。7 世纪 60 年代和 70 年代时，麦西亚国王乌尔海尔[1]掌握了类似的权力。而 8 世纪的绝大部分时间，麦西亚王国在阿尔芬尔德（Aethelbald，716—757 年在位）和奥法两位国王的统治下，在亨伯河以南的广大地区地位至高无上。他们为未来英格兰的统一铺平了道路，在这方面，他们所起的作用无人能及。

84 　　麦西亚人的起源至今已经无法考证。他们初到不列颠岛时，与当时其他的英格兰人一样，是一群未经开化的异教徒，655 年皈依基督教后才开始出现文字记载，因而，有关其先祖于 6 世纪 80 年代在特伦特（Trent）河上游建国的记载，也是后代人追述的。奥法宣称其祖先是从今天德国、丹麦边境的石勒苏益格（Schleswig）的安恩（Angeln）移民到不列颠的，其先祖在移民之前就已经是当地的国王了，尤其值得一提的是，奥法和与他同名的传奇人物"安恩的奥法"认了亲戚。有关"安恩的奥法"，诗人们写道：

　　　　他年轻时创建了最伟大的王国……若论战场上的英勇行为，同龄人中无人能出其右。他手仗单剑，与梅境人（Myrgings）作战，整饬边境。

　　这两个"奥法"看似不太可能确实有什么联系。但是，真实的历

---

[1] 乌尔海尔（Wulfhere，658—675 年在位），是麦西亚第一位基督教国王。他的即位结束了诺森布里亚国王奥斯威（Oswy）的霸主地位，在位期间麦西亚控制了泰晤士河谷的大部分地区，并征服了怀特岛和米恩山谷，影响力达埃塞克斯与肯特。

史人物奥法继承了这个传奇的名字，并且修建了一条宏伟的边境线，
这让一些学者不禁想到，"麦西亚的奥法"是在有意模仿"安恩的奥
法"——他也许在童年时期，就已经对前辈奥法的传奇了如指掌了。
奥法声称其先祖在到达不列颠前即是国王，这个说法确实让他的家世
比其他英格兰国王更加显赫，也有助于在帝国鼎盛时期证明其霸主地
位的合法性。然而，这一切很有可能是奥法或其政治宣传者虚构的，
为什么这么说？且听下面分解。

奥法篡位

奥法是通过一种最成功的政变方式晋升王位的，因为他的政变在
后来的历史记载中转变成了合法的王权接管。他看似花了很多工夫，
企图对后人掩盖他政变的事实。要不是有些史料操之过急地为他辩
护，我们还真很难窥知这些事实的一鳞半爪。

公元 757 年，麦西亚时任国王阿尔芬尔德被谋杀，奥法的故事也
拉开了序幕。当时的阿尔芬尔德已经是"不列颠统治者"，统治着亨
伯河以南的广大英格兰领土。他虽年事已高，但仍然凶狠残暴，沉湎
女色。某个夜晚，在斯塔福德郡境内靠近塔姆沃思（Tamworth）的
赛金顿（Seckington），他被保镖谋杀了，而我们无从得知此次刺杀
的幕后指使者是谁。阿尔芬尔德的继任者贝沃尔瑞德（Beornred）继
承了王位，但是内战随即爆发，最后，王室宗亲奥法成功夺取了王
位。13 世纪圣奥尔本斯修道院的历史学家们，体现出强烈的"亲奥
法"倾向。他们写道，贝沃尔瑞德统治暴虐，人们揭竿而起，在奥法

85

的领导下将其驱逐出境，奥法人心所向，被推举为国王。这段叙述很可能只是对这一事件的一种事后解读，因为在一部更早的写于 9 世纪早期的麦西亚手稿上，一个页边注解给出了奥法希望外界接受的官方解释：贝沃尔瑞德是一个"暴君"，一个篡权者，奥法战胜了他，获得了王位。

　　奥法是以麦西亚王室宗亲伊瓦（Eawa）之玄孙的身份问鼎王位的，而伊瓦是麦西亚 7 世纪国王彭达（Penda）的兄弟。贝沃尔瑞德虽然继承了阿尔芬尔德的王位，登基成为国王，但其与王室的关系不详。奥法将贝沃尔瑞德定位为篡位者，将他从现存的麦西亚国王名录中除名了，虽然他确实在位了几个月——很显然，这个国王名录经过了奥法的篡改。贝沃尔瑞德（也许还有孩子）流亡境外，这使得奥法在政治上更强调了他的篡位者身份。而 12 年后，这位在位几个月的前麦西亚国王被烧死在诺森布里亚。

　　所以，谋杀了一位国王，废黜了一位国王之后，奥法登上了王位。可以说，这一事件充满了现代强权政治的意味，然而，我们对此倒不意外。在黑暗时代，王位继承向来是一场争权夺利的斗争，"长子继承"绝对不是板上钉钉的事情，几乎每一个体格健壮的王室成员，只要有能力，就都有机会问鼎王位。

86　　麦西亚王国中贝沃尔瑞德与奥法之间的内战，在当时一定闹得沸沸扬扬，毕竟阿尔芬尔德统治时期的麦西亚，在不列颠诸王国中的地位堪称显赫。败下阵来的流亡者把这个消息传播到了诺森布里亚，那些曾经向阿尔芬尔德俯首进贡的附属国王们，是不会用同样的态度去尊敬奥法的。他算什么人物？不过是老国王彭达的兄弟的一个远亲罢了。在黑暗时代，政治力量的潮涨潮落，瞬息万变，很大程度上取决于当权者的个人魅力和力量。在奥法统治初期，没有证据表明那些曾给阿尔芬尔德进贡的人，也给奥法赠送过贡品，或者征求他的许可去颁授土地。8 世纪 50 年代时，许多麦西亚人对时事的理解一定是这样的：尽管阿尔芬尔德残暴而好色，但他保护了穷人，维护了和平，并且他是"不列颠统治者"。

麦西亚人

时间到了 757 年冬天，奥法感觉自己在麦西亚的地位应该已经相对稳定了。我们可以想象，在塔姆沃思的王宫里，他与年轻的妻子辛思斯[1]一起欢度圣诞节，陪同的还有支持他夺权的麦西亚的主教和酋长们。当时，他的权力范围也许只是麦西亚的心脏地带：东北方向的边界大致抵达泰晤士河、芬恩（Fens）平原、顿（Don）河和特伦特（Trent）河一带，而位于亨伯河口的林赛（Lindsey）王国还有自己的国王。西北方的边界到今天英格兰西北部的梅西（Mersey）河，而西部边界直到英格兰与威尔士交界处的威（Wye）河和波伊斯（Powys）山脉。我们不该把麦西亚人看成一个统一的民族，甚至一个种族。当时的麦西亚人由英格兰中部的 30 多个主要部落构成，有些部落还留下了滑稽的原始名字，比如 Unecung-ga、Noxgaga、Hendrica，其含

---

[1] 辛思斯（Cynethryth）是麦西亚国王奥法的妻子，麦西亚国王艾格弗瑞斯（Ecgfrith）的母亲。她是黑暗时代唯一一个被镌刻在通行硬币上的盎格鲁-撒克逊国王的配偶。

义完全令人费解。每个部族都有自己的行政长官和部落政治中心，有些大部族还有自己的君主，只是后来都归附了奥法。然而，即便很多富有特色的名字一直延续使用到10—11世纪，但奥法的统治意味着在英格兰中部持续了近200年的原始管理系统的终结，也昭示着一个统一的王国从此在英格兰中部形成了。

87　　在奥法时代，英格兰中部地区主要由许多大大小小的麦西亚部落组成。有的部落有几千户家庭，比如居住在塞文（Severn）河谷的赫威赛[1]部落，其姓氏至今保留在牛津郡的维奇吾德（Wychwood）地区。有些部落只有几百户家庭，比如位于赫特福德郡的埃弗尔（Ivel）河谷的吉福乐（Gifle）部落，以及以自己姓氏来命名赫特福德郡的希钦市[2]的希克（Hicce）部落。当时，那些来自南部萨塞克斯的旅行者或商人们，一旦在塞伦塞斯特（Cirencester）以南的肯普斯福德（Kempsford）或克里克莱德（Cricklade）渡过了泰晤士河，可能就以为自己已经到了麦西亚王国境内。但其实在一个麦西亚人的概念里，这里只是赫威赛王国的领土——真正的麦西亚在特伦特河上游附近。北麦西亚人有7000户家庭，其部族中心位于诺斯沃斯（Northworthy，今德比郡德比市），他们的主要分支构成了现在德比郡和诺丁汉郡的基础。南麦西亚人有5000户家庭，居住在特伦特河上游以西地区，其主要部落有：政治中心位于潘克瑞奇（Penkridge）

---

[1] 赫威赛（Hwicce）是盎格鲁－撒克逊英格兰的一个部落王国，据《盎格鲁－撒克逊编年史》记载，该王国约成立于577年，后成为麦西亚王国的属国。

[2] 希钦（Hitchin）市是位于赫特福德郡的一个城市，该城市名称首次出现于7世纪的文献中，现在已经发展成伦敦的卫星城市。

的潘斯萨坦（Pencersaetan）部落和居住于泰姆（Tame）河谷的汤姆萨坦（Tomsaetan）部落。这个汤姆萨坦部落的领地，从莱斯特郡的布雷登（Breedon-on-the-hill）村的教堂，延伸到了伯明翰西南部金斯诺顿（King's Norton），横跨约 48 公里，而这里就是麦西亚王国的统治中心。麦西亚王国的王室教堂位于德比郡的莱普顿（Repton），主教辖区位于利奇菲尔德（Lichfield），而王室主要驻扎在下面要重点介绍的塔姆沃思（Tamworth）。汤姆萨坦部落由自己的行政长官来管理，其长老委员会在 9 世纪时仍能有效运作，这也许就是他们被当作王室部落的原因吧。确实，麦西亚国王们在这里消磨的时间比在别处都多。

所有麦西亚部落的名字都记载在一份非常有趣的历史文件中，该文件叫作《部落人口土地税》[1]。这是一份进贡者名录，是麦西亚的大臣从王国的不同行省与地区确切征收赋税的凭据。这个名单可能是专为奥法而编撰的，但是其中有很多含混不明的名字，似乎说明它的产生时间可能更早，也许是第一任麦西亚"不列颠统治者"乌尔海尔统治时期的杰作。然而不容否认的是，这套管理系统在奥法时期发挥了作用，而恰是在奥法统治时期，麦西亚王国达到了巅峰。为了切实了解当地的土地状况，也为了体会我们的现实与那个远逝的世界之间实实在在的延续性，让我们举个例子，来看一下位于沃里克郡（War-

88

---

[1]《部落人口土地税》（*Tribal Hidage*）编纂于 7—9 世纪的盎格鲁-撒克逊英格兰时期，书中列出了 35 个部落的名字，也包括一些独立王国和较小的地区，所记载的人口主要来自亨伯河以南和麦西亚王国周边的王国与地区。

wickshire）的拉德威（Radway）与凯恩顿（Kineton，意为"国王的酒桶"）之间的大片土地吧。这里有可能地处麦西亚王国与斯托平加斯部落[1]的边界，虽然10世纪形成现代郡制时，没有太理会这些古时候的地域分区，但是这里仍然标志着当时伍斯特（Worcester）主教辖区与考文垂（Coventry）主教辖区之间的教区分界。同时，这种情况也说明，麦西亚国王在7世纪接受基督教时，就已经把自己的领土分成了不同的教区，而各个教区是以原有的部落领地为基础的。拉德威附近遗存下来的灌木篱墙，在奥法时代就已经是一段旧有的分界线了。这种格局决定了奥法统治下的麦西亚王国的一种独特情态：奥法与他的朝廷既可以驻扎在"斯托平加斯的领地之内"，也一定会在维乐斯波恩（Wellesbourne）的王宫里受到人们的礼遇（这里直到862年一直是国王的一处驻跸之地）。他既可以在凯恩顿的行政长官那里收取税款或食物租[2]，也可以驱马前往界区去审批任何形式的土地颁赠，"……从泥灰坑到磨坊，或者橡树林"。黑暗时代的任何一位国王，都要对自己的领土了如指掌，这就是他的世袭遗产。

---

[1] 斯托平加斯（Stoppingas）是盎格鲁－撒克逊英格兰时期的一个部落，领地主要在乌顿瓦温（Wootton Wawen）和沃里克郡的艾恩河谷。它曾是赫威赛王国的一部分，后来被麦西亚王国征服与同化。

[2] 食物租（Food Rent）是盎格鲁－撒克逊英格兰时期征收的一种实物税，经常为食物，是由各个大小行政区、大土地所有者、其他王室成员等进献给国王的食物。

移动的宫廷

麦西亚王国没有固定的首都。奥法国王常年四处巡视，实行流动管理，宫廷从一个地方巡行到另一个地方。他行踪不定，这一刻还与朋友在一起，下一刻就可能到前线吓一吓敌人。巡行中，他可以驻扎在自己名下的各种农场、庄园里，或者暂住在那些顶级大地主家和修道院里。他一路收取税款、食物，享受热情款待。作为回赠，他也赏赐土地、特权和礼物。他的巡行经常是沿着罗马大道进行的。此时的罗马大道，除了个别路段曾由当地政府重修过一段以外，大部分道路已经失修400年了，只有四条主要的道路——惠特灵大道、厄蒙大道[1]、福斯之路和伊科尼尔德之路[2]——还可以通行，其他地段的所谓"道路"的概念已经消失了。当时的经济发展以地域人口分布为中心，呈现出高度本地化的趋势，而这种经济状态也就决定了当时的交通状况。而经济本地化趋势也体现在土地特许状[3]中使用的本地化的名词术语上，诸如，通往市场之路、地方民兵之路、骑兵之路等。

89

---

[1] 厄蒙大道（Ermine Street）是英格兰境内的一条主要的罗马大道，连接伦敦和林肯、约克。

[2] 伊科尼尔德之路（Icknield Way），位于英格兰东南部，主要连接诺福克郡和威尔特郡。

[3] 土地特许状（charter）指由国王批准或要求而制定的与土地有关的，阐明公民、组织或社会团体权利和义务的文件。奥法时期的土地特许状记载了由奥法国王联署的将土地颁赠给追随者或教职人员的记录，体现了奥法在麦西亚的权力范围。

而各种各样的俗名更是体现出当地的地方特色，比如"粪路""短路""黏土路"等。

宫廷四处巡视，奥法与他的主要朝臣、主教、法官等人员骑马前行，随行车队拉着帐篷、行李、金银细软和王室教堂用品，浩浩荡荡。黑暗时代的国王，必须要体格健壮、精力充沛，而所有的朝廷人员，包括妇女，也必须要吃苦耐劳，适应力强，因为冬天的巡行非常艰辛。

公元 763 年的圣诞节期间，朝廷巡视停止了，奥法在将近 4 个月的时间里没有什么动静，因为这一年是 8 世纪著名的"严冬"，就如我们在 1947 年遭遇的寒冬 [1] 一样。"整个国家覆盖着厚厚的大雪，从入冬到第二年春天中期，持续冰冻。"诺森布里亚的一位修道士记载道。"树木与庄稼被冻死，甚至连鱼也冻死了。"（达勒姆的西缅《国王史》）在高度机械化与电子通信设备发达的今天，极端寒冷的天气仍能给我们造成极大的混乱，庄稼仍然可能颗粒无收，而这个情况放在 763 年，简直就是灾难了。"粮食短缺。"一位爱尔兰编年史家记载道。而欧洲大陆上的情况同样惨淡。寒冬情况下，在以木料为主要建筑材料的城镇里，住宅密集的地方很容易发生火灾。那位诺森布里亚编年史家提到的伦敦、温切斯特（Winchester）、约克和其他城镇，在那个冬天都发生过火灾。面对这种灾难，奥法虽身为国王其实却无能

---

[1] 1946—1947 年的欧洲，包括英国在内，遭遇了酷寒的冬天，社会经济与人民生活受到严重影响。家庭与工厂的能源供应严重短缺，人们的健康状况持续恶化，许多工厂暂时关闭，动物大量冻饿而死。而天气转暖后，大部分低洼地区又遭遇了融雪水患。

为力。那时没有电话或电报，他的命令只能通过人力传递，这种情况下根本无法实行有效管理。他能做的就是蛰伏在王宫或附近的自己的庄园里，吃光为冬天储备的食物，希望王室吟游诗人在餐桌上有足够多的故事可讲。唯一聊以慰藉的就是，在这种天气下，威尔士也不太可能进犯边境了。

王室圣诞节

麦西亚王室的圣诞节，通常是在塔姆沃思度过的——至少后来的麦西亚国王确实如此，奥法时期也有可能是这样。例如，我们发现，在公元781年12月26日的节礼日[1]，奥法就在塔姆沃思给伍斯特大教堂颁授了土地。这个颁赠仪式是在进餐前举行的。从早些时候起，也许迟至奥法时期，土地颁赠都伴随着一种古老的仪式：由国王、王后和主教携手齐力将一块地上的草皮放到福音书上。当天，王室大厅里不仅有王后辛思斯，还另有数名主教：莱斯特（Leicester）的依德伯特（Eadberht）、利奇菲尔德的海奇伯特（Hygeberht）、伍斯特的哈

90

[1] 节礼日（Boxing Day）是英国与大多数英联邦国家在12月26日，也就是圣诞节翌日，庆祝的公众假期。节日名称中的"boxing"与"盒子"有关，有关其起源众说纷纭，下面列举几种说法：1. 圣诞节是家庭聚会的日子，12月26日圣诞聚会结束后，庄园领主会把一些生活用品送给庄园里的奴隶，每个家庭都会在圣诞节后得到一个装满衣料、谷物或日用品的大盒子。2. 圣诞节后的工作日，仆人会把自家的盒子带到雇主家中，雇主把硬币放进盒子里，作为特别的年终礼物。3. 教堂会在圣诞节打开奉献箱，于翌日将捐赠品发给穷人或市民等。英国素有在节礼日进行足球、橄榄球等体育活动的传统，而现在零售商店也会在这一天清货大减价。

索德（Hathored），以及麦西亚的几位酋长：布罗达（Brorda）、贝特瓦尔德（Berhtwald）和伊迪博尔德（Eadbald）。除此之外，还应该有领主、王室官员和附近男修道院的院长们，总计有 20—30 人围坐桌边，享受盛宴。宴会由奥法的管家总体指挥，王宫侍从们殷勤侍宴。这些侍从平时就住在王宫驻地或者附属的农场里，他们全年都在这里待命。如果奥法打算驻跸某处，他的顾问就会提前赶来，检查驻地的物资储备是否充足，面包是否烤好，屠宰的牲畜是否备好，以及啤酒是否酿好。（当时没有啤酒花做防腐剂，啤酒很快就会变质，只有那些肠胃好的人才受得了不新鲜的啤酒。）781 年的节礼日宴会无疑是个盛大的活动，然而，有些宴会的参加者只有奥法、他的保镖和最主要的朝臣，因为要款待好所有主教、执事和他们的随从人员，着实是一笔不小的开销。为了让读者对当时的消费状况有所了解，下面列举了 8 世纪早期的一位国王和他的朝廷一晚欢宴所需的食品：10 罐蜂蜜、300 个长面包、12 桶威尔士啤酒、30 桶清啤酒、2 头牛、10 只鹅、20 只母鸡、10 块奶酪、1 桶黄油、5 条三文鱼、100 条鳗鱼等（出自《伊恩法》[1]）。可以想象，食物租税制要多高效才能与这种消费能力相匹配！朝廷到处巡游，食物供给要随时跟上，供应链要确保食物从周围的农庄源源不断地输送到王宫。当时的国王们把土地赠送

---

[1]《伊恩法》（Laws of Ine）。伊恩（Ine）是 688—726 年在位的威塞克斯国王。在他统治末期，肯特、萨塞克斯、埃塞克斯等王国纷纷脱离威塞克斯王国的统领。他虽然没有保住前任国王留下的领土，但是却因为颁布了《伊恩法》而留名史书。这些法规是盎格鲁－撒克逊国王颁布的最早的法令之一，揭示了盎格鲁－撒克逊的社会状况，也反映了当时基督教的传播情况。

给教堂或朝臣时，很少有不附带食物租义务的。比如，奥法曾把位于 91
格罗斯特郡（Gloucestershire）的韦斯特伯里的一处庄园赠送给伍斯
特的教堂，他免除了常规性的兵役条款，但仍坚持保留下了传统的食
物税收："2 大桶纯啤酒、1 桶淡啤酒、1 桶威尔士啤酒、7 头牛、6 只
羊、40 块奶酪……"一般情况下，餐饮和住宿是黑暗时代的国王们
非常关心的问题，为了保证这个系统运行顺畅，通常都会有很多专业
的管理力量投入进来。

今天的塔姆沃思虽然有一座保存较好的诺曼城堡，但总体上已经
是一座经工业改造后的现代城市。如果不站在泰姆（Tame）河与安
可（Anker）河的漫滩向西望过去，你是很难想象出它在 8 世纪时的
样子的。从这里看过去，城堡的南边由水面、沼泽和芦苇荡环绕形
成了一道天然保护屏障，通向西南方向的道路与一条堤道相交。而塔
姆沃思镇北边，从那个时候直到现在，一直树林繁茂。在奥法时代，
人们看起来很有可能就居住在泰姆河与特伦特河之间茂密森林中的大
片空地上。

我们对奥法时代的塔姆沃思的了解，也是近 20 年才有了重大进
展。早至 7 世纪晚期，这里曾经是一个王室中心，可能还是一个很
重要的中心。那时，它的名字是塔姆顿（Tomtun），意为"泰姆河边
的定居者"。最初时，这里也许只有一间狭小的木头搭建的礼堂大厅、
一座木质小教堂和一道围栏。8 世纪中期时，在整个地区的外围挖出
了一道防御深沟，在沟岸里侧还埋上了篱笆桩，也许还有木栅栏，这
样就形成了麦西亚人所谓的"沃辛"（worthig），也是从那时起，这
里就叫塔姆沃辛（Tomeworthig）了，意思是"泰姆河边的围场"。有

记载显示，从 781 年之后，麦西亚的国王们常规性地在圣诞节和复活节时，在塔姆沃思举行各种盛宴。9 世纪时，塔姆沃思建起了一个永久性的国库，接收王室税款，也许王室档案也保存在这里。每逢圣诞节，在外地写成的土地特许状也要拿到这里来，征得国王许可后方能生效。

奥法的水磨

92   1971 年，一项与 781 年奥法的节礼日盛宴有关的考古发现引起了轰动。在塔姆沃思镇的防御工事的东南角，考古学家发现了一座两层的盎格鲁－撒克逊水磨[1]的完整木料。四个放射性碳年代测定数据显示，该水磨装置的时间是 8 世纪中期。这处水磨属于卧式水轮，这种类型的水磨在今天的希腊克里特岛还可以见到。更让人惊叹的是，水磨体现出了高超的技艺质量：菱形铅条玻璃窗，高质量精钢铸造的主轴承，而火山岩的石磨盘是从德国莱茵兰（Rhineland）地区进口而来的。法兰克国王查理曼[2]曾就与英格兰的贸易问题，给奥法写过一封信，其中专门提到过"黑石头"，这个磨盘材质可能就来自那里。

----

[1] 水磨（watermill）是水力驱动的磨，是使用水车或水轮机来驱动研磨、滚动或捶打等机械过程，可用来生产谷粉、木材、纸、布等。水磨的动力机械部分有卧式水轮和立式水轮两种。卧式水轮适合安装在水冲力较大的地方，而立式水轮适合冲力小的地方。装有水磨的工厂称为水磨坊。

[2] 查理曼（Charlemagne），又称"查理大帝"，是欧洲中世纪早期法兰克王国的国王，768—814 年在位。他在罗马帝国之后首度统一了西欧的大部分地区，为后来的法国、德国和低地诸国作为一个政治实体奠定了基础。

鉴于缺乏塔姆沃思石磨的类似对比物，考古学家还很难确定地说，眼前这个东西就是为某个王室机构、农场或中心服务的，但也许就是这里研磨出的面粉，被加工成几百个长面包，源源不断地供给781年圣诞节期间的盛宴。

奥法的王宫

塔姆沃思镇如此集中的考古发现，让历史学家很自然地认为，这里曾存在过一座奥法的"王宫"，而这种假说也许有一定道理。从史料角度看，虽然奥法于781年时在塔姆沃思举行过两次颁赠活动，但是，只有10世纪的一份文件里才提到了"一座王宫"，而其他文件只是称其为"王室中心"。然而，既然几种史料中都提到奥法的"王室大厅"，我们因之设想这里曾有过一座富丽堂皇的王宫，也未尝不可。但是，它具体坐落在哪里呢？在塔姆沃思镇东南角，考古学家曾发现过被再次利用起来的罗马建筑材料，后来在同一区域又发现了水磨，这些迹象把考古学家的视线吸引到了这里。然而，近来有人建议说，王宫应该位于镇中心教堂旁边的那片凸起的开阔地带。这块地目前是墓地，因而无法展开考古发掘。并且，人类活动已经如此深刻地影响了当地地貌，8世纪的地表情态也不太可能保留至今。但是，设想出来的建筑给我们提供了一个新的角度，来了解奥法强硬的统治风格。

有人认为，塔姆沃思镇中心的小山是人工堆建起来的，堆建的目的是形成一个长方形、高出地面的巨大凸起平台，而王宫可以修建

93

在山顶上。这种平台建筑在英格兰境内没有其他类似物，但是在瑞典的老乌普萨拉有比较相像的建筑。而这一工程中平台与大厅的大致比例，可以通过乌普萨拉平台的尺寸（约 49 米长）与 7 世纪诺森伯兰郡的耶沃润（Yeavering）村的大厅（约 24 米长）、9 世纪萨默塞特郡切德（Cheddar）村的大厅（约 34 米长）的比例推算出来。甚至有人说，奥法平台已经预留了排水系统——这个成就出自那些修建了奥法渠的能工巧匠之手，倒也不出乎意料。

奥法王室大厅的外观如何？后世的一位作家也许手头有一些早期资料，他评论说"它蔚为壮观，是时代的成就与奇迹"。这种描述不应该仅指它的规模宏大，更应该指它的富丽堂皇。我们知道，同时期欧洲大陆的宫殿多装饰有湿壁画[1]，用来展示神话英雄、罗马人、法兰克人的事迹。有证据表明，9 世纪时温切斯特的宫殿也饰有一些人物壁画。然而，我们似乎想象不出，奥法大厅的壁画上画满罗马皇帝君士坦丁[2]、狄奥多西[3]或"安恩的奥法"的英雄事迹，那会是怎样的一副

[1] 湿壁画（frescoe）指墙壁灰泥未干时就开始绘画的技法。通常是先在墙壁上抹几层灰泥，在倒数第二层上勾勒出要画的图形；然后刷最后一层石灰浆，趁石灰浆未干前，用水性颜料再次勾画图案；等石灰浆干燥凝固后，图案便永久保存在墙壁上了。这是一种十分耐久的壁饰绘画，形成于意大利，多出现在涂有灰泥的墙壁及天花板上。其缺点是石灰浆干得很快，绘画者动作必须要快。

[2] 君士坦丁大帝（Constantine the Great），罗马帝国皇帝，306—337 年在位，又称君士坦丁一世、圣君士坦丁，是第一位信仰基督教的罗马皇帝，在 313 年承认帝国辖境有信仰基督教的自由。

[3] 狄奥多西（Theodosius）大帝，罗马帝国皇帝，379—395 年在位，又称狄奥多西一世，是晚期古典时期到中世纪过渡阶段的罗马帝国皇帝，他将基督教定为国教。

情形？目前，我们可以想象出奥法大厅的模样：长廊大厅进深约 30 米，中间设有一个巨大的壁炉，另外还有门廊和王室私人房间，而墙壁四周就像我们在文学作品里读到的那样，也许悬挂着很多金银丝线织就的挂毯。我们目前还无法确定，王宫的建筑材料是石质、木质还是石木混合。但是，很多学者认为，写于 8 世纪的伟大英雄史诗《贝奥武夫》的作者，也许就是基于奥法的宫殿创作了这首长诗，他笔下描述的也许就是这座宫殿，书中描述道："巍峨高耸的山墙……里外坚实又稳固……巍峨的屋顶上涂着金色，蜂蜜酒长椅[1]上装饰黄金。"

让我们展开想象，再描画一下奥法时代的塔姆沃思的情形吧！塔姆沃思村四周环绕着防御深沟，村中央山顶平台上矗立着王室大厅和一座王室小教堂，另外还有一两处也算得上宏伟庄严的附属建筑。在塔姆沃思的防御工事之内，我们也许还能看到王室工匠的作坊，尤其是铁匠铺。这里还应该有牲畜棚和储存草料的谷仓，附近还会有几个大农场，畜养着牛群，河边就是我们前面提到的水磨坊。每到冬天，村南边的土地经常被大水淹没——这种情况一直持续到 20 世纪，所以在 8 世纪时，每逢雨季，整个要塞外围地区必然都被广阔的水面环绕保护着，只有通过堤路才能出入。这就是我们所设想的奥法的"王室中心"的大致轮廓，也许在现代人眼里，这一切看起来如此简陋，就像是在某个第三世界国家的新闻里看到的信息，然而，在 8 世纪的不列颠，条条大路通往这里。

94

---

[1] 蜂蜜酒长椅（mead-bench）是贵族们喝蜂蜜酒专用的长椅，该词只用于西欧中世纪早期，最早出现在史诗《贝奥武夫》中。

奥法的夏宫

在麦西亚王国的鼎盛时期，奥法会在麦西亚境内消磨掉每年的年初时段，然后南下前往伦敦和肯特，在泰晤士河谷中自己的农场或教堂里，比如伦敦西部的布伦特福德（Brentford）镇或泰晤士河北岸的切尔西（Chelsea），主持举行盛大的教会集会。在这些会议上，国王和主教们通常讨论教堂仪式、教会政策和王室意识形态等问题，并做出最后决策。如果恰逢奥法在西线边境与威尔士没有战事的话，那么在他南下的路上，也会参与一些王室的猎狐、猎鹰等狩猎消遣活动。这些活动通常是在莱斯特郡（Leicestershire）的树林与山间进行，而他在这一地区拥有很多庄园。有些庄园，比如克罗夫特山（Croft Hill），几个世纪以来一直是王室狩猎活动的场所。而有些庄园则被遗忘了，比如位于威兰德（Welland）河谷附近的古母利（Gumley），曾是一处最受王室喜爱的地方，它坐落在一座树木繁茂的小土丘上，前国王阿尔芬尔德于 749 年、奥法于 772 年和 779 年都在这里主持过朝廷的巡视活动，所以 "久负盛名"。从北安普敦郡（Northamptonshire）向南，我们还发现奥法曾驻跸于奈内（Nene）河的厄斯灵堡（Irthlingborough）镇。有些驻地也许只不过是一些狩猎小屋，主教和贵族们要住在帐篷里，而有些则毫无疑问是木质结构的王室行宫和附属建筑。

王室贡品

　　奥法在他每年的巡行日程上，都会在某个指定的农场或行宫里接　　95
见属国臣民。按照盎格鲁－撒克逊（和凯尔特）君王制的古老传统，
属国臣民要向他进献贡品，贡品通常是钱币、贵重金属和耕牛，另
外，也可以进贡一些符合国王身份的礼物，而奥法也会赏赐给他们礼
物。我们可以想象，在那样一个贵族气息浓郁且崇尚武力的社会中，
武器应该是备受推崇的礼物，比如刀身上嵌入图案的精美宝剑、镶金
的剑柄、饰有金银丝和搪瓷的马鞍，还有被赋予某种神奇魔力的金光
璀璨的传世宝物。阿瓦宝剑就是法兰克国王查理曼送给奥法的礼物，
到 11 世纪时仍被一位威塞克斯王子珍藏。奥法一生热衷于狩猎活动，
很多庄园都配有永久性保管人，所以良马、猎鹰和猎犬在王室贡品中
也占有一定比例。这些东西作为传统的皇家贡品，自圣经时代起一直
保留至今，比如，在沙特阿拉伯费萨尔国王（King Faisal）时代，沙
漠大公们每年都把这类礼物进献给驻地在利雅得的沙特国王。进贡给
麦西亚国王的礼物中还包括马鞍布、黄金胸针与扣环，甚至还有一张
配有枕头与细亚麻床单的羽毛床。现代人类学家已经阐明，赠送与收
受礼物在巩固人类早期社会关系中起到了重要作用。纵观黑暗时代，
当一个王国所辖地域广阔但又不存在我们当代意义上的真正的政治掌
控能力时，或者当地方势力形成"割据统治"时，支付贡金和进献礼

物（与质子[1]）这一机制就被广泛应用起来，最终形成一种复杂的以保护金为保障的从属关系。

"不列颠统治者"

在奥法统治中期的 8 世纪 70 年代，他的影响力已经逐渐扩展到亨伯河以南的整个英格兰。麦西亚王国没有天然边界，其四方边境面向敌国四敞大开。对麦西亚国王而言，保护领土完整是一个长期而艰巨的任务，他必须要制造出一个天然边界，从实际操作角度来讲，就是征服所有人，将其纳入到自己的统治之下。从长远来看，这就是奥法的目标。

公元 771 年，全副武装的麦西亚贵族军队渡过泰晤士河，攻入萨塞克斯，在这里他们战胜了西萨塞克斯人，而这次行动可能也加强了奥法在肯特的影响力。其实，在奥法的整个统治期间，他的眼睛一直盯着肯特。肯特王国是当时所有英格兰王国中最古老、最稳定、文明程度最高的地方。因为一直与欧洲大陆保持着紧密联系，肯特还被冠以最"现代"王国之名。奥法时代的肯特国王们虽然名不见经传，但是他们最先铸造出的硬币成为英国货币的主要形制，延续使用了 700

[1] 质子（hostage），可参考中国春秋战国时期的情况。诸侯国之间为了相互取信会互换人质，即质子，通常是诸侯的儿子作为质子，以平等交换方式质押于别国。另外，当弱国有求于强国时，也会单方面送出质子。互换质子的情况在古代日本也有出现。

年，一直陪伴我们到1971年的英国币制改革[1]。坎特伯雷的诸多教堂是教皇圣格雷戈里一世[2]的传教使团最先落脚的地方，那里有最好的图书馆，也催生了当时最高水平的书籍和绘画艺术。奥法觊觎肯特，也许就是落后地区的人们向往更文明生活方式的一种表现。

奥法最早现身肯特是在764年，是来为大主教和一个当地国王的一份土地特许状做见证。在接下来的几年里，几个土地颁赠上都有奥法的确认，但是，这并不意味着肯特并入麦西亚王国，虽然奥法大概确实有此意图。775年奥法率领着一支军队进入肯特，双方在肯特郡七橡树（Sevenoaks）镇附近的奥特福德（Otford）村展开了一场激战。我们可以凭借参阅例如《盎格鲁－撒克逊编年史》一类的资料来了解战争结果，但资料中都没有提及这场战役中胜利者的名字，所以，他们的缄默无异于承认了奥法的失败。在接下来的10年时间里，无论是铸造钱币还是颁赐土地，肯特国王们都没有再征询过奥法。毫无疑问，这次战役后，奥法的政治鼓吹者回到麦西亚，都声称奥法取得了胜利，在朝堂之上向他致敬，冠之以"战争胜者""斩获之主""手铐赠予者"等称号。在黑暗时代，国王有能力馈赠礼物与赏赐特权，这对宫廷重臣和武士们来说非常重要。这些人是土地拥

---

[1] 1971年2月15日，大不列颠及北爱尔兰联合王国和爱尔兰共和国决定将其货币改为十进位制，这一天被称为十进制日（Decimal Day）。在旧货币制度下，英镑的基本货币单位有英镑（pound）、先令（shilling）和便士（pence），1英镑等于20先令，1先令等于12旧便士。而新货币制度下，1英镑等于100新便士。

[2] 教皇圣格雷戈里一世（Gregory the Great），590—604年担任天主教教皇，他首次从罗马派出大规模传教使团前往英格兰，向异教的盎格鲁－撒克逊人传播基督教。

有者阶层，也是各种征战中的战斗主力。国王们必须要时时征伐，才能源源不断地把土地、战利品、金银财富和奴隶赏赐给朝臣和勇士，这是他们对战争领袖的合情合理的物质期待。

97

在肯特奥特福德的失败并没有阻止奥法的脚步，778 年他又发起一次远征威尔士的军事行动。他们于所经之处摧毁田地，强掳战利品，比如牛、奴隶、原材料、稀有金属等。第二年，待麦西亚各地执事与军队集合完毕后，奥法挥师向南，攻打了威塞克斯国王希尼伍尔夫（Cynewulf）。两位国王在牛津郡的本森（Benson）村展开激战。本森村位于靠近阿宾顿（Abingdon）的泰晤士河北岸，是威塞克斯古老的王室村落。奥法赢得了这次战役的胜利。紧随本森村之战的胜利，奥法吞并了现今伯克郡（Berkshire）的大片土地，将其纳入麦西亚版图，并持有该地所有权达 50 年之久。圣奥尔本斯（St Albans）史料稍后又声称，奥法也打败了诺森布里亚人，虽然此事在诺森布里亚编年史或奥法的土地特许状中都无迹可寻。无论如何，奥法现在已然是不列颠岛上最有权势的国王了，所以他自称"不列颠统治者"也不是没有道理的。

时间到了 8 世纪 80 年代中期，此时，长寿的奥法国王仍然在位，他的统治时间比那个时代的人所能期待的都长久，而他一生中最有纪念意义的阶段才拉开序幕。他的统治战略渐渐表明，他不仅是一个蛮族的战争首领，也是一位胸怀欧洲大陆视野的政治家。能够为此事佐证的是，奥法在 785 年终于将肯特直接控制于股掌之间，当然，手段上既利用内讧，也通过外侵。与肯特的密切联系，无疑给麦西亚带来一股文明的洪流——其中很多来自欧洲大陆。奥法统治的最后 10 年，可以看作是麦西亚的影响力、威望和文化成就大爆发的 10 年。

令一片大好形势略显美中不足的是坎特伯雷大主教 [1] 贾伯特。贾伯特与奥法观念相左。贾伯特是肯特人，生于斯长于斯，在坎特伯雷的圣奥古斯丁教堂的"大家庭"中接受了教育，原来是一位男修道院的院长。据我们所知，贾伯特大主教对精明而强硬的麦西亚人一向心怀反感，而奥法也不能容忍英格兰的精神领袖在一个与他为敌的省份里独善其身。786 年，奥法为了巩固他与罗马教皇的关系，邀请教皇使团来到不列颠，来了解不列颠教会的发展情况。在英格兰的所见所闻让使节们深表折服，钦佩不已。第二年，在一次"激烈的教会会议"上，奥法宣布，将要在利奇菲尔德为麦西亚人建立一个大主教辖区。此举其实是剥夺了贾伯特大主教的部分管辖权，而所有这些都得到了罗马教皇的祝福。贾伯特大主教只能灰溜溜地离开了，我们可以想见他的反应，但是没有任何抗议通过书面形式保存下来。

98

---

[1] 坎特伯雷大主教（Archbishop of Canterbury），又称坎特伯雷圣座，是全英格兰主教长，英格兰圣公会的领袖，也是普世圣公宗（Anglican Communion）的精神领袖，其教座（指大主教专用的座椅，是权威的象征）位于肯特郡的坎特伯雷座堂。贾伯特（Jaenberht）为第十三任坎特伯雷大主教。

三十周年庆典与继承人涂油礼 [1]

奥法的宏伟计划终于完成。公元 787 年，在奥法的有生之年，新教区的新主教举行了盛大的仪式，祝贺他的儿子艾格弗瑞斯 [2] 成为国王——奥法意欲在自己的直系家族内传承王位愿望之强烈，由此可见一斑。这是英格兰历史上第一例有记载的祝圣仪式，也许是受到法兰克国王查理曼 781 年送儿子丕平 [3] 和路易 [4] 去罗马接受教皇涂油礼的启发。在西方世界，只有罗马教廷有权授予一个基督教国王以王位继承的合法性，很早之前，当奥法为自己的即位寻求神圣保护的时候，他就对这一点深有体会了。

787 年的祝圣仪式可能还伴随着一系列纪念硬币的发行，以此来庆贺奥法一生中最意义非凡的一年。起初，奥法没有怎么改动坎特伯雷的铸币，但是后来他的动作越来越大。此时的硬币已经铸刻上了奥

---

[1] 涂油礼是基督教中的一种神圣仪式。曾是教徒入教的基本仪式，后来演变为赋予少数人特殊政治身份和权力的典礼，在宗教界成为教皇、主教的就职礼，以显示其权力神授。天主教神父常给临终的人或病人行涂油礼，涂油前为临终的人或病人祷告，祈求上帝赦免其罪。

[2] 艾格弗瑞斯（Ecgfrith）是奥法与王后辛思斯的儿子，796 年 7—12 月在位，在位仅141 天后即死于某种疾病。

[3] 丕平（Pippin），又称丕平四世，是法兰克国王查理曼的皇太子，792 年企图暗杀父亲未遂，败露后被废位，被幽闭于修道院度过余生。

[4] 路易（Louis），即路易一世，"虔诚者"路易，查理曼的儿子与继位者。由于两位哥哥都先于父亲去世，他在 813 年继承了查理曼的帝位，但软弱的路易没有父亲的巨大威望，也没有足够的军事政治能力，继承王位后两次分封国土，导致内战不断，最后法兰克王国分裂。

法的半身像，其工艺使得欧洲大陆的硬币也相形见绌，事实上，这些硬币工艺之精湛，甚至让学者们以为他们是想做成一幅真正的国王肖像。麦西亚的硬币确实值得仔细鉴赏，首先，它在工艺与艺术性方面堪称完美，引人注目；其次，奥法肖像所体现出的写实风格和变化多样也值得称道，有些币面上的奥法是精心打扮的卷曲发型，而有的则是头戴冠冕、身披披风的罗马皇帝的造型。奥法也喜欢佩戴贵重的珠宝配饰，有时是用细链悬挂的项饰，有时又是三叉枝状饰品，这种丰富的表现与后来国王们那些单调的图像形成了鲜明的对比。8 世纪时，很多教士批评贵族们的穿着过于奢华，配饰烦冗。当时生活在法国的英格兰学者阿尔琴[1]与奥法有通信联系，他曾经在一封信中，语气挖苦地评论当时不列颠的时尚："一群愚蠢的傻瓜新想到某种老套的主意，下一刻国境之内就纷纷效仿了。"我们不能断定，是否奥法本人也喜欢摆阔或者炫耀珠宝饰品，但是毫无疑问，是奥法本人精心策划了这次"皇帝"风格的钱币发行。

这个故事中最让人感兴趣的是，奥法国王也以他的妻子、王储的母亲辛思斯的名义发行了硬币，币面上铸有辛思斯王后的半身像、名字与称号。纵观整个盎格鲁－撒克逊英格兰时期，这是唯一一次以国王配偶的名义发行硬币。英格兰学者阿尔琴曾盛赞王后辛思斯是一位最富有同情心的女性，然而，对于奥法发行钱币只是为了展示爱情的说法，我们还是要慎取为妙。像奥法这种公开张扬的姿态，在黑暗时代的统治者中并不常见。虽然，辛思斯在后来的民间传说中留下了谋

[1] 阿尔琴（Alcuin，735？—804），英格兰学者，生于英格兰诺森布里亚王国的约克，约 782 年应查理曼之邀前往法兰克王国，建立了一所宫廷学校，担任宫廷教师。

杀女儿情人的阴险邪恶的名声，但她也并不是伊娃·庇隆[1]一类的政治人物。事实上，奥法此举也许只是想效仿罗马的古典传统，将王后的肖像铸造在钱币上。同时，在盎格鲁－撒克逊传统社会中，国王的母亲们经常拥有崇高的社会地位，而辛思斯的钱币确实向其他不列颠国王们展示了奥法直系家族的完整性。

有关787年的祝圣仪式，很多细节我们已经无从知晓了，比如，仪式确切是在哪里举行的？这是一个完整的涂油仪式，还是只是抚顶祝福？奥法本人很有可能参加了这个活动，其子晋升为"联合国王"的身份，其实就是在程式仪轨上重申了他的统治地位。或者，这个仪式也是在庆祝他新近征服的更广阔的疆域，毕竟，这是他在位三十周年的庆典。据推测，参加仪式的人中不仅有麦西亚的重臣显贵，而且还有向奥法称臣的附属国国王们、查理曼的使臣以及罗马教皇的使者们。参加者应该都目睹了这个场景：奥法的儿子、未来的王位继承人艾格弗瑞斯身穿皇家专属的服饰，站在麦西亚大教堂的阳台之上，民众们聚集在下面向他欢呼。奥法比任何人都深知权力的不可信靠，但是，此时此刻，他的儿子在接受祝圣，他也必定心潮澎湃，洋溢自豪之感，"安恩的奥法"的谱系已经确凿无疑地得以延续了。

---

[1] 伊娃·庇隆（Eva Perón，1919—1952）常被称为艾薇塔（Evita）或庇隆夫人，阿根廷著名女性政治领导人，阿根廷总统胡安·庇隆的第二任妻子，曾是阿根廷的第一夫人。她出身卑微，15岁时开始了演艺生涯，后来与政界领袖胡安·庇隆将军结婚，1946年支持胡安当选总统。她在胡安的政府中出任劳工部长，并成立伊娃·庇隆基金会，用以救济穷人，成为政府中除胡安之外最有影响力的决定性人物。她为工人与穷人发声，但富裕阶层和中产阶级对她十分仇恨。1952年因子宫颈癌在布宜诺斯艾利斯去世，年仅33岁。

布瑞斯沃斯：奥法的王室教堂？

如果你参观过北安普敦郡的布瑞斯沃斯（Brixworth）大教堂，　　100
就不难想象出上面描述的场景。这里是英格兰境内保存最完好的盎格
鲁－撒克逊教堂，宏伟的教堂外观基本上完好无损，只是长廊或附
属小教堂不见了踪迹。10 世纪时，西面主门的门道以及上面的阳台，
被替换为我们今天看见的塔楼和楼梯角楼。该教堂自麦西亚王国鼎盛
时期至今，一直发挥着当地主要教堂的作用。布瑞斯沃斯大教堂因为
具有一些独有的特征，甚至可能就是奥法的王室教堂。在教堂东端的
墙外有一处环形地下室，很是引人注目。它是位于地面一层以下的有
顶的环型走廊，它的作用是加快朝圣者绕行供奉在这里的圣坛遗迹的
速度。这处地下室与同时代其他教堂一样，都是以教皇圣格雷戈里一
世约公元 600 年建于罗马的环形地下室为模型仿建的。布瑞斯沃斯大
教堂特别遵奉波尼法爵 [1]，有可能是因为这座修建于 8 世纪晚期的教
堂中，保存了波尼法爵的一个圣迹。另外，我们已经知道，布瑞斯沃
斯后来发展成为一处王室驻地。综合以上事实可以推测，布瑞斯沃斯
大教堂就是麦西亚的王室教堂，而最可能的赞助人就是伟大的"建筑
家"奥法国王本人。

---

[1] 波尼法爵（Boniface）生于英格兰德文郡，中世纪天主教传教士与殉道者，日耳曼
地区基督化奠基人，史称"日耳曼使徒"。公元 722 年出任法兰克王国大主教，积极开
展促使日耳曼人皈依基督教的传教活动，在崇拜陀尔神的日耳曼人面前，当众砍倒代
表陀尔神的大橡树，以引导日耳曼人改信基督教，754 年在德国遇难殉道。

"从海到海的奥法堤"

8世纪80年代晚期，奥法做出了一个让他青史留名的重大决定：沿着威尔士边境修建一道堤防。不列颠境内原来也有这种堤坝建筑，但是奥法堤在规模上超出了之前所有的工程。那么，他为什么要修建这个堤防？

长久以来，历史学家一直认为奥法堤是一个边境标志。它是不同王国的人为了解决巨大分歧而约定认可的一条边界，威尔士的人只能通过受许的贸易通道出入英格兰。尽管根据威尔士编年史的记载，威尔士与奥法之间的征伐从未间断过，从760年的赫里福德（Hereford）战役到796年的瑞德兰（Rhuddlan）战役，这个观点倒是一直岿然不动。然而，最近的考古发现却颠覆了这个解释。

101　我们现在认为，奥法堤不只是一道边境标志，更是一道防御的屏障。这道深沟坡岸陡立，从沟底到坝顶有约8米之深，顶端还立有一道木栅栏，根据遗存在沟里的痕迹断定，有些地方还有石头胸墙，甚至可能还有过碉堡。奥法堤是一条连绵不断的长沟，而在所谓的"豁口"或"入口"处，虽然看似没有土垒痕迹，但考古挖掘还是在地面以下发现了沟渠，因此，当时的士兵、商人和旅行者应该是通过某种目前还不确定的建筑物，比如堤上的堡垒或者所谓的"门"，进入威尔士境内的。

从建筑技艺角度来讲，考古学家推断出，奥法堤之下的沟渠不是由固定的一群人修建的，而是由很多工程小组共同完成的，通常是每组挖几公里。我们也许可以把这种情况，与前面提到的《部落人口土

地税》文件联系起来。该文件里列举了应为奥法服兵役的人，他们的
军事服役也许就用挖渠代偿了。这些挖渠的人也许包括威塞克斯、肯
特和东盎格利亚等属国的臣民。

虽然早期学者们不相信奥法沟渠能够驻防得住，但很明显的是
驻防兵力可能比当初修建所用的人力少得多（奥法沟渠可能用一个
夏天就完成了）。就当时的情况而言，如果兵力巡逻与烽火通信系统结
合使用的话，局面是完全能够应付的。烽火传书在盎格鲁 - 撒克逊时
代就开始使用，经历过 16 世纪针对西班牙无敌舰队的战斗，一直保留
到 1977 年伊丽莎白二世女王加冕银禧纪念庆典 [1]。在堤坝的一些中心
部分，视线左右可及约 32 公里，灯塔可以快速传递威尔士人突袭的消
息，几小时之内，数以百计全副武装的士兵就可以聚集到任何一个有
麻烦的地方。纵观整个 8 世纪，麦西亚一直都无力防范威尔士人的入
侵，至此，他们终于有了一道安全屏障来保护麦西亚的心腹地带。

最让人吃惊的发现是，奥法堤并没有沿着我们设想中应该经过
的路线行进。在位于威尔士与英格兰交界的弗林特郡（Flintshire）的
北部，从特地恩（Treuddyn）到普雷斯塔廷（Prestatyn）附近的爱尔
兰海一线，考古学家曾按照假定的北段路线，在三个地点展开验证性
挖掘，但是都没有找到奥法堤最后约 32 公里的踪迹。然而，当地地
名毫无疑问地表明，这里的另一条与奥法堤近乎平行的土垒工程华特

102

[1] 1977 年是英国现任女王伊丽莎白二世加冕二十五周年庆典。是年在全英国和英联
邦国家举行了一系列大型的庆祝活动。6 月 6 日夜晚，女王在温莎城堡点燃了第一堆
篝火，篝火灯塔得以一盏盏传递，在夜间蔓延，从泽西（Jersey）岛到设得兰（Shet-
land）群岛的整个英国共点燃了 102 个灯塔，作为庆典活动的一部分。

堤[1]的主要部分——从靠近特地恩的阿伦（Alun）河到巴星沃克（Basingwerk）的迪伊（Dee）河，绵延约24公里——直到20世纪还一直被叫作奥法堤。现在，既然没有任何证据证明奥法堤确实延伸到了爱尔兰海，那么我们只好假定它最初的取向是接近正北，最终到达了迪伊河。9世纪90年代的阿塞尔主教虽然提到了奥法堤"从海到海"，但是没有明确指出它的起点和终点。稍后中世纪版本的《威尔士编年史》记载道：

> （公元787年）夏天，威尔士人摧毁了奥法的领土，因而奥法在自己国土和威尔士之间修建了一道堤防，从而可以更轻松地对抗威尔士的进攻。这道大堤从那个时候到现在一直叫作glawd Offa。大堤从这个海边延伸到那个海边，南部靠近布里斯托（Bristol），北部到达巴星沃克隐修院和科尔斯希尔（Coleshill）之间的弗林特（Flint）。

如果奥法堤在这段的走向是从威伊（Wye）到特地恩，然后沿着"华特堤"的北段延伸到达巴星沃克，那么这条线路就与上面的叙述完全吻合。

"罗马天才"

在今天看来，"奥法堤"这项伟大的工程背后沉淀的远见卓识和

---

[1] 华特堤（Wat's Dyke）是一道贯穿威尔士北部长约64公里的土垒工程。它的走势与奥法堤大致平行，有时距离仅在几米之内，最远距离也不超过5公里。有观点认为该堤最初修建的规模相当宏大，有些地方比奥法堤更加复杂。

自信，或许蕴含着创立"千年王国"的构想，而这项工程的规划者不仅要具有非凡的军事天才，更应具备体现"罗马天才与能量"的工程技能。这个论断随着我们对奥法堤研究的推进而越发确凿无疑了。现已证实，奥法堤仿造的模型不是欧洲盎格鲁-撒克逊人传统的边境大壕沟，而是罗马风格的边境防御工事。对奥法而言，他不必亲眼看到罗马北部城墙的模样，因为他有一部书可作为参考，并且我们确信有人为他朗读过，这部书就是比德的《英吉利教会史》，他能从书中了解到如何建造这种工程："（他们）把根部带着泥土的草皮当作建筑材料，垒摞起来高出地面，旁边就是挖掉草皮后的深沟，顶端再设置结实的原木栅栏。塞维鲁[1]就修建了这样一道深沟高垒，从这个海边延伸到那个海边，其间建起一系列的塔楼堡垒来加强防御。"

103

---

[1] 塞维鲁（全名 Septimius Severus）是 193—211 年在位的罗马皇帝。他在统治后期来到不列颠，加固了哈德良长城，并修复了安东尼长城。哈德良长城（Hadrian's Wall）是一条由石头与泥土为材料建成的横贯不列颠岛的防御工事，公元 122 年由罗马皇帝哈德良兴建，以防御北部皮克特人的进攻，保护治下不列颠尼亚行省的安全。哈德良长城当时标志着罗马帝国扩张的最北界。安东尼长城（Antonine Wall）位于今天苏格兰境内，哈德良长城北面，从苏格兰的克莱德湾附近到福斯湾之间，全长约 63 公里。该防御工事是公元 142 年罗马皇帝毕尤在位时兴建的，建成后曾一度取代了其南部的哈德良长城，成为罗马帝国版图的边界。安东尼长城由石头地基和青苔石建成，一堵高为 3—4 米的高墙由分层的草皮垒成，墙北面有些地方有深沟，南面就是作军事之用的罗马大道。工事上每隔几公里就有一处堡垒，以作前哨站和补给设施之用。该工程建成八年后，罗马军团向南撤退到哈德良长城，此处被放弃，一些北方居民移居于此，使得该地区成为一段缓冲地带。公元 197 年，罗马皇帝塞维鲁收复并修缮了安东尼长城，但也仅仅控制了几年。该工事在一段时间内曾被罗马历史学家称为"塞维鲁之墙"，也有些历史学家误认为安东尼长城是哈德良长城的一部分。

"仁主奥法"

历史上的独裁者大多都是随着年岁渐长而宗教情怀愈浓，尤其是当这个社会中的每个世俗行动都带有理想层面的含义时。8世纪欧洲大陆的整个世俗社会结构，感觉上都被映射到了天堂秩序中。像奥法一样的超级国王们，他们把自己与上帝的关系，看作是附属国王与他们的关系。他们乐于接受这个类比，经常向上帝及其圣徒们奉献礼物，修建教堂，给穷人发放救济物品，奔赴罗马朝圣，甚至还在圣地执行守夜祈祷活动，就像今天欧洲南部的农民们仍然恪守的那样。

奥法在这方面的做法与其他人没什么不同，然而，他奉献给教堂的所有礼物中，只有一件今天还犹可识辨。我们从13世纪圣奥尔本斯历史手稿的一条记录中得知，奥法曾赠送给伍斯特教堂一部《福音书》。恰巧，伍斯特大教堂图书馆保存了一部制作于8世纪晚期的福音书的一个片段。这段残章保存在这里已经将近900年了，其生产地有可能是坎特伯雷，而奥法最好的书正好都是在那里制作的。因而，我们现在面对的这段残章，很有可能就是奥法赠送给伍斯特教堂的那部精美的福音书的一部分，而这可能是与奥法个人相关的、唯一留存下来的手工制品。历史上没有任何证据表明，奥法本人识文断字——黑暗时代的国王们几乎都是文盲，但是他理解书籍的象征意义和实际价值。学者阿尔琴给奥法的信件中说："我实为惊喜，您如此热心地鼓励阅读。此举让在其他地方熄灭的智慧之光，在您的国土上光芒四射。您是不列颠的荣耀、福音的号角，是我们抵御敌人的剑与盾。"

当然，此处的"敌人"指的是非基督徒的异教徒。阿尔琴最大的恐惧就是贪婪而世俗的麦西亚国王们，因为就其品性而言，他们完全有可能推倒教堂，奉行"世俗优先"的政策。

谋杀艾瑟尔伯特

公元 792 年，奥法为了巩固与罗马教皇的联盟，曾派出使臣前往罗马。但是，不久之后发生的一件事，说明罗马教廷对这些黑暗时代的国王的控制力是多么脆弱。《盎格鲁－撒克逊编年史》只简单记载道，奥法下令斩首处死了东盎格利亚国王艾瑟尔伯特（Aethelbert）。艾瑟尔伯特死后葬在了赫里福德（Hereford），到 10 世纪时，该地对圣艾瑟尔伯特的尊崇已经蔚成风气。后世编年史里对这一事件的记载，都毫无疑问地反映出艾瑟尔伯特的无辜，以及奥法在该事件中所扮演的"奸诈无比"的角色。这一事件在 12 世纪的浪漫传奇里，流传成一个激情与阴谋的故事。年轻的东盎格利亚国王艾瑟尔伯特因为与奥法的女儿坠入爱河，最终被奥法邪恶的王后辛思斯谋杀了。在这些传奇中，艾瑟尔伯特被处决的地点就是靠近赫里福德的萨顿。

"血腥昏君"

出土的钱币也许可以稍许揭开艾瑟尔伯特故事背后的一些真相。起初，东盎格利亚国王艾瑟尔伯特在自己的国土上铸造钱币，上面镌刻的却是超级国王奥法的名字。然而，在他被处决前的一段时间，我们发现硬币上铸刻的是他自己的名字了。这似乎暗示着艾瑟尔伯特拒绝承认奥法国王的超级霸主地位，并宣称了国家的独立。我们很难搞清楚他怎么会到了萨顿，但他惨遭处决毫无疑问地表明，奥法认为自己有权处置附属国国王，如果他们给他找麻烦的话，他就可以废黜甚至处死他们。公元 797 年，在奥法与他的儿子艾格弗瑞斯相距几个月相继去世后，阿尔琴曾给奥法的大臣奥斯伯特（Osbert）写了一封信，其中就谈到了这个问题。

> 基于我们之间长久的友谊，我欲写信告知我的现状及感受，因为我们已不可能再享受会面和密谈的乐趣……我不相信那个高贵的年轻人是因自己的罪孽而死去，这是父亲的血债报应在了儿子身上。你与我一样清楚，这位父亲牺牲了多少生命，来为他的儿子巩固王国，但事实证明，这是在瓦解而不是缔造他的王国。
>
> ——阿尔琴书信

在另一封信中，阿尔琴谈到了奥法"美好的品格，谦逊的生活……对基督教的忠诚，以及庄严的风度"。我们现代人通常会认为，独裁者多具有清教徒式的强人性格，其实早在 8 世纪时，教会就已经常常对这些本质上的普通人有些不可能的期待。

这些事件也许可以给我们提供某些线索，来深入探讨一下奥法的"人格特质"——如果借用这么一个现代词语，不是太不合时宜的话。他过分强调自己的王室祖先，一门心思要将王位传给儿子，急切地在有生之年为儿子行了涂油礼。他密切监督王室族谱的记载，为自己的王位诉求寻求合法的解释（这其实就是明目张胆的所谓的政治宣传）。最重要的是，他清算起对手来毫不留情。所有这些都表明，他是一个富有天赋，但侵略性强且敏感易怒的人。虽然奥法一直极力强调一种公开透明的、符合道德的个人生活，但这仍不能掩盖这样一个事实：与绝大多数黑暗时代中成功的国王们一样（在位统治 39 年这本身就是一个巨大的成功），奥法在本性上是强硬、冷酷、贪婪、无情的。学者阿尔琴算得上是一个比较了解奥法的人，他在一系列书信中总结了奥法的这些品质："不要忘记奥法美好的品格、谦逊的生活态度和他改革基督徒生活的意愿，但是不要仿效他的冷酷与贪婪。"然而，我们也应该记住，8 世纪人士（即便是像阿尔琴这样一个思虑周全的宗教人士）是不能觉察出这种品性与一位伟大的基督教国王所应具有的品性的矛盾之处的。

晚年时光

奥法的至高权威一直维持到他逝世。60 多岁时，他依然充满个人魅力，精力充沛。公元 795 年的圣灵降临节 [1]，他以超级国王的身份，在伦敦主持朝政。原来由肯特国王控制的伦敦港口通行费，现在已经成为麦西亚的一个收入来源。在伦敦克瑞普尔盖特（Cripple-

106

[1] 圣灵降临节（Whitsun，又称 Whitsunday，Whit Sunday）是英国和爱尔兰对基督教节日五旬节的专门称呼，在复活节之后的第七个星期日，用以纪念圣灵降临在基督门徒身上。

gate）的罗马城堡的高墙之内，有一座王宫和私人教堂，奥法在这里可以监督"经由海路和陆路汇集于此的多国市场"（比德《英吉利教会史》）。

同年夏天，奥法派出一支军队攻入威尔士，打败了威尔士小国之一德韦达（Dyfed）王国。他驾临塔姆沃思王宫，在那里度过了圣诞节，新年时接见了法兰克国王查理曼的使臣们，使臣们带来了礼物和查理曼的信件。前一段时间，两位国王发生了争执，原因是查理曼提出，奥法的女儿阿尔弗拉德（Aelflaed）应该嫁给他的儿子查尔斯。奥法拒绝了这个请求，提出除非麦西亚的继承人艾格弗瑞斯娶了查理曼的女儿伯莎（Bertha）。因此，查理曼立即与奥法绝交，对英格兰商人关闭了所有法兰克港口。然而，查理曼在这封信中语气非常友好："致我亲爱的兄弟奥法，恭祝诸事顺遂……为了大家的共同利益，基于神圣之爱与友谊而铸成的国王之间的和平联合，理应真诚地保持下去……我们认识到，您不仅是国家强有力的保卫者，而且是上帝信仰的忠实捍卫者。"在信中，查理曼不止一次提出，将为国外的英格兰商人提供全方位保护，并且提道："至于您曾向我们索要的黑石头，请派来一位使臣，选择您想要的类型……我们非常荣幸能够提供，并且会帮助您运输。"与信件一起送达的还有许多礼物，比如，英格兰的主教们人人有份的教堂法衣和昂贵的布料，另外就是送给奥法个人的礼物，丝绸服饰、一条腰带、一把匈奴宝剑，还有查理曼洗劫匈牙利时所获的赃物。查理曼的信最后结尾道："愿全能的上帝保佑您，我亲爱的兄弟，祝愿您万寿无疆，永享繁荣，保护神圣的教堂。"我们不妨设想一下，奥法国王坐在富丽堂皇的塔姆沃思王宫之中，听着查理曼的信被高声诵读出来，丝绸衣物光泽闪闪，阿瓦宝剑熠熠生辉，眼前的一切一定让他的内心无比受用。他现在已经是一个资深的政治老手了——这两个人同样老谋深算——没有什么比这种体面与声望，更投一个老暴君之所好了。

奥法之死

公元796年7月29日，奥法国王在赫特福德郡奥弗里（Offley）的一座庄园中去世，他曾把这处庄园赠送给圣奥尔本斯修道院。他的家臣和主要随从——奥法一直很信任的一名贴身侍卫、他的首席宫廷侍官布罗达（Brorda）——在他临死时守护在床边。权力移交进展得非常迅速，一切按照计划行事，奥法唯一的儿子艾格弗瑞斯被拥立为麦西亚国王。然而时势瞬息万变，同年11月17日，艾格弗瑞斯也去世了。东盎格利亚人和肯特人随即发动了叛乱，麦西亚的新任国王、奥法的远房表亲森伍尔夫（Cenwulf）残暴地平息了肯特的叛乱。麦西亚军队蹂躏叛乱之人直至肯特境内的罗姆尼湿地（Romney Marsh）地区，将他们的"国王"伊德伯特·普瑞恩（Eadberht Praen）——一个叛教的僧侣，披枷戴锁地押解回麦西亚，森伍尔夫砍下他的双手，抠出其双眼。

虽然麦西亚国王的超级霸主地位延续到9世纪20年代才最终瓦解，但他们的霸权地位经此一乱，再也不曾恢复过元气。平心而论，是奥法长期铁腕控制而催生的暴力反抗，最终为威塞克斯人的崛起铺平了道路。

麦西亚的影响

108　　最后，我们该如何理解奥法的统治以及他在 8 世纪的英格兰社会发展过程中所起的作用呢？当然，他统治下的麦西亚王国仍然是个具有日耳曼特征的社会，这既体现在法令和语言上，也体现在社会秩序和王权形式上。然而，我们不能忽视罗马文化在盎格鲁－撒克逊文明发展过程中所起的巨大的启智作用。罗马帝国折射出的余晖，对所谓的 7 世纪和 8 世纪的野蛮人来讲仍有其作用。黑暗时代的国王们对罗马文化有着近乎偏执的喜爱，其狂热之情就如同桑德赫斯特皇家军事学院之于伊迪·阿明 [1]，法国荣誉军团勋章之于让－贝德尔·博卡萨 [2]。这些黑暗时代的国王们精力充沛且崇尚暴力，天真率直也狡黠

[1] 伊迪·阿明（Idi Amin），乌干达第三任总统，1971—1979 年在任。1971 年他通过军事政变上台，对国家实行独裁恐怖统治，侵犯人权，推行政治迫害，搞裙带政治，政治腐败和经济管理不当等问题严重，引起人民强烈不满和国际社会的高度关注。1978 年他侵略邻国坦桑尼亚，从而引发了坦桑尼亚联合乌干达国内反对力量，推翻了他的独裁统治。2003 年于沙特阿拉伯去世。桑德赫斯特皇家军事学院（Royal Military Academy Sandhurst，简称 RMAS）是英国培养初级军官的一所重点院校，曾与美国的西点军校、俄罗斯的伏龙芝军事学院和法国的圣西尔军事专科学校，并称世界"四大军校"。著名校友有温斯顿·丘吉尔、伯纳德·蒙哥马利等二战中著名的政治军事人物。桑德赫斯特皇家军事学院否认伊迪·阿明曾就读于该校。

[2] 让－贝德尔·博卡萨（Jean-Bédel Bokassa，1921—1996），中非著名政治人物。早年从军，参加第二次世界大战，加入自由法国的军队。二战结束后以士官长的身份，获得由拿破仑设立的法国荣誉军团勋章。1966 年通过政变推翻当时中非共和国总统戴维·达科的统治，开始残暴的独裁统治，并于 1976 年解散中非政府，成立中非帝国，自称皇帝，即博萨卡一世，其铺张的加冕典礼和政权形式都深受拿破仑一世的影响。1979 年被推翻并流亡法国，于 1996 年死于法国。

奸诈，擅长通过各种帝国象征物来标榜其统治的合法性。

在黑暗时代的不列颠，罗马时期遗留下来的残垣断壁就矗立在周围，可观可感，而它其实更在人心深处。诺森布里亚王国的"不列颠统治者"埃德温（Edwin），曾被比德描述为是个心无城府却极度自大的人，曾下令把罗马徽章当众高悬，作为他的仪仗前导。埃德温在著名的北方罗马城市约克，接受了一位罗马传教士的洗礼，据我们所知，还曾在约克罗马统治总部里主持过朝政。这些人自诩为罗马文明的继承者，而天主教传教士的热忱也时时激励着他们，使得他们学习起罗马文化来进展迅速。奥法作为一个比前辈国王们更有权势、更具声望、更世故精明的人，在他的统治时期，罗马文化在不列颠焕发出一种全新的风貌。今天，我们仍然可以通过一系列建筑工程来印证这一说法。从伦敦罗马城堡里建有石头教堂的奥法王宫，到被誉为"时代的成就与奇迹"的塔姆沃思王宫；从布瑞斯沃斯教堂里罗马风格的环形走廊，到配置有木栅栏、深沟与步行小径的奥法堤；当然，还有那些把奥法塑造成罗马迪奥多西（Theodosius）大帝的精美硬币。

"英格兰人的国王"

统治之初的奥法是个没有文化的蛮族之人，他的即位在英吉利海峡对岸的欧洲大陆，几乎没有激起什么反响。而在近四十年后他去世的前夕，这位头发花白的老独裁者，已经是罗马教廷里尊贵的座上宾，是名贯欧洲大陆的人物了。具有讽刺意味的是，他用残忍的手段保下的江山，移交到他唯一的儿子手里，而这个继承人却在他死后几个月也无子而亡了。然而，奥法取得的成就却是毋庸置疑的，英格兰中部原本三教九流的零散部落，经他征伐整治，已被整合成为一个统一的强国并传给了后继者。同时，他也给后代留下了一个概念："所有英格兰人的王国。"而将这个理念转化成现实的，则是后继的威塞克斯国王们——阿尔弗雷德大帝和埃塞尔斯坦国王。

奥法墓地

奥法的一生就如同一个残缺不全的拼图游戏，我们甚至连他的埋葬地点都无法确定。说起麦西亚国王们的死后葬身之地，我们至今不知道任何一位异教时代（指公元 654 年之前）国王的埋葬地，因为他们中任何一人的坟墓都未曾被探知，据推测，靠近后来的利奇菲尔德教区的一个地点和斯塔福德郡的奥弗洛（Offlow），都很有可能为埋葬地。而麦西亚早期的基督教国王，比如 716 年的谢奥德（Ceolred），则安葬在了利奇菲尔德教堂里。到了 8 世纪和 9 世纪时，位于德比郡南部的莱普顿颇受青睐。757 年被谋杀的阿尔芬尔德国王就埋葬在这里，这座独立的陵墓后来被合并到了现在的教堂，至今犹在。后来，国王威格拉夫（Wiglaf）与他的孙子维斯坦（Wystan）也都葬在这里，他们的棺木至今还被摆放在教堂地下墓室里的壁龛凹室中，凹室有着拱形穹顶和圆柱，这是仿效梵蒂冈的老圣伯多禄大殿 [1] 的设计。在莱普顿教堂周围，考古学家发现 9 世纪麦西亚贵族的一些遗葬，这些人应该是奥法的随从人员，他们都被安置在精心制作的铁棺材里。然而，无论是在利奇菲尔德，还是在莱普顿，或者任何声称与他有关的地方（例如沃里克郡的奥法彻奇 [2]），都没有站得住脚的证据证明奥法就埋葬在那里。故而，我比较倾向于采信圣奥尔本斯僧侣们的说法，他们似乎更有理由来认真记录这件事，因为他们对没能保护好慷慨金主的遗体一直深感懊恼。他们记载说，奥法被埋葬在了今天东英格兰贝德福德（Bedford）市的一座小教堂里，但这座教堂在 13 世纪时被大乌兹（Great Ouse）河的河水冲走了。至于为什么选择贝德福德作为奥法的埋葬地，至今仍是个谜。

　　奥法之死，不太可能在威塞克斯、肯特或是东盎格利亚引起任何哀悼之情，他在这些地方是被深恶痛绝的。然而我们可以想象，在大乌兹河岸边的贝德福德，奥法的扈从武士们骑在马上，绕行在他的棺木旁，遵循着一种古老的日耳曼传统。"歌咏他的英雄事迹，盛赞他

110

---

[1] 老圣伯多禄大殿（Old St Peter's Basilica）由君士坦丁大帝资助，于 316—333 年始建，历时三十年建成，是一座拉丁十字形状的巴西利卡式建筑，入口处有一个巨大的廊柱中庭。一般人认为，老圣伯多禄大殿是在耶稣十二宗徒之一的圣伯多禄的墓地上建立的，故而有很多坟墓和纪念碑。1503 年，教宗犹利二世决定重建圣伯多禄大殿，并于 1506 年动工，1626 年宣布落成，即今日的圣伯多禄大殿，成为天主教宗座圣殿，是当今杰出的文艺复兴建筑和世界上最大的教堂。

[2] 奥法彻奇（Offchurch）位于沃里克郡中部，该地名最初为 Offa's Church，表明了与奥法的关系。有人推测说这里曾有一座奥法的城堡王宫，民间传说奥法的儿子死后葬在父亲的这座王宫里，并修建了这座教堂作为纪念。

的男人气概，哀悼痛哭以祭之。"他们歌咏的可能就是原来奥法在自己的王宫曾听过的那些歌曲。

Fortham Offa waes geofum ond guthum, garcene man wide geweorthod; wisdome heold ethel sinne.

世界之大，人群熙攘，
最好之人，勇士奥法；
明察善断，治国安邦，
慷慨宽宏，天下名扬。

——《贝奥武夫》

第五章　阿尔弗雷德大帝

一天，一个放牛人的老婆在火上烤长面包，阿尔弗雷德大帝也坐在火边护理弓箭和武器。忽然，这个农村妇女一眼瞥见架在火上的面包烤焦了，慌忙奔过去，拿下面包，大声训斥道："看看你这个人，眼看着面包烤煳了，也不知道翻个个儿。等烤好了，我敢保证你是第一个抢着吃的！"可怜的妇女怎么也想不到，这个人就是与异教入侵者英勇斗争、取得无数胜利的阿尔弗雷德大帝。

——《圣内特年鉴》

这位阿尔弗雷德大帝（Alfred the Great）与烤面包的故事长期以来流传不衰，很少有其他传说能与这个故事的魅力相媲美。它和罗伯特·布鲁斯的"蜘蛛结网"[1]、伊丽莎白女王与"西班牙无敌舰队"[2]、英国皇家空军飞行员与"不列颠空战"[3]等故事一样，讲述的都是主人公在逆境中顽强不屈的故事，他们在看似注定要失败的情况下，不屈不挠，坚持抗争，最终取得胜利。事实上，这个烤面包的故事充其量不过是个传说，因为它最早记载于《圣内特年鉴》中，而这本书写于 12 世纪早期。

---

[1] 罗伯特·布鲁斯（Robert Bruce，1274—1329），苏格兰历史上的一位重要国王，也称"罗伯特一世"，他领导苏格兰人打败了英格兰军队，确保了国家独立，死后被苏格兰人敬称为民族英雄。他一生政治历程坎坷，加冕后遭遇惨败而出海躲避，看到一只蜘蛛在风雨中结网，屡屡失败而不放弃，最终成功，他大受鼓舞而东山再起。

[2] 1587 年，信奉新教的英格兰女王伊丽莎白一世下令处死了信奉天主教的苏格兰女王玛丽，罗马教皇颁布诏书，号召对英格兰发动圣战。1588 年西班牙国王腓力二世对英宣战，扩建海上舰队，命名为"最幸运的无敌舰队"，向英格兰进发。伊丽莎白一世号召英格兰人民积极抵抗，同仇敌忾。7 月在格瑞福兰海战中，西班牙战败，折损大半，残部在逃亡过程中又遭遇风暴，几乎全军覆没。从此国势鼎盛的西班牙停滞不前，而英格兰取得海上霸权，开启了伊丽莎白一世的"黄金时代"。

[3] "不列颠空战"又称英伦空战。第二次世界大战期间，纳粹德国于 1940 年 8 月对英国发动大规模空战。战役最后以德国失败告终，德国损失了大量战机与飞行员，却无法取得英吉利海峡的制空权，最终不得不放弃入侵英国本土的作战计划。英国方面的空战人员有英国本国空军、英联邦国家的空勤人员，以及被纳粹德国占领的其他欧洲国家和美国的空军，他们都加入了保卫英国的行列。1940 年 8 月 20 日，英国首相丘吉尔在演讲中赞誉飞行员道："在人类战争史上，从来没有这么少的人为这么多的人，做出过这么大的贡献。"（Never, in the field of human conflict, was so much owed by so many to so few.）

这个传说与布鲁斯的故事非常相似，重点都是处于人生低谷的枭雄人物蒙难受辱——在阿尔弗雷德的故事中，他遭遇的是公元 878 年被丹麦维京人袭击而溃逃。虽然这只是个民间故事，但仓皇逃命的国王惶惶栖身于简陋农宅，这个情节还是极大地刺激了后世的作家们。那么，他与维京人的决战背后隐藏着怎样的历史背景？阿尔弗雷德的传奇自谁开始流传？在英格兰诸多君王中，为什么只有他一个人配得上"大帝"称号？

为国效力

在不列颠历史上，没有任何一位国王荣膺过像阿尔弗雷德大帝那样的好名誉。他被誉为"英明国王""英格兰宠儿""讲真话者"等，而唯一的一个不好的例子，看似就是《阿宾登教堂编年史》[1] 中记载的反对他的故事。很显然，这位作者不喜欢阿尔弗雷德，说他"恶行累累"，是背叛耶稣的"犹大"，但阿尔弗雷德为何得此恶评呢？原来他曾"用暴力从修道院夺走了大片土地"。（我们目前不能断定，那个年代在阿宾登是否还有其他居民，也许那里根本就是一片荒芜之地。不过，12 世纪的历史学家、马姆斯伯里的威廉 [2] 的记载证实，阿尔弗

112

---

[1]《阿宾登教堂编年史》（*Abingdon Chronicle*）是一部 12 世纪编写于英格兰伯克郡阿宾登大教堂的中世纪编年史。

[2] 马姆斯伯里的威廉（William of Malmesbury, 1080？—1143？），12 世纪英国著名历史学家，被誉为英国历史上最好的历史学家之一，著有《英格兰国王史》《英格兰主教史》等著作，以富有说服力的文档材料和生动清晰的写作风格而著称。终生在威尔特郡的马姆斯伯里修道院做一名修道士。

雷德大帝确实曾将他们的土地和收入挪为己用。）这个故事的题外深意是，虽然教堂为后世记录了阿尔弗雷德和其他盎格鲁－撒克逊国王的行迹，并且很大程度上从教会的立场对他们加以评价，然而，这些国王本身并不见得认同这些观点。这些国王对宗教确实非常虔诚，但事实上，他们也并不像他们的那些传记作者所描述的那样，一切唯主教之命是从。确实，后来的某些国王——例如埃德加一世，也许还有埃塞尔斯坦——很倚重某些主教，这些人通过王室教堂而擢升至负责弥撒的王室神父或宫廷大臣，与国王关系亲密。但是，与"没收阿宾登教堂土地"类似的故事，也发生在"长者"爱德华[1] 和埃塞尔斯坦等国王身上，如果国家情势危急，他们与阿尔弗雷德一样，是不惜牺牲教堂利益的。

在黑暗时代，国家义务并不能完全指望那些桀骜不驯的民众和脾气乖戾的贵族们。国家面临危难时，国王们通常不得不依靠自己手里掌握的土地、金钱和军队资源，组织武力来解决问题。在某种程度上，威塞克斯王国就是得益于阿尔弗雷德及其父亲、儿子和孙子等几代国王对王室财产的精心管理，厉行节约，才始终有实力与入侵的维京人[2] 相抗衡。维京时代的英格兰国王们所面临的这种压力，或许也只有像阿塞尔主教这样的圣徒传记作者们，才能大概了解一二。

---

[1] "长者"爱德华（Edward the Elder），威塞克斯国王，899—924 年在位。阿尔弗雷德大帝的长子，他继承了父亲的功业并加以扩展，多次击败丹麦人的入侵。

[2] 维京人（Viking）主要指北欧斯堪的纳维亚人。他们在公元 8—11 世纪，以探险家、武士、商人和海盗等身份，侵扰并殖民欧洲沿海和不列颠岛，其足迹遍布欧洲大陆，尤其对海上交通构成威胁，欧洲这一时期被称为"维京时代"。

"可恶的欧洲瘟疫"维京人

——英雄豪杰还是罪魁祸首？

判断一位 9 世纪国王成功抑或失败的标准，就是看他如何应对维 113
京人的入侵。近几年来，维京人的形象发生了翻天覆地的变化，舆论
倾向上从过去视他们为洪水猛兽，转变成强调他们是手工艺者、探险
者和商人。他们从僧侣编年史中的奸淫抢掠、无恶不作的恶魔，变成
了欧洲文明的创新催化剂。另外，还有一个广为流传的观点认为，维
京军队不是很庞大，最多只有几百人。

然而，如果统观西欧（也就是爱尔兰、盎格鲁－撒克逊英格兰和
法兰克）当代年鉴中的证据，这种转变就很难站得住脚了。根据这些
史料，维京军队人数众多，常以数千人计，有时拥有几百艘船舰。他
们入侵了那些历史悠久的富庶王国，使国政陷于瘫痪。他们击败了法
国、威塞克斯等国家的军队，几乎摧毁了英格兰的知识与文化。他们
的人数如此之众，几乎改变了约克郡、林肯郡、坎布里亚和诺曼底等
地的种族构成与语言特征。客观地讲，过分强调这群人在文化发展方
面的新鲜血液作用，而忽视了其原始野蛮所造成的破坏性事实，其实
就是否定阿尔弗雷德大帝与其子、其孙——这些跻身于最有政绩的英
格兰国王之列的人——的功绩。

蛮族问鼎

维京人最初对英格兰的突袭发生在 8 世纪 90 年代，当时入侵者的目的只是劫掠财富，但进入 9 世纪后，丹麦维京人开始追求更持久的利益了。9 世纪中期的英格兰，存在着四个较大的独立的盎格鲁－撒克逊王国，它们分别是麦西亚王国、诺森布里亚王国、东盎格利亚王国和威塞克斯王国，而截至 878 年时，只有威塞克斯一国尚存。

当时，入侵英格兰的维京人采取的是闪电战术，但战略上是持续不断地长期骚扰。维京人的骚扰彻底打破了原有的社会秩序，旧有的生活方式一去不返了。这些盎格鲁－撒克逊王国意识到，单凭传统的军队建制和战斗方法，他们是无法抵抗维京人的北欧海盗船和快速机动的作战部队的。这些历史悠久的英格兰王国相继溃败，而我们也是近期才从史料中找到模糊的暗示，得以一窥这些末代国王们的可怕遭遇。公元 867 年，古老的诺森布里亚王国在约克城的漫天大火中灰飞烟灭了，国王埃尔（Aelle）遭受了"血鹰"之刑。"血鹰"酷刑是维京人向北欧神话的奥丁主神奉献牺牲的一种祭奠仪式，是将活人祭品的肋骨和肺部割开，将肺部拉出，摆置出一副鹰翅的形态。

此后，丹麦人在诺森布里亚王国扶植了一个傀儡政权，傀儡国王每年缴纳贡金，从不会给他们招惹任何麻烦。公元 869 年，"血鹰"一幕又上演在东盎格利亚的末代国王"殉道者"埃德蒙身上，而他是萨顿胡的沃尔夫加斯王朝的最后一位统治者。874 年，麦西亚国王博格瑞特（Burgred）——伟大的奥法国王的后代——逊位并逃亡罗马，维京人故伎重演，又一位傀儡国王西奥武夫（Ceolwulf）被扶植上来，维持麦西亚政权。这些军事行动之后，大规模的永久性丹麦人定居点，陆续出现在诺森布里亚、东盎格利亚和麦西亚境内的惠特灵罗马大道（Watling Street）以北。当时英格兰的威塞克斯王国是盎格鲁－撒克逊文化唯一得以幸存的地方，当然，其处境亦岌岌可危。在这种惨淡氛围中，阿尔弗雷德几乎是顺理成章地即位成为国王。

威塞克斯王室

阿尔弗雷德于 849 年生于伯克郡的旺塔奇（Wantage，今属牛津郡），卒于 899 年。他的出生恰逢时势危难，孩童时代的时局更加凶险，851 年丹麦人一改他们"打完就跑"的战略，第一次留在英格兰肯特郡的塞内特（Thanet）过冬。而在他的少年时代，维京人的威胁变本加厉。阿尔弗雷德的父亲、威塞克斯国王埃塞尔伍尔夫（Aethel-wulf）于 839—858 年在位，而阿尔弗雷德上有四个兄长，所以按照常理来讲，阿尔弗雷德几乎是没有任何希望继承王位的。但是，黑暗时代的国王们大多命寿不长，事实上，埃塞尔伍尔夫的五个儿子都曾在他死后相继登基，统治过威塞克斯王国。

这个王室家庭成员之间的关系亲密无间。老国王埃塞尔伍尔夫在位时，对王室财产精心管理，保证了王室产业能源源不断地给他们提供收入。同时，埃塞尔伍尔夫可能还在继承人方面做了某种"兄终弟及"的安排，以保证兄弟们能相继即位，从而减少了政权落到未成年孩子手中的风险。这种安排给后来的国王们带来了某种程度上的困扰，

115

让阿尔弗雷德兄长的孩子们在继承王位时面临了一些困难，但是阿尔弗雷德本人是受益者。其实，也许就是父亲的远见给他提供了机会。

盎格鲁－撒克逊英格兰时代的年轻贵族大多在马鞍上长大，打猎、狩鹰、精习武术。然而，身为幼子的阿尔弗雷德看似更受父亲的宗教情怀和长于思考的影响，如果不是生逢乱世，他很可能就是这个家庭中注定要献身教会的那个人。黑暗时代的许多家庭中都有这样一个角色。

4岁时，少不更事的阿尔弗雷德被父亲送往罗马，觐见教皇。他那带有传奇色彩的天资聪慧（也许还有不甘人后的执拗？）通过一个可爱的故事体现出来。这个故事是他亲口告诉他的传记作者阿塞尔主教的，阿尔弗雷德的母亲曾经许诺，无论她的哪个儿子，只要能最先学会一本撒克逊诗歌集，她就送给他一本精美的诗集。阿尔弗雷德虽然年龄最小，但是他去找了一位老师，让老师大声地给他反复朗读这本书，直到他完全记住，当然，他最终赢得了礼物。由此可见，他是个意志坚定的孩子。

阿尔弗雷德在儿童期没有接受过启蒙教育，直到少年时期才能读写盎格鲁－撒克逊古英语，成年后始识拉丁语，他一生的主要时光都奉献给了战争。阿尔弗雷德在20岁时与一位麦西亚贵族女性结了婚，她叫埃尔哈瑞斯（Ealhswith），当时，他是王位的第二顺位继承人，并且很有可能已经是他的兄长埃塞尔雷德[1]的指定继承人。而且就在

116

---

[1] 埃塞尔雷德（Aethelred），865—871年在位。他是埃塞尔伍尔夫的第四子，公元865年接替他的三哥埃塞尔伯特成为威塞克斯与肯特的国王。

这一年，他也经受了生平第一次重大的战争考验，那是一次"危险但精彩的学徒经历"。

序曲：阿仕当战役

公元870年冬天，丹麦人借着在诺森布里亚和东盎格利亚节节胜利的东风，起兵进攻威塞克斯王国。数月之内，双方九次交战。丹麦人在一次大胜威塞克斯人之后，于871年1月8日从伯克郡新近建立的驻地雷丁（Reading）出发，沿着瑞奇韦（Great Ridgeway）这条贯穿英格兰的古老路径，直取威塞克斯的心脏地带。瑞奇韦路紧靠伯克郡丘陵，沿着一座铁器时代城堡的城墙延伸开去。站在伯克郡丘陵的高地俯瞰，威塞克斯的开阔腹地一览无余。在伯克郡丘陵上，几个世纪前的史前晚期人类就铲光草皮，在白垩石上凿制出了一匹白马的图案——这是一处广为人知的地标，靠近几条道路的交叉口。就在伯克郡丘陵上一个叫作阿仕当的地方，行军中的丹麦人发现，威塞克斯国王埃塞尔雷德和他的弟弟阿尔弗雷德带领着军队，截断了山脊去路。阿仕当战役的实际发生地点，也许就在优芬顿白马[1]西侧的低地上，在"一棵别无依傍的棘刺树旁"——这是一株生长在几条当地道路的交汇点的大树。（阿尔弗雷德曾亲自向阿塞尔主教展示过战场。主教

[1] 优芬顿白马（Uffington white horse）是一处以非写实手法创作的史前山丘画。该图位于英格兰牛津郡优芬顿教区的白马山的山坡之上，马体飘逸修长，全长110米，最初由填满碾碎的白垩石的沟槽构成。该图的产生年代据推算可能追溯至铁器时代或青铜时代晚期。

记载说，激烈的战斗发生在"一棵别无依傍的棘刺树"周围。）年少气盛的阿尔弗雷德斗志昂扬，率领威塞克斯军队最终赢得了战役。据记载，阿尔弗雷德在他的哥哥埃塞尔雷德还在祈祷时，就"像一只野猪一样"冲向敌阵。丹麦人血战到黄昏，最终落荒而逃，一位国王阵亡了，还有五个头领，"在阿仕当，尸横遍野"。

优芬顿白马空中俯瞰图

阿仕当的胜利成果很快就化为乌有，英格兰人在月余之内丧失了控制权，国王埃塞尔雷德也在后来的战斗中丧生。就如阿尔弗雷德的老国王父亲预见的那样，威塞克斯的政务大臣在此极端情况下别无选择，只能跳过埃塞尔雷德未成年的儿子们，把政权交到一双经过战争历练的手中——在21岁那年，阿尔弗雷德即位成为威塞克斯国王。阿尔弗雷德的传记作者阿塞尔主教后来与他非常熟悉，将他描述成一个过于敏感、高度紧张的神经质的年轻人。他虽然意志坚定，勇于创新，但总是忧心忡忡，怀疑自己有病，并且长期遭受一种神经系统疾

117

病的折磨。（一位现代学者推断，他可能患有一种性病——鉴于黑暗时代国王们普遍的纵欲淫荡作风，这倒不是不可能。）他虽然受过国王式的打猎、猎鹰和角斗训练，但在某种程度上，他似乎是最不适合担任国王这一职务的人选。

阿尔弗雷德的执政之初并不顺利。丹麦维京人大量集结于英格兰，在威塞克斯心脏地带的威尔顿（Wilton）给予他一记重击。多次交战后，威塞克斯国力大为削弱，阿尔弗雷德赔款求和。（本书第八章中讲述的"决策无方者"埃塞尔雷德 [1]，绝不是第一个支付"丹麦金"的威塞克斯国王。）丹麦人接受了贡金，转头去麦西亚寻找更易得手的油水。但是，维京人和阿尔弗雷德都心知肚明，他们还会回来的。

公元 874 年，麦西亚王国沦陷于丹麦入侵者之手。丹麦军队就此发生了分化，一部分军队开进了诺森布里亚，他们在那里"分配土地……着手农耕，过上自给自足的生活"；而另一部分则在三位维京国王——加斯拉姆（Guthrum）、奥西特尔（Oscetel）和安温德（Anwend）——的带领下，从麦西亚的莱普顿出发，前往剑桥，并在那里驻扎了一年之久。丹麦军队移师剑桥，其实是他们计划再袭威塞克斯而彻底分而食之的开场白。876 年，征伐拉开了序幕。丹麦国王

---

[1] "决策无方者"埃塞尔雷德（Ethelred the Unready）是 978—1013 年、1014—1016 年在位的威塞克斯国王，也被称为埃塞尔雷德二世或"无准备者"埃塞尔雷德。他在位期间，丹麦人不断侵扰英格兰，而他无力抵抗。从 991 年开始，他开始向丹麦王进贡，即缴纳所谓的"丹麦金"。1013 年丹麦国王入侵英格兰，埃塞尔雷德逃亡至诺曼底，第二年重获王位。

加斯拉姆率军从剑桥进入威塞克斯国境，躲过阿尔弗雷德的军队，进入多塞特郡的韦勒姆（Wareham），在那里，阿尔弗雷德与他们签订了一个停战协议。不料，丹麦人却在夜色的掩护下悄然溜走，进入德文郡的埃克塞特（Exeter），在老城的罗马城防内驻扎了下来。阿尔弗雷德率领骑兵紧追不舍，丹麦人再次向他许诺，并且抵押了人质。这次停战一直延续到收获季节来临，两军都不曾再次交战，丹麦人同意撤出威塞克斯，前往麦西亚。877 年 8 月，丹麦人撤到麦西亚境内的格罗斯特（Gloucester），那里有一座麦西亚王宫和教堂，丹麦人在那里修建了过冬的营地。同时，威塞克斯境内的阿尔弗雷德也解散了军队，准备欢度圣诞节。猫捉老鼠的游戏一触即发。

危机：奇彭纳姆

118　　圣诞节一过，加斯拉姆又开始调动军队。他从格罗斯特向南，跨过白雪覆盖的威尔特郡乡间，夺取了西撒克逊人的地盘奇彭纳姆（Chippenham）镇，接下来的四个月中，奇彭纳姆镇就成了丹麦人的大本营。对丹麦人来讲，攻占奇彭纳姆镇是个很好的选择。根据阿塞尔主教的记载，这里曾是个王室驻地，853 年时，阿尔弗雷德的父亲、老国王埃塞尔伍尔夫就是在这里，将女儿伊斯塞尔维斯（Aethelswith）嫁给了麦西亚的博格瑞特国王——也就是后来逊位逃亡罗马的那个麦西亚国王。从阿尔弗雷德的遗嘱中我们还可以得知，奇彭纳姆也是威塞克斯的王室产业，也可能是一处狩猎驻地，因为梅克舍姆（Melksham）和巴顿（Barden）等皇家森林就在附近。而奇彭纳姆镇本身的地理位置易守难攻，该镇据守一个水边岬角，埃文（Avon）河从三面围绕形成天然保护，而余下的那个方向有深沟与木栅栏作为屏障。这里确实是一个理想的据点。

丹麦人加斯拉姆调遣军队的时机把握，给我们提供了了解 878 年一系列戏剧性事件的一个线索。根据《盎格鲁－撒克逊编年史》记载，加斯拉姆进军奇彭纳姆镇是在"主显节前夜[1]之后"，如果阿尔弗雷德就是在奇彭纳姆这里度过了圣诞节期，那么丹麦人此举的意图可能是想要活捉他！这种推测完全是有可能的，利用圣诞季出击突袭，是维京军队的一个惯常战术。而更重要也更确定的是，选择奇彭纳姆作为大本营，这个思路对那些精明的维京战士来讲也更在情理之中。我们可以设想，他们绝对不会在严冬季节离开格罗斯特，而投奔一个缺吃少喝的地方，他们一定是已经探明那里物资供给充足。试想，因为阿尔弗雷德会在主显节前夜左右驻跸此地，也许王室管家已经在这里储备了足够的物资，所以，也很有可能是这里充沛的物资，比如咸肉、鳗鱼、面包、蜂蜜和不加啤酒花的啤酒，吸引了加斯拉姆。

袭击奇彭纳姆这一军事行动，体现了典型的维京式作战风格。军队为了度过严冬，不得不劫掠全国各地。某地物资告罄时，他们就移师一个未遭战争破坏的地区，因为有可能向那里的居民勒索出更多食物、饲料和马匹，以供军需，如果可能的话，还有保护金。维京军队

119

---

[1] 主显节前夜（Twelfth Night），又称第十二夜，是基督教的一个节日，指 1 月 5 日，那一日晚上恰好是十二天圣诞季的最后一夜，然后就是圣诞节后第十二日（1 月 6 日）的主显节。主显节是纪念东方三博士（或称东方三贤士等）对耶稣基督的朝拜。莎士比亚的戏剧《第十二夜》即是为了庆祝主显节前夜而创作的。

在入侵不列颠和欧洲大陆之前，就将这种战术在别处上演了无数次，而时值严冬时期，阿尔弗雷德手里正好没有常备军来对抗。试想，加斯拉姆端坐在奇彭纳姆的王室大厅之中（该大厅有可能位于镇中心的教堂西侧，在这里已经挖掘出撒克逊时期的房屋遗迹），他确实有理由心花怒放。他已经坐拥一处安全的大本营，此地与外界交通方便，从这里可以长驱直入威塞克斯内地，敲诈勒索，迫其投降。至于俘获阿尔弗雷德只是个时间问题罢了，当然，威塞克斯国王也要领受"血鹰"之刑。

一旦丹麦人在奇彭纳姆镇的基地巩固下来，他们就沿着罗马大道之一的"福斯之路"一路南下，驱马突袭，"纵横驰骋"，占领了威塞克斯的大片领土，最远直达南部海岸。最近有学者提出，在维京人占领威塞克斯的过程中，他们实际上已经开始定居下来。然而，对加斯拉姆国王来讲，只要阿尔弗雷德还活在这片土地上，他内心就不会安生。根据《盎格鲁－撒克逊编年史》中阿尔弗雷德的官方记载显示，维京人于所过之处大肆破坏，烧杀抢掠，迫使威塞克斯人投降。投降者中不仅有农民，而且还包括各地的地方头领。

今天我们还可以看到维京人的破坏痕迹。在英格兰东南部的汉普郡，人们纷纷"渡海逃亡"，也许是逃向怀特岛，而一位10世纪的作家认为他们逃向法国了。在英格兰西南部的威尔特郡，一位执事官——也就是国王派驻当地的最高行政官员——"背弃了国王与国家"，携妻逃往国外。目前，我们对英格兰西南部的多塞特（Dorset）郡的御敌情况一无所知，因为既没有任何相关记载流传下来，也没有记录表明该郡的民兵参加过最后的决战，这难道暗示着多塞特郡的地方头领亦在投降者之列？丹麦人是否已经开始在此地接洽威塞克斯王室成员，计划在阿尔弗雷德死后推立一位傀儡国王？他们在诺森布里亚、麦西亚和东盎格利亚都使用了这一策略。事实上，多塞特郡是阿尔弗雷德的兄长之子埃塞尔沃尔德（Aethelwold）的根基之地，他在阿尔弗雷德死后马上就与丹麦结成盟友。公元 878 年时，国王处境岌岌可危，权力政治斗争已经割断了血缘与种族的联系。

伟大辉煌的时刻在回忆时总显得有些言过其实。虽然我们并无意否定阿尔弗雷德的危困处境，但是根据《盎格鲁－撒克逊编年史》的记载，他当时并不是孤军奋战。英格兰西南部的萨默塞特郡的军事力量仍然听候他的调遣，身为王室成员之一的年鉴史家埃塞尔沃德（Aethelweard）在一个世纪后记载道，萨默塞特郡的执事官埃塞尔诺特（Aethelnoth）带领着一小股军队，隐身于密林之中。此时，威塞克斯官方军队的情况不容乐观，在与丹麦人的作战中已经沦落为"打完就跑"的角色，他们也不放过任何抢夺军需供给的机会。当时威塞克斯的处境极其危险，情势千钧一发，如果阿尔弗雷德就此放弃了抵抗，像麦西亚国王博格瑞特一样弃国逃亡，那么不仅英格兰，整个英语世界都将湮没于历史的滚滚洪流之中，再无声息。但是，阿尔弗雷德没有放弃，他与埃塞尔诺特在沼泽湿地中辗转搏命六个星期后，终于迎来了转机，他们在阿森尔尼 [1] 建立起一个"差不多算是城堡"的

120

---

[1] 阿森尔尼（Athelney）位于萨默塞特郡西南部的低洼地中，周围被巨大的沼泽和无法通行的湿地围绕，雨季时经常因积水而与外界断绝联系，形成孤岛，被称为阿森尔尼岛。目前，这里在夏天可以排干发展农业，但冬季仍然经常被淹。

基地。这个地方在英国历史中应该被遵奉为"圣地"。

阿森尔尼周围的乡间是进行游击战的理想场所。根据阿塞尔主教的记载，阿森尔尼岛周围芦苇与灌木环绕丛生，盛产野生动物与水禽，而出入该岛唯一可用的交通工具就是篙撑的方头平底船。根据降雨与潮汐的情况，这里可能由沼泽变成孤岛，除非熟知某些秘密小径，否则绝不可能通过海路或陆路登陆小岛。阿尔弗雷德对该岛了如指掌，他年轻时一定曾在这里打过猎或捕过鱼，当上国王后，他每次到切德（Cheddar）的王宫居住时，也一定常来这里狩猎。（阿森尔尼这个名字的含义是"王子之岛"，由此推断它很有可能是王室产业之一，尤其用来赏赐给王室的年轻王子。）即使到了今天，如果洪水泛滥的话，萨默塞特郡西部这块地方仍然难以与外界沟通，而在公元878 年，它完全就是不可进入的。当年，他们就在这里图谋规划，共商拯救威塞克斯和英格兰的大计。

阿尔弗雷德的城堡

121　　　阿尔弗雷德于 878 年复活节在阿森尔尼修建的那座城堡，至今已杳无踪迹。这片土地现今也已被排干，阿森尔尼的小矮山被推平后修建了阿尔弗雷德教堂和后来的修道院，现在山顶有一座纪念碑。我们可以想象，当时兴建的那座城堡应该面积不大，纵深只有几十米，周围环绕着深沟，沟顶树立着木栅栏，从栅栏到沟底大约有 6 米。城堡内部可能修建了一些粗糙的原木与泥墙木屋，空地上可能搭建了一些帐篷。说到底，这里就是一个小避难所，这一小股军队大约有 100 多人，最多不超过 200 人。威塞克斯朝廷的核心力量应该都聚集在了这里，其中包括王室成员、领主以及王室护卫们。就像年鉴作家埃塞尔沃德所记载的那样，阿尔弗雷德"虽然只得到了萨默塞特人的支持，但他没有一天停止过对蛮族人的突袭。他没有任何其他外援，只有领取王室俸禄的侍臣"。换句话说，阿尔弗雷德虽名为国王，但实际上已经被褫夺了权力，他在自己的国土上只有区区几十亩沼泽地可以活动，这种状况几乎就是对"国王"称号的讽刺！那么，一无所有的阿尔弗雷德怎么能配得上"勇士的支持者""士兵的奖赏者"以及"人民的赠予者"这些称号呢？公元 878 年时，"爱国主义"还不是一个深入人心的概念，虽然它确实不止根植于阿尔弗雷德一个人的头脑中。

反　攻

878 年春天，在阿尔弗雷德兴建阿森尔尼战时城堡的同时，还发生了一件具有决定性意义的事件，而我们也许至今还没有充分意识到该事件对威塞克斯命运的影响。当时，在威尔士南部驻扎着另外一股维京军队，这支军队由 23 艘战舰和 1200 名战士组成，他们在威尔士南部度过了冬天。当加斯拉姆国王移师威塞克斯时，这支军队也开拔启动，驶向德文郡海岸，其意图明显是呼应加斯拉姆，对阿尔弗雷德形成夹攻之势。但是，这支军队行至德文郡的康特斯伯里山（Countisbury Hill）时，与当地武装发生了交战。德文郡当地武装是由执事官奥达（Odda）领导的，他们歼灭了维京头领尤巴（Ubba）

及其军队 800 人。根据年鉴作家埃塞尔沃德——他很有可能就是奥达的后代——的记载，此次交战其实是丹麦维京人赢得了胜利，但是他们在人员方面的重大损失，让他们在后来的军事行动中没能发挥什么作用。可以说，此战为阿尔弗雷德抵抗加斯拉姆的军事行动扫清了障碍。

122　　非常遗憾的是，我们现在对阿尔弗雷德领导的地下秘密组织一无所知，而他就是靠着这个秘密组织组建起一支强大的军队，来与加斯拉姆相抗衡。这个组织毫无疑问确实存在过，《盎格鲁－撒克逊编年史》说阿尔弗雷德用它联络了威尔特郡和汉普郡的支持者，安排会师。当时，加斯拉姆指挥维京军队退到了威尔特郡的索尔兹伯里平原（Salisbury Plain）的北部，阿尔弗雷德得知消息后，马上给当地的军事头领送信，让他们集合军队来与他会合。时值复活节后的第七周，这表明他们约定的会师日期是 5 月 11 日，正是圣灵降临节。会师地点安排在艾格伯特石（Egbert's Stone），该地点据说靠近威尔特郡、汉普郡和多塞特郡的边界交汇处，但具体位置已经无从得知。在那里，威尔特郡、萨默塞特郡和部分汉普郡的当地武装会师一处，觐见了国王，《盎格鲁－撒克逊编年史》记载道（也许是引用了阿尔弗雷德本人的说法）："他们见到国王，个个欣喜若狂。"

　　如果我们推测无误的话，他们在会师的第二天，也就是 5 月 12 日星期一，移师前往位于沃明斯特（Warminster）附近的艾利沃克（Iley Oak），那里有一处树林掩护下的土垒工事，可为军队提供踞守保护。此时威塞克斯侦察员一定已经探知了加斯拉姆的确切位置。当天晚上，威塞克斯军队做了最后的战前动员，他们也许是按照当时的某种习俗，禁食、祈祷，举行庄重的圣礼仪式，发誓战斗中彼此帮助——这项预防措施十分必要，因为当时与维京人勾结通敌的事情屡见不鲜。黎明前夕，他们飞身上马，穿过了怀利（Wylye）镇，朝着那条通往索尔兹伯里平原陡峭的白垩悬崖的古老小径疾驰而去。

> 这群孤胆英雄快速准备就绪，战争中他们英勇向前……勇士出击，高举胜利的旗帜……黎明微光中，英雄们披坚执锐，盾牌相碰，发出巨大回响。
>
> ——《友弟德传》[1] 爱丁顿战役

加斯拉姆国王的驻扎营地，距离阿尔弗雷德移师前往的艾利沃克大约 11 公里。也是不可思议的巧合，此地附近另有一幅在草坡上创作的白马山丘画，它与阿仕当的白马图一样，也产生于几个世纪以前。这一地点应该是经过精心选择的，它是一处重要的王室产业，也许还有深沟围场和王室大厅。该产业的所有者就是阿尔弗雷德国王本人，后来，他在遗嘱中将这块土地遗赠给他的妻子。阿尔弗雷德一定曾在那里狩猎，应该十分熟悉道路情况，尤其是那条横贯索尔兹伯里平原、直达布拉顿（Bratton）村的小路。在布拉顿村有一座铁器时代遗留下来的营地，那里视野开阔，可将威尔特郡北部树木繁茂的田野

123

---

[1]《友弟德传》（*Book of Judith*）是罗马天主教和东正教《旧约》的一部分。古代亚述帝国侵占耶路撒冷，捣毁神庙。城中年轻美貌的寡妇友弟德带领女奴出城，用美色诱惑亚述军主帅，趁夜色将主帅赫罗弗尼（Holofernes）的头颅割下，犹太军队趁势进攻，亚述因主帅死亡而大败，友弟德拯救了以色列人民。

尽收眼底，视野最远可至奇彭纳姆。在黎明的第一缕微光中，他们跨过山顶，沿着爱丁顿（Edington）山的山脊奔驰而下。有关此次战役，阿塞尔主教记载道：

> 他袭击了蛮族部队，军队密集列队，发起猛攻，蒙天赐佑，最终赢得了胜利。威塞克斯人在敌阵中大肆屠杀，将他们转身逼回要塞。他俘获了滞留在要塞外面的所有士兵、马匹和耕牛，并杀掉了士兵。威塞克斯军队在维京要塞门外驻扎了下来，十四天后，蛮族人迫于恐惧、绝望、饥寒交迫之情形而求和。

虽然阿尔弗雷德打败了丹麦人，将其赶出了威塞克斯，然而他也知道，丹麦人会永久居留在英格兰的其他地区。尽管他是经过了艰苦卓绝的战斗才赢得了胜利，但是他想就此与丹麦国王加斯拉姆签订一个和解协议，化干戈为友谊。这种重大的转折招致当时许多强硬的外国教会人士的激烈批评，但是这一政策对威塞克斯和英格兰的长远利益而言，益处不可估量。

三个星期后，加斯拉姆带领他的 30 名重臣来到了阿勒尔（Aller），这是一个靠近阿森尔尼要塞的"湿地岛屿"。就在这次会晤中，阿尔弗雷德成为加斯拉姆的教父，为他主持了在阿勒尔举行的受洗仪式。878 年的阿森尔尼还没有自己的教堂，而阿勒尔是距离阿森尔尼最近的一座教堂，所以，阿尔弗雷德在他一生中最黑暗的时刻，也就是 878 年的春天，也许就是在阿勒尔教堂里祈祷胜利。

在接下来的一个星期中，加斯拉姆参加了一系列洗礼仪式，这些仪式是在王室教堂兼狩猎庄园威德摩尔（Wedmore）中完成的。加斯拉姆和主要朝臣在这里逗留了十二天，受到了阿尔弗雷德的盛情款待，获赠了很多礼物。阿尔弗雷德基于传统信仰，他与维京人能彼此理解，惺惺相惜。他具有众望所归的黑暗时代理想国王的全部品质：坚定顽强，冷酷无情，堪称战争之王，并且运气不错。当然，他也有仁慈的一面，不仅对自己人，而且对那些臣服于他的敌人。但阿尔弗雷德与维多利亚时代所流行的那种温顺谦恭的基督教国王的形象完全相反，他可以因为最轻微的冒犯而吊死囚犯。在黑暗时代，没有人会尊敬一个软弱的国王。

　　从阿森尔尼的恓惶栖身到爱丁顿战役的决定性胜利，阿尔弗雷德命运的戏剧性逆转是如此出人意料，以至于一些当代作家根本无法将阿尔弗雷德的事迹当真，尤其是这些记录来自他所资助的《盎格鲁－撒克逊编年史》。他们把他的记述看成是为统治服务的宣传噱头。

　　有关这一点有必要做些说明。爱丁顿战役之后，阿尔弗雷德的臣民所负担的赋税与劳役应该非常沉重，因为国家组建了一支舰队，兴建了一系列防御城镇，组织了一支骑兵远征军，另外，还有一年征收两轮的常规税款。领主阶层是国王历次军事行动的主要支持者，他们要随时准备着出征打仗。然而，当时的人们需要在心理层面上相信，境况"能够"并且"将会"越来越好，尽管事实是除了威塞克斯，其他的盎格鲁－撒克逊王国都已覆灭。《盎格鲁－撒克逊编年史》中有关此次胜利的记载，确实大大地鼓舞了人心。而通过遍布于国境之内的教堂传播，尽可能多的人了解到爱丁顿战役是一次决定性的胜利，威塞克斯王室的统治可保他们未来无虞。由此可见，阿尔弗雷德的政治宣传和制造"阿尔弗雷德神话"的意图，可能导致史料中对他在阿森尔尼处境的记载有些言过其实。当然，不可否认的是，当时阿尔弗雷德面临的局势确实危难，而纵观黑暗时代，爱丁顿战役也并不是唯一一次出人意料地逆转整体战局的战役。

丹麦法区

根据阿尔弗雷德和丹麦国王加斯拉姆在阿勒尔的协议，同年晚些时候，维京余部离开了奇彭纳姆镇与威塞克斯，返回了塞伦塞斯特的罗马旧城（877 年他们在此过冬时，已经把这里毁得一塌糊涂），接下来的一年中他们就驻扎在了这里。879 年，他们出发前往东盎格利亚（当年他们就是从这里出发袭击威塞克斯），在那里分配土地，过上了农耕定居生活。

公元 886 年，阿尔弗雷德通过与加斯拉姆签订的另一个条约，正式承认了维京人在英格兰北部和东部的存在。该条约明确规定，将盎格鲁－撒克逊英格兰划分为英格兰法区与丹麦法区，而它在最初实施的三十年（或许更长）也同样引起了激烈的争议。阿尔弗雷德的条约明确规定了英格兰法区与丹麦法区的分界线为"朝泰晤士河（至伦敦）与利亚河[1]的方向，沿利亚河溯至其源头，取直线到贝德福德（Bedford），然后直至乌兹（Ouse）河到惠特灵大道一线"，在惠特灵

---

[1] 利亚河（River Lea），发源于英格兰东南部的奇尔特恩丘陵地区贝德福德郡的卢顿（luton）附近，流经伦敦东部，注入泰晤士河，是泰晤士河东段的主要支流之一。

罗马大道以北、以东，丹麦移民与丹麦军队机构的政治影响占优势，斯堪的纳维亚法律得以施行。从此英格兰的这一地域成为众所周知的"丹麦法区"。

丹麦人素有经商传统，早在9世纪80年代，他们就在英格兰中东部的东米德兰兹（East Midlands）地区创建城镇，买卖商品，进口物资，其中的一些城镇发展为继伦敦与约克之后最为富庶的商业中心。值得一提的是，丹麦法区的"五个自治市镇"〔分别是林肯（Lincoln）、斯坦福德（Stamford）、德比（Derby）、诺丁汉（Nottingham）和莱斯特（Leicester）〕，后来发展成为某种意义上的维京共和国，由自己的"军管会"管理，拥有自己的律师与商人阶层。

定居在英格兰东部与北部的丹麦移民带来了一场社会变革，对当地的语言和习俗都产生了永久性的影响，其痕迹至今犹存。比如，林肯郡与约克郡境内至今保存了许多丹麦地名，林肯郡丘陵地区和约克郡西北部山区农业方言里有一些丹麦词语等。经过漫长的时间，这些丹麦移民的后代终于演变成阿尔弗雷德的子孙统治下的子民，成为这个盎格鲁－丹麦国家的一个组成部分。但是，对阿尔弗雷德本人而言，这个充满活力却又强悍野蛮的群体，是英格兰历史中的一个全新元素，足以让他在余生悬心忧惧不已。公元878年时，29岁的阿尔弗雷德国王久经磨难，终获成功，带着"威塞克斯救世主"的光环，他第一次可以放眼展望未来了。

防御城镇

赢得战争是一回事，而如何建设性地利用和平是另一回事。在阿尔弗雷德之前，历史上就曾有过很多战绩卓著的盎格鲁－撒克逊战争之王，而他与他们的本质区别就在于，他把军事威慑力与创新性思维、开阔的未来视野有机地结合了起来。与法兰克的查理曼国王在欧洲大陆实行的统治一样，阿尔弗雷德也给英格兰的国王身份增加了一个新的维度。他的"王权"概念经过他的后继者爱德华和埃塞尔斯坦的发展后，使得绝大多数人都认同了这个由部落威塞克斯王国发展起来的"英格兰王国"，而当时的英格兰王国的疆界已经大致具备了今天的规模。奥法国王当年是靠着残暴的铁腕统治，在这片土地上建立起麦西亚王国。而阿尔弗雷德看起来是第一位不去考虑原来的隶属关系，而把自己看成是一名英格兰人的盎格鲁－撒克逊国王。简而言之，阿尔弗雷德军事胜利之后的管理成就，将他提升到伟人的地位。

阿尔弗雷德的第一个重大举措就是规划和兴建了很多城镇。在过去的二十年中，我们有幸对他的宏伟规划有了进一步了解，而这也可以称得上是考古学对盎格鲁－撒克逊历史最重要的贡献。在阿尔弗雷德即位之前，威塞克斯已经有了许多军事防御中心，而他本人也兴建过像阿森尔尼那样的小型防御工事，这也许是他有意模仿父亲的做法。在接下来的五十年中，英格兰南部诸多城市呈现出大规模扩张的趋势，而为了加强对永久性居民点的保护，政府兴建了一系列防御城镇，一张国家性防御网络初具规模，而经济的发展和城市人口的扩张，反过来进一步夯实了国家的军事力量。这一计划也许在890年已全面展开，其深远影响绵延至阿尔弗雷德逝世之后，这或许算得上是这个盎格鲁－撒克逊政府最引人注目的成就。

历史学家与考古学家的近期发现表明，10世纪英格兰城市的复苏也许是统治者深思远虑的战略规划，而非经济有机增长的自然结果。当时由王室审慎兴建的城镇，具有安置难民、防御敌人以及商业活动等功能，这些地方被称为防御城镇（burh）。这些城镇在设计上都呈现出全新规划的笔直街道，城内的小块地段都分配给了居民个人，他们负有战时守卫和防御之责。历史资料《自治城镇皮革税》[1]为我们了解这些城市当时的修建与防护状况提供了一个窗口。该书记载了阿尔弗雷德去世后二十年之内，威塞克斯王国内的二十九个防御城镇的名称，以及各自附属的应纳税土地的税额，我们可以由此统计出该城的城墙长度和城防人数。该书也透露出阿尔弗雷德国家防御系统背后更多的战略部署，比如，为了保护王国全境，整个威塞克斯境内任何一个地方的方圆约32公里之内，必定建有一个军事防御中心。这些中心在地理位置上都有靠近内陆主要河道等优势，而维京海盗船

---

[1]《自治城镇皮革税》（*Burghal Hidage*）是一份盎格鲁－撒克逊英格兰时期的历史材料，由英国历史学家费雷德里克·威廉·梅特兰（Frederic William Maitland）于1879年命为此名。该书记载了威塞克斯王国防御城镇的名称以及附属的赋税情况（以生皮数量为单位）。在盎格鲁－撒克逊英格兰时期，皮革被视作赋税征收的基础单位，黄天华著《中国关税制度》中载："当早期英国还处于盎格鲁－撒克逊时代，就开始征收皮革和羊毛的关税。"最初，国家是根据土地价值与资源而征收数量不一的生皮，后来发展为食物租税、城防维护等，均以皮革为单位来核定。

并不适宜在这些河道上行驶。某些情况下，阿尔弗雷德与威塞克斯主帅们会模仿法兰克防御风格，在河岸两边修建上双重堡垒，完全阻断通往上游的河道。

几个阿尔弗雷德时期的防御城镇至今保存状态良好，比如靠近塞伦塞斯特的克里克莱德（Cricklade，人们在这里对泰晤士河进行改道来加强防守）和牛津附近的沃林福德（Wallingford），这些宏伟的堡垒城墙让今天的参观者叹为观止。其中特别值得一提的是多塞特郡的韦勒姆（Wareham），这里坚固的西侧河岸，在 1940 年被当作反坦克沟再次投入使用。韦勒姆城内规范的城镇规划格局也保存了下来，可算作是阿尔弗雷德及其后继者实施社会工程的一个明证。另外，城中还有两座盎格鲁－撒克逊时期的教堂。可以说，韦勒姆给我们完整地描述了一幅盎格鲁－撒克逊英格兰城镇的景象，在这个 9 世纪的城防工事中，城市生活红红火火地展开了。

20 世纪 60 年代温切斯特的一系列重要的考古发现，清楚显示出阿尔弗雷德国王在国家防御系统中的核心指导地位。城中棋盘式的街道布局与古罗马那种 15000 吨燧石铺就的笔直大道，相仿却不雷同，体现出阿尔弗雷德统治下的城市规划的发展。大教堂区域是原来的罗马政府部门所在地，这里应该汇集了最重要的盎格鲁－撒克逊的王室建筑，比如旧大教堂、王室教堂、阿尔弗雷德王宫、其妻与其子修建的教堂等，当然这些建筑的遗迹还都没有挖掘出来。据推测，王室大厅是一座石质建筑，装饰碎片显示出这里装饰着与法兰克的卡洛林王宫相同类型的壁画。

《自治城镇皮革税》也记载了一些规模极小的防御要塞。比如靠近阿森尔尼的令恩（Lyng）村，其防御区域长约 128 米。阿塞尔主教还补充说，阿尔弗雷德以"奇妙的工艺"修建了一条堤路，连通了令恩与阿森尔尼，使得驻扎兵力可以同时保卫两个城镇。

今天我们仍然能够清楚地看到令恩村的防御情况。一条垫高的堤道把令恩村与阿森尔尼连接起来，而周边土地上的积水已被排干。路的两边是一块块细长的住宅用地，保留了中世纪时期房屋边界的痕迹，甚至还可能追溯到盎格鲁－撒克逊时期的城市规划。在村子西头教堂下面的果园里，至今可见一条大沟的痕迹，该沟当年深约 6 米，顶部设有木栅栏。防御工事就沿着两边都是沼泽的岬角堤路，据守在通往阿森尔尼的路上，其长度至今还可以用步丈量，约为 128 米，与《自治城镇皮革税》的记载完全一致。这里的教堂或许也是同时期所建，其西端就是一处坚实的堡垒，可以起到巩固防御工事的作用。令恩村一直就是几座乡村小屋的规模，但却是西萨默塞特郡人们战时的避难所之一，这很能说明问题。

129

控制伦敦

伦敦是盎格鲁－撒克逊英格兰时期最大的贸易中心，也是从奥法时代沿袭下来的一座麦西亚城市。根据《盎格鲁－撒克逊编年史》记载，阿尔弗雷德大帝于公元 886 年"gesette"了伦敦，这也许是指他"占领"了伦敦，或者"居住"到伦敦（就像他在其他防御城镇里那样）。令人遗憾的是，这个举动牵扯进了一些其他问题，而对这些问题的解读很大程度上影响到我们该怎样看待阿尔弗雷德其人。

我们已经知道，直到约 880 年时，麦西亚王国一直处在国王西奥武夫二世（Ceolwulf II）的统治之下，而他是 874 年丹麦人在麦西亚的莱普顿过冬时册立的傀儡国王。威塞克斯编年史对他公然表示蔑视，称他为"愚蠢的国王的领主"，这种攻击也许是阿尔弗雷德授意的，以质疑西奥武夫二世作为国王的合法性。事实上，西奥武夫二世的名字可以显示出他是麦西亚正宗王室之后，是西奥武夫一世（Ceolwulf I，821—823 年在位）国王的后代。当然，阿尔弗雷德意欲在史料中抹去这一点也是有道理的，因为这样就可以证明威塞克斯接管麦西亚伦敦的合法性。

西奥武夫二世死于约公元 880 年，但是在他去世之前，伦敦的一位麦西亚造币者铸造的硬币上，就已经既有西奥武夫（"国王"）又有阿尔弗雷德（"英格兰人的国王"）了，由此可见，阿尔弗雷德在比《盎格鲁－撒克逊编年史》中所说的更早的时间，就已经在伦敦拥有一定的影响力了。那么，他的获势是依靠武力吗？《盎格鲁－撒克逊编年史》的某些版本中，提到 883 年发生了一次围城。其他史家也提到在控制伦敦的过程中，发生了武力冲突，"城市被焚烧，人们遭到屠杀"（据阿塞尔主教记载）。12 世纪历史学家、伍斯特的弗洛伦斯所著的《编年史》[1]，可能依据我们所不知晓的一种资料记载道，阿尔弗雷德"用武力重新获得了伦敦及其周边地区，控制了切奥尔伍尔

---

[1] 伍斯特的弗洛伦斯（Florence of Worcester）是 12 世纪伍斯特的一名修道士，是参与写作《编年史》的主要作者之一。《编年史》是一部世界史，始于创世神话，记载直到 1140 年，书中引用和嫁接了许多资料，其中很多与英国历史有关。

夫统治下的这部分麦西亚领土"。对于此次征伐，尽管《盎格鲁－撒克逊编年史》曾辩解说，不愿受丹麦人统治的伦敦英格兰人主动归顺了阿尔弗雷德，但是编年史家埃塞尔沃德还是提到，这一行动伴随着"残酷的内战"，战争中"既使用阴谋诡计，又展开公开对抗"，阿尔弗雷德所向无敌。现存的史料都表示，阿尔弗雷德占领伦敦后，将其托付给自己的女婿、麦西亚领主埃塞尔雷德（Ethelred）来管理。我们应该如何理解这一情况呢？显然，在伦敦沦陷于阿尔弗雷德之手的过程中，他遭遇到一些反抗，但是这些抵抗来自谁呢？现代历史学家尽管不情愿，但也在考虑一种可能性：这位"英格兰宠儿"是从麦西亚人手中强行攫取了伦敦，而他面临的敌人可能是丹麦人。当时的情况可能十分复杂，也许麦西亚的末代国王西奥武夫二世曾向丹麦人请求军事援助，约定如果情况恶化的话就请他们出兵来对抗阿尔弗雷德，而这一请求在约 880 年时真就兑现了。如果事实确实如此，那么《盎格鲁－撒克逊编年史》有关 886 年占领伦敦的记载，可能有意隐瞒了几年前发生的一幕令人不快的权力政治之争。我们不该忘记，对 9 世纪 80 年代的一些麦西亚人来讲，他们不但被自古以来的死对头威塞克斯人打败了，而且也遭受了丹麦霸权同样晦气的奴役。

复建伦敦

公元 886 年，伦敦城墙在阿尔弗雷德的治理下很快就得到了修复，城里又人头攒动了。新规划的街道将城区划分成许多小块地界，新迁来的居民得到了各自的防御地区，这些地区主要位于今天的齐普赛（Cheapside）街与泰晤士河之间，由新规划的道路加以分隔。这里的路网格局一直维持到 1666 年伦敦大火 [1] 之前，由阿尔弗雷德规划的街区（于 889—898 年建成）至今仍可在伦敦 A-Z 街道地图 [2] 上看到。

131 　　考古学家在伦敦桥码头区的考古发现，进一步证明了阿尔弗雷德对伦敦发展做出的巨大贡献。在靠近伦敦桥的下游方向，码头在这个时期得以重建，原来罗马栈桥的一部分被切断挪走，在前面搭起了由重型木料组成的框架结构。桥头堡本身连接着伦敦与萨瑟克（Southwark）区的防卫所在，而毗邻的河岸上像刺猬一样插满了木桩，这么做也许有双重目的：第一，有助于泥沙沉积，防止侵蚀桥梁支撑物；第二，为桥头堡制造出一个过渡区域。

　　阿尔弗雷德统治时期伦敦的考古发现也许颇不足道，但它也印证了我们已知的一个事实，那就是在 10 世纪时，作为商业中心的伦敦得到了蓬勃发展。而这也引导着我们进一步思考，最早在 10 世纪后期史料中被提及的伦敦的贝灵斯盖特（Billingsgate）区和魁恩海兹（Queen-

---

[1] 指 1666 年 9 月 2—5 日发生在伦敦的大火。火势由位于旧城普丁巷的一家面包店失火而引起，火借风势吹到了全是木屋建筑的平民住宅区，火势蔓延至全城，烧毁了大量民房、教堂和市政建筑，直接威胁到威斯敏斯特等贵族区域，王室贵族纷纷逃往郊区，所幸大多数市民也有充裕的时间逃离火场。大火彻底解决了困扰伦敦已久的鼠疫问题，而且火后重建也极大地带动了伦敦的内需，重建后的伦敦以石头房子代替了原来的木屋。

[2] 指英国最大的地图出版商地理学家 A-Z 地图有限公司（Geographers' A-Z Map Company Ltd.）出版的伦敦街道地图，最早的伦敦街道地图是 20 世纪 30 年代由菲利斯·皮尔苏尔编制的。

hithe）区的早期市场和码头，现在也许可以追溯至 9 世纪晚期。

年轻人的福祉

阿尔弗雷德的第二个改革创举，不仅让他成为后人景仰的英雄，也给我们提供了一个新的视角来更深刻地了解他。盎格鲁－撒克逊英格兰时期的教育体系是以大修道院为基础的，而这一系统在维京人入侵的过程中被摧毁殆尽。尽管近些年来学术界的流行趋势是淡化维京人的破坏作用，而强调其商人与手工艺者的身份，但是毫无疑问的是，他们在 9 世纪时对社会发展起了巨大的阻碍作用。阿尔弗雷德本人就有大量言论反映了当时文化知识的衰落状况，而这一现象的证据比比皆是。当时生产的图书质量大幅下降，书写难以辨认，政府文书数量下跌，而且，作为政府官方语言的拉丁文总体水平偏低。产生于 9 世纪晚期与 10 世纪早期的手稿和资料有一些共性特征：行文间满是荒唐的解释和似是而非的词语拼写。教堂传播的大众文学也都是一些陈词滥调的东方童话故事，比如《所罗门王与撒顿》《东方奇迹》《亚历山大致亚里士多德的信》等，完全没有对异国地理和文化的深度关照。最重要的是，民众文化水平整体低下，阿尔弗雷德只好自己翻译了比德的《英吉利教会史》，因为当时的社会如此之封闭，一般的威塞克斯领主和神职人员对诺森布里亚的一些很有名气的地方也都一无所知。

教育的退化意味着统治力量的削弱。就像法兰克的查理曼国王意识到的那样，知识就是力量。关注教育、语言与政治统治之间的联

132

系，就是阿尔弗雷德第二个改革举措的核心内容。恢复语言是当时刻不容缓的任务，而我们现在也可以看到，阿尔弗雷德对于文学、文化的扶植，扩大了威塞克斯王国的影响，福泽后世。

拉丁文在当时不仅是政府的官方语言，而且也是文学作品的主要通用语言，然而，阿尔弗雷德在他翻译的《牧灵关怀》[1]一书的前言中，说明了拉丁文的状况。

> 拉丁文在英格兰普遍衰落，在亨伯河这一侧几乎没有人能用英语理解他们的礼仪规则，或者把一封拉丁语书信翻译成英语。我相信，在亨伯河那一边也不会有多少人能办得到。自从继承王位以后，我就不记得泰晤士河以南有人有过这个能力。

事实上，麦西亚王国在奥法统治期间发展起了良好的学术传统，而这种传统在 9 世纪时仍然生机勃勃，并且，这些麦西亚学者还给阿尔弗雷德的翻译提供了很多学术支持。然而，阿尔弗雷德却有意忽视之，因为他不愿意去称赞麦西亚的成就。在这项工作上，他目光长远，而且目标明确。由他认定几本"人生必读书目"，从拉丁文翻译成盎格鲁－撒克逊英语。

133　　他选择的书目对他所处的时代而言，都有着一定的现实意义。例

---

[1]《牧灵关怀》（*Pastoral Care*）是教皇格雷戈里一世在公元 590 年左右写的一部关于神职人员职责的文章，是历史上有关该题目的最有影响力的文章之一。牧灵关怀指神职人员及教师对个人幸福的关注、牧师对教友的关怀等，是一种情感与精神支持模式。

如，比德的《英吉利教会史》讲述的是异教英格兰皈依基督教的故事，教皇格雷戈里一世所著的《牧灵关怀》是指导神职人员履行职责的指南。（阿尔弗雷德在该书翻译过程中添加的内容不禁让人产生一种印象：他所理解的国王职责与主教的职责大致相同——国王应该教化民众。）另外，还有一本由西班牙主教保卢斯·奥洛修斯[1]所著的历史著作，该书介绍了罗马帝国的衰亡历史，以及各种用于宣传基督教的神圣仪轨。奥洛修斯所展示的这段历史，充满了恐怖的苦难和人性的受挫，据推测，应该是奥洛修斯的叙事技巧征服了阿尔弗雷德，让他超越了传统的盎格鲁-撒克逊英雄主义历史观，而在基督教语境下关照人类的生存状况。此外，书目中还包括一些哲学著作，比如圣奥斯定的《独白》[2]、波爱修斯的《哲学的慰藉》[3]。在这个书目上，我们或许还应该加上《盎格鲁-撒克逊编年史》，这部书反映了阿尔弗

---

[1] 保卢斯·奥洛修斯（Paulus Orosius, 375?—418？），古罗马后期基督教神学家与历史学家，共撰写了三部历史著作，反映了基督教发展史，至今仍具有极为重要的参考价值。

[2] 圣奥斯定（St Augustine, 354—430），罗马帝国末期北非人，在罗马接受教育，在米兰接受洗礼，早期西方基督教神学家、哲学家，曾任罗马天主教会在阿尔及利亚的希波（Hippo）的主教，罗马天主教会官方称其为希波的奥斯定，俗称奥古斯丁。他创作的《独白》是以"内心对话"的形式，提出问题、讨论并给出答案，旨在引导自我认知，了解自身灵魂。

[3] 波爱修斯（Boethius, 480—525？），6世纪早期罗马哲学家。他出身于罗马一个古老的名门望族，很早步入政坛，25岁时已是元老院成员，但被怀疑联络东罗马帝国谋反而被判处死刑。有可能在流放或狱中等待处决的时候，他写成了讨论命运、死亡等形而上学的哲学著作《哲学的慰藉》（Consolation of Philosophy）。该书以他本人与哲学之间虚构的对话形式展开，哲学以一个女性形象出现，认为尽管世界上存在着明显的不平等，但一直有一个更高的力量存在，其他一切都要服从这个神圣的力量。该书成为中世纪最有影响力的哲学著作之一。

雷德自己的时代，以及爱丁顿战役的那无法逾越的胜利。阿尔弗雷德遴选出的这几本书，无论从道德内容之丰富，还是从历史知识之广博的角度去看，即便放到今天，都很难超越这个水平。有关他们的翻译过程，阿尔弗雷德写道：

> 在将拉丁文的 *Pastoralis* 这本书翻译为英语《牧羊人之书》时，我陷入了重重困扰，有时候是一个词对应一个词地翻译，有时候我则要根据从普莱格蒙大主教和安塞尔主教那里得来的意思进行意译……

由此可见，他们是以讨论的方式进行翻译的。他们先是大声朗读出拉丁文，再用盎格鲁－撒克逊语将其意思表达出来，有一个秘书人员从事记录。在温切斯特旧大教堂的缮写室里，大量副本源源不断地誊写出来，送往国境之内的其他主教手里。牛津博德利图书馆的《牧灵关怀》送交到伍斯特，这些最初"钦定"版本的某些章节现在还保存在大英图书馆里，其中的两个副本就是在阿尔弗雷德的直接指导下完成的。

134　阿尔弗雷德为什么要做这项工作？一个身体每况愈下的中年男人为什么要投身于这项耗时耗力的艰巨任务？不可否认，一部分原因是来自教堂的影响。截至阿尔弗雷德时代，统治者们的管理风格和思想在相当大程度上都受到基督教会的影响。并且教会认为，国王只有重视知识（当然还有基督教），在国内的统治才能兴盛发达，在对外征伐中才能战无不胜。然而，这应该不能完全解释阿尔弗雷德此举的动机，虽然基督教会十分希望将此功劳据为己有，但是具有像阿尔弗雷德和查理曼这种气度与襟怀的统治者，是不会对教会亦步亦趋、唯主教之命是从的。他们都是务实的聪明人，他们明白，为了让王室权威不只局限于部落小集团内部，为了方便国家制定法律，征收赋税，以及在社会更大范围内推行更长期的任务，修正语言和准确达意是必不可少的。否则，你的意图就会含混不清，不被理解，司法公正就会误入歧途。

在那个时代，开启这样一个教化民众的系统工程，必须要有一位才能非凡的领导人。他既要务实果断，又要冷酷无情。他的关注点不应只是御敌卫土，更要着眼于后代人的未来生活。这就是为什么在所有的英格兰国王中，只有阿尔弗雷德才配得上"大帝"这一称号，也只有阿尔弗雷德才担得起整个英语世界的尊崇。

"为今人，为后代"

现代考古发现的研究成果，让我们对阿尔弗雷德大帝的了解越发深入透彻。他不仅是一名勇士，甚或是一位思想家，更是一个目光远大的领导者，他推行的改革措施不仅对当时社会产生了巨大的影响，而且对后世的深远意义更是无与伦比。去世之前，他为《哲学的慰藉》一书的译本撰写了前言。此时的他已经不再是阿仕当战役中那个神经质、爱冲动的年轻人了，经历了阿森尔尼和爱丁顿战火的洗礼后，他已成长为一个顶天立地的男人，一个挽救了英语世界文化与语言的伟人。

　　我一心想要高尚而公正地履行我被赋予的权力，我渴望行使权力，如此我的才能与影响才可被后世铭记。然而，如果没有智慧，任何一种天赋或能力都会转眼消逝，终遭遗忘。如果没有知识，任何官能本领都无法尽情发挥。简而言之，我的愿望是生时崇高而光荣，死后可待作品流传后世，永垂不朽。

这位国王名冠当世，承蒙天佑统一了英格兰，而在他之前，
英格兰这片土地上国王众多，小国林立。

——引自一份埃塞尔斯坦赠予埃克塞特座堂的圣人遗物清单

对一般读者来讲，威塞克斯国王埃塞尔斯坦（Athelstan）可能是
本书提到的黑暗时代的国王中，最鲜为人知的一位了，也许只是那本
半开玩笑的讽刺性历史著作《1066 纪事》[1] 里面的一个名字而已。然

[1] 该书原名为 1066 and All That: A Memorable History of England, comprising all the parts
you can remember, including 103 Good Things, 5 Bad Kings and 2 Genuine Dates，以诙谐
讽刺的语气讲述了英格兰历史上发生的主要事件，作者为沃特·塞拉（Walter Sellar,
1898—1951）和罗伯特·耶特曼（Robert Yeatman, 1897—1968），该书最初在幽默讽
刺杂志 Punch 上配插图连载，于 1930 年由梅修恩出版社结集出书。

而，在中世纪，他的名声要比我们这本书里提到的其他任何一位人物
更加显赫。12 世纪时，古文化研究者们追忆盎格鲁－撒克逊英格兰
的黄金时代时，将埃塞尔斯坦看作是一位功勋卓著的伟大国王，看作
是"英格兰的查理曼"一类的人物，他的王宫在当时代表着魅力和荣
耀，处处金碧辉煌。1066 年诺曼人征服英格兰后，民间出现了一些
与他有关的著名的长篇传奇故事。在 14 世纪的英语文学领域里，他
在几个经典的爱情故事中都有出现，并且是其中之一《埃塞尔斯坦》
里的主人公。他甚至在托马斯·德克的喜剧《老福图纳图斯》[1] 中也
有戏份，该剧在 1599 年的圣诞节为伊丽莎白女王一世上演。（此举颇
具讽刺意味，因为伊丽莎白女王所属的都铎王朝声称，它恢复了被埃
塞尔斯坦征服的古代英国王室的皇脉。）

　　埃塞尔斯坦在民间故事中声名远播，在现代历史著作中却相对默
默无闻，这本身就是一个很有意思的话题，其原因可能与他获得王位
的方式有关。与奥法一样，他的王位继承也充满了争议。但是与奥法
不同的是，他没有重写历史来为自己辩护。这使得那些温切斯特教堂
中的威塞克斯王室传统主义者，对他抱有一种矛盾的态度，而恰恰是

---

[1] 托马斯·德克（Thomas Dekker, 1572？—1632）是伊丽莎白时代著名戏剧家和
作家。他的著名剧作《老福图纳图斯》（*Old Fortunatus*）根据一个德国民间传说改编。
福图纳图斯是一个乞丐，遇到幸运女神并获赠"财富"：一个神奇的钱囊，随时都可
以取出 10 块金币。他的儿子安德鲁西（Andelocia）得到了他的钱囊，前往英格兰，
向埃塞尔斯坦国王的女儿阿格瑞皮恩（Agripyne）求爱，但被阿格瑞皮恩骗取了钱囊。
安德鲁西借助一顶有魔法的帽子绑架了阿格瑞皮恩公主，希望重获钱囊。这顶帽子可
以把戴帽者带到任何想去的地方，最后公主还是戴上帽子回了家，安德鲁西和兄弟被
英格兰俘虏。最后幸运女神收回了钱囊。

这些人编撰威塞克斯王国历史和阿尔弗雷德王室族谱。他们有意贬低他的功绩，而力挺阿尔弗雷德－爱德华一支。诚然，如果不是 12 世纪的历史学家马姆斯伯里的威廉保留了一些原稿已经佚失的有关埃塞尔斯坦生平的节选记录，我们今天几乎无从知晓他的军事成就，以及他在欧洲享有的巨大声望。他的统治充分地向我们展示了他在盎格鲁－撒克逊英格兰"国家"形成发展过程中所起的核心作用。

　　埃塞尔斯坦还有一个特征也引起了我们的兴趣，那就是大量与他有关的"传记性"的物品保存到现在，这让我们可以更好地解读他的生活——当然我们也知道，想要在现代语境下为他写一部传记，很可能会费力不讨好。比如，我们现在仍然可以看到许多他赠送出去的书籍和财宝。目前仍存有一幅他生时的画像，而这是英格兰君主中的首例国王画像。我们还知道，他在书籍、艺术品和文物鉴赏方面是一个专家，也是一个收藏者，他甚至被称为那个时代的皮尔庞特·摩根 [1]！从他收藏的书籍和在书上留下的题字，我们可以隐约感受到他的信念和品位。他在制定法律和起草律法条文过程中的个人评论，也被秘书记载了下来，而通过这些材料，我们可以更真实地了解到中世纪国王们在推进"公正"——这一理想是由阿尔弗雷德大帝首先阐明的——理念的过程中，所面临的重重困难。并且，这些法律条文也体现出，埃塞尔斯坦就是那个时代被拉来与阿尔弗雷德大帝进行比较的盎格鲁－撒克逊国王。我们多么希望能更深入彻底地了解这位时代的

[1] 皮尔庞特·摩根（Pierpont Morgan, 1837—1913），美国现代著名金融家与银行家，曾垄断了世界范围内的公司金融及工业并购，长时间影响美国的金融高层和国会议员。

138

主宰者，但是仅凭我们手中的残缺不全的资料，最多也只能证明这样一个事实：如果说是奥法国王萌生了理念，是阿尔弗雷德大帝打下了基础，那么就是埃塞尔斯坦将他们的雄心抱负变成现实，建立了一个"所有英格兰人的王国"。

埋葬地之谜

为了揭开公元 925 年埃塞尔斯坦即位前后政坛中钩心斗角的政治谜团，我们要先去探访一下位于今天英格兰威尔特郡的马姆斯伯里（Malmesbury）。马姆斯伯里地处威塞克斯王国和麦西亚王国的交界地区，埃塞尔斯坦就埋葬在这里。在 10 世纪时，马姆斯伯里是阿尔弗雷德国家防御系统中的一个要塞，其所在位置山势陡峭，埃文河环绕，是一个很好的天然据点。在盎格鲁－撒克逊英格兰时代，马姆斯伯里还是最著名的修道院地区之一，当地有三座修建于 7 世纪与 8 世纪的教堂。这里也是当时著名的学术中心，修道院图书馆经历了维京入侵的战火而部分地保存了下来。埃塞尔斯坦一直对在公元 709 年埋葬在这里的圣徒亚浩[1]十分推崇，声称自己就是圣亚浩的后代。他给教堂划拨了土地，重新修建了修道院，为圣亚浩奉献了一个价值不菲的神龛，并且将一些布列塔尼的圣物和一片真十字架碎片[2]赏赐给

---

[1] 圣亚浩（St Aldhelm, 639—709），威塞克斯王国的一名天主教神职人员，也被称为威塞克斯使徒，相传他出身于威塞克斯王室。

[2] 据信是钉死耶稣基督的那座十字架，是基督教圣物之一。在基督教传统中，该十字架作为基督为人类带来救赎的标志，具有极其重要而神圣的象征意义。很多教堂都曾宣称拥有真十字架的碎片，但可信度都不高。

教堂，该碎片是法兰克公爵于格大公送给他的。根据埃塞尔斯坦的遗嘱，他死后埋葬在这里。但是，这个埋葬地的不同寻常之处在于，几乎所有阿尔弗雷德大帝的后继国王们，都埋葬在温切斯特或格拉斯顿伯里（Glastonbury），为什么埃塞尔斯坦却葬在马姆斯伯里？

出身之谜

埃塞尔斯坦大约出生于公元895年，是阿尔弗雷德大帝的长子"长者"爱德华的第一个孩子。在阿尔弗雷德大帝去世前，他曾把一些国王御用品赠送给了这位年幼的孙子，其中包括一把撒克逊宝剑和腰带，还有一件王室披风。但是，在那个继位之争是王室基本生活内容的时代，这种表示也并不意味着什么。埃塞尔斯坦的母亲出身贵族，有可能是麦西亚人，但是，她是否与"长者"爱德华正式结婚，却一直是个有争议的问题。而确定无疑的是，埃塞尔斯坦出生的时候，他的父亲爱德华还没有成为国王。爱德华后来又有过两次婚姻，他的这两位妻子都先后成为王后，而埃塞尔斯坦的母亲却一直没有获得过这个名号。后来的很多传奇故事对此大做文章，比如，一个传说讲述了他的母亲是一位美丽的牧羊女，在梦中预知自己的私生子将来会成为英格兰国王。埃塞尔斯坦在世时，他的身世就已经不是秘密了，比如，在德国就有传言说，爱德华国王其他孩子的母亲都是王室血统的后代，而埃塞尔斯坦的母亲却出身卑微，只是爱德华的一个"低级配偶"，而不是"妻子"。

王位危机

140　　埃塞尔斯坦自小在姑母家被抚养长大。他的姑母埃塞尔弗莱德（Aethelflaed）是阿尔弗雷德大帝的女儿，嫁给了麦西亚领主埃塞尔雷德。因而，埃塞尔斯坦的文化背景和人际关系主要来自麦西亚，而不是威塞克斯，而这也可以解释他的即位为什么能够获得麦西亚人的支持。他在麦西亚接受了教育，可能就在伍斯特一所修道院的附属学校中，据我们所知，他是第一位从童年时期就接受教育的威塞克斯国王。埃塞尔斯坦的父亲很可能是希望他将来能够成为"麦西亚领主"，而不是英格兰的国王。根据一份贬损埃塞尔斯坦统治的温切斯特教堂的资料显示，爱德华国王在有生之年，就将他的第一任王后的长子埃尔夫沃德（Aelfweard）立为国王，而后世的一份国王名录也证实了这一说法：埃尔夫沃德确实曾在位统治了四个星期。但这也表明，我们的历史书上漏掉了一位威塞克斯国王的名字。爱德华国王死于924年7月17日，而埃尔夫沃德只比他的父亲多活了16天。我们无从知晓他是否死于谋杀，但是王位危机迫在眉睫。显而易见，威塞克斯贵族们更倾向于支持爱德华的另一个儿子〔可能是埃尔夫沃德的弟弟埃德温（Edwin）〕登基。然而，麦西亚人把埃塞尔斯坦当作他们自己人，麦西亚的主教和政要们在塔姆沃思的奥法国王的旧宫殿里举行了一次会议，推举埃塞尔斯坦为国王。在爱德华的诸多儿子中，埃塞尔斯坦年龄最大，最富有战争经验，也许他本来就是一个不言而喻的人选，只是事态明朗还需要时间罢了。直到925年夏天，威塞克斯贵族们才最终决定，不再考虑其他的王位继承人而推举了埃塞尔斯坦，至此，他的国王地位才获得普遍认可。即便如此，埃塞尔斯坦还是差点没有逃过一起企图致其失明的阴谋，这起阴谋发生在温切斯特，据称是在他的弟弟埃德温的授意纵容下发生的。

于是，在"长者"爱德华去世 13 个月之后，爱德华的长子、30多岁的埃塞尔斯坦加冕成为国王。而值得注意的是，当时看似做过一些精心的舆论安排，来确保埃塞尔斯坦作为阿尔弗雷德继承人的合法性。公元 929 年，一位德国大使回到科隆（Cologne）时讲了一个故事，说埃塞尔斯坦的角色类似于一个"看守国王"，他的任务是抚养那些由爱德华真正的王后们所生的王子。在马姆斯伯里也流传着一个传说：埃塞尔斯坦之所以终身未婚，是因为他要抚养那些同父异母的年轻弟弟们，培养他们将来继承王位，并且他还效仿自己的父亲，在有生之年就晋升他们为"联合国王"。但即便如此，他也还是未能阻止那些反对他的未遂政变。

933 年，埃塞尔斯坦的弟弟埃德温——他当时也许已经拥有了"国王"称号——因卷入政治动乱而流亡，在逃亡法国时溺水而死。在威塞克斯国内，爱德华的第二任王后的几个儿子也相继即位。当时威塞克斯王室面临的情况，与 9 世纪阿尔弗雷德登基前的境况非常相似，国家必须要为一系列的国王即位做好准备，要确保王室财产的完整。而纵观埃塞尔斯坦的统治，可以说他不仅保护了王室成员，还对祖传王室产业不折不扣地厉行节约，精心管理。他最终埋葬在马姆斯伯里，而不是温切斯特或格拉斯顿伯里，这表明他在威塞克斯王室中的不寻常身份。然而，就算是最难以取悦的温切斯特的拥趸也不得不承认，他是他们的骄傲。

合法化的政变

公元 925 年 9 月 4 日，埃塞尔斯坦的国王加冕礼正式举行了。这是一个在威塞克斯当权派斡旋之下，将朝廷内部斗争转变为合法权力交接的典范事例。埃塞尔斯坦获得王位的过程再次证明了，就像奥法和阿尔弗雷德的经历一样，从来没有一位中世纪早期的国王能够理所当然地继承王位。你也许生在王室，也许被指定为继承人，但是你仍然不得不让自己"变成"一位国王。就像一位当代学者指出的那样，待前任国王一咽气，"那些渴望权力的贵族们就开始上下钻营，图谋不轨"。925 年的加冕礼意味着埃塞尔斯坦最终赢得了这场政治斗争的胜利，而其他王位觊觎者虽然根正苗红，却仍然只是贵族身份。在加冕礼上，埃塞尔斯坦的参谋们，也就是那些支持他夺权的人，遵循着 9 世纪法兰克的王权理念，为他举行了涂油礼，象征着国王以某种特殊的方式献身于上帝（就像主教一样），强调人与所承担的职位不能混为一谈，职位承载着更大的责任。卡洛林[1]主义主张，涂油礼对

142

---

[1] 卡洛林（Carolingian）一词经常指与欧洲中世纪历史上的卡洛林王朝相关的事物，或在期间发生的事件。卡洛林王朝自公元 751 年后统治法兰克王国，统治时间主要为 8—9 世纪。其鼎盛时期在名义上继承了古典时期的罗马帝国，开创了后世所谓的神圣罗马帝国。卡洛林王朝在查理曼（即查理大帝）统治期间达到了顶峰。该词亦可指 8 世纪晚期至 9 世纪，由查理曼及其后继者在欧洲推行的文艺复兴运动，该运动主要体现在文学、宗教典籍、艺术、建筑等方面，被称为"欧洲的第一次觉醒"。

王权而言是必不可少的，该礼是"为统治而涂油"，如果未经涂油礼，就像"一把宝剑没有剑柄"。由此可见，主教们在提升黑暗时代的国王权力和王权感召力方面，确实扮演了重要的角色。考虑到埃塞尔斯坦面临的复杂情况以及他充满争议的即位，主教们采取了卡洛林主义的宗教仪轨来巩固和加强他的统治，也是情理之中的做法。

加冕礼在金斯顿（Kingston）的教堂举行，但考古学家对这所教堂的了解十分有限。教堂是一个典型的卡洛林风格建筑群的一部分，该建筑群位于一处王室庄园内，另外还有王宫和主教宅邸，庄园内则有多座磨坊、一个牧场和一个种马场。这座教堂是一座石头建筑，也许体现出某些欧洲大陆风格，在教堂二层有一个带着阳台的小分堂，国王可以站在这里接见民众。巴黎的国家图书馆保存了埃塞尔斯坦经历的宗教程序，并指出埃塞尔斯坦被祝圣为"盎格鲁－撒克逊人的国王"。他被涂以圣油，被赠予国王御用品：戒指、宝剑、王冠和权杖等。在他后来的画像中，他就佩戴着王冠，手持权杖。埃塞尔斯坦也在仪式上做了三重承诺：第一，保护人民的和平生活；第二，禁止任何人抢劫和欺诈，无论其社会地位有多高；第三，通过法律来推进公正和仁慈。然而，这些承诺不只是难以实现的愿望，它们甚至已经触及 10 世纪盎格鲁－撒克逊王国面临的最重大的社会问题。

在离开教堂之前，埃塞尔斯坦还做了几个富有象征意义的举动，而这些都不是加冕典礼的一部分。首先，他恢复了坎特伯雷大教堂在塞内特（Thanet）的一处产业，该产业在抗击维京入侵的战争中曾被紧急征用，这次归还是对坎特伯雷大教堂支持他的一种心照不宣的感谢。然后，在高高的圣坛上，他赐予一个名叫依德汉姆的奴隶和他的孩子自由，这是黑暗时代的国王为显示王室仁慈谦逊、自赎灵魂而经常采取的一种举动。

143 　满载荣耀的埃塞尔斯坦国王接见了民众之后，离开教堂，前往王宫大厅参加加冕盛宴。

> （大厅里）流光溢彩，欢呼回响，觥筹交错，众人开怀畅饮。骑士们跑来跑去，侍从们前后穿梭。宾客们胃里装满了美味佳肴，耳中充溢着美妙的歌曲。
>
> ——马姆斯伯里的威廉《英格兰国王史》

一千多年后，埃塞尔斯坦加冕典礼的一部分程式也应用到他的远亲伊丽莎白女王二世的加冕礼上。但此举并不意味着这个典礼在历史上一直沿用了下来，在 20 世纪部分重现这个仪式，就与在爱德华七世[1] 加冕典礼上刻意表现维多利亚时代的辉煌一样，都意在表达一种怀旧情怀。以今天的眼光看来，除了一般意义上的爱国情怀、追忆辉煌的过去和欣赏那些精彩的仪轨之外，几乎不能说 1901 年的任何政治、法律或宗教概念，与盎格鲁-撒克逊英格兰时期的加冕典礼有什么相通之处。然而，在公元 925 年，就是这些美好而繁复、充满象征意味的仪式，引起了参加者的浓厚兴趣，它们可以被当作是埃塞尔斯

---

[1] 爱德华七世（Edward VII，1841—1910）是维多利亚女王和阿尔伯特亲王的第二个孩子，1901 年加冕成为英国国王和印度皇帝。维多利亚时代后期是英国工业革命的高潮时期，与爱德华时代一同被认为是大英帝国的黄金时代。

坦支持者们信念与抱负的结晶，这既是"政治"意义上的胜利，也体现了他们对自身与神圣秩序关系的构想。

那天晚上，埃塞尔斯坦就寝于金斯顿的王宫，全副武装的追随者环侍周围（不要忘了，加冕典礼前在温切斯特曾发生过一起预谋使他失明的未遂政变）。他现在的身份已然不同，他是"上帝的勇士""耶稣基督的健儿"，而不只是一名国王和主教——当然，也相去不远，他被祝圣为"不列颠所有基督徒的朋友和保护人"。同时，他还是一位传统意义上的盎格鲁－撒克逊国王，是一名"戒指赐予者""勇士保护人"。在庆典上，那些来自世俗和宗教两方面的头领们聆听了他的颂歌，现在则满心希望他"实现他们的期待……满足他们的渴望"。此时的埃塞尔斯坦必须要证明自己是个"行动者"。

埃塞尔斯坦的支持者们对他的希求是什么呢？这很明显，不外乎是国家开疆拓土，他们积累个人财富，提升社会地位。埃塞尔斯坦没有让他们失望，公元 927 年，威塞克斯大军以闪电战的方式征服了整个不列颠。

144

征服不列颠

> 他是第一个将不列颠境内所有国家均置于自己统治下的英格兰国王，他的继任者无人能超越他打下的疆界。
>
> ——阿尔托南迪斯土地特许状（964?）

自从阿尔弗雷德时期丹麦人入侵之后，不列颠北部地区发生了巨大的变化。不断涌入的挪威人和诺尔斯－爱尔兰维京人的移民潮，使得西北部地区不堪负荷，移民甚至改变了坎布里亚郡和威斯特摩兰郡 [1] 的人口和种族构成。919 年，来自爱尔兰都柏林的一个强大的诺尔斯－爱尔兰维京人的政权——号称伊瓦氏族（Clan Ivar）——攻占了北方的重要城市约克，在那里建立了统治。他们在当地铸造钱币，与北威尔士、苏格兰、坎布里亚和斯特拉斯克莱德王国（Kingdom of Strathclyde）的诸多国王们建立了外交关系。这些北方国王对英格兰南部的威塞克斯王国的强势崛起，一直保持着警觉。埃塞尔斯坦于 925 年举行过加冕礼之后，很快就在塔姆沃思与这位维京国王西特里奇（Sihtric）会晤，并将自己的妹妹嫁给了他。作为协议的一部分，西特里奇勉强接受了基督教，但 927 年他就去世了。很显然，埃塞尔斯坦并不打算让这个斯堪的纳维亚－约克王国存在下去，他挥师北伐，驱逐了西特里奇的儿子安拉夫（Anlaf）和他的兄弟古斯福瑞斯（Guthfrith）。威塞克斯军队攻入约克，拆除了丹麦人的防御工事，战利品收获颇丰，他悉数分发给了部下。这是一个具有历史意义的时刻，因为在历史上从未有任何一位南方国王直接控制过约克。亨伯河以北的盎格鲁－撒克逊传统主义者对这一事件的看法，通过他们的编年史记载反映了出来："在埃塞尔斯坦之前，我们从来没有被任何一位南方盎格鲁国王统治过。"

攻占约克只是一个开端。同年夏天，埃塞尔斯坦沿罗马大道一

---

[1] 威斯特摩兰（Westmorland）郡，曾是英格兰西北部的一个古代郡治，后来被并入坎布里亚郡。

路北上，进攻了诺森伯兰郡的班布堡（Bamburgh），并使当地的盎格鲁－撒克逊伯爵埃尔德里德俯首称臣——当时这位埃尔德里德伯爵以近乎独立国王的身份统治着蒂斯（Tees）河北方，归顺后的埃尔德里德被埃塞尔斯坦恢复了职位。同时，埃塞尔斯坦也向那些给约克维京逃亡者提供过帮助的北方国王们派出了使臣，在战争威胁之下，他们也纷纷投降，这其中包括苏格兰国王康斯坦丁（Constantine）、坎布里亚国王欧文（Owain），也许还包括康斯坦丁的兄弟、斯特拉斯克莱德国王唐纳德（Donald）（虽然他未被提及）。他们的归顺只是"不列颠岛上的所有国王"臣服于埃塞尔斯坦的序曲。

公元 927 年 7 月 12 日，北极星"在北部天空发出火焰一样的光芒"，10 世纪第一次"帝国"协商会议在坎布里亚郡的伊蒙特桥（Eamont Bridge）召开了。北方诸位国王和班布堡朝廷都放弃了王国统治权，在这个重新规划英格兰王国北部疆界的仪式中，众流归一，等待重新定位。伊蒙特位于卡莱尔以南约 32 公里处的一条罗马大道的路口，所以，埃塞尔斯坦将英格兰王国北方边界确定为，沿着伊蒙特和阿尔斯沃特（Ullswater）湖一线，跨过沼泽湿地，沿杜顿（Duddon）河直达爱尔兰海。在维京时代，北方国王们已经将其势力范围深深探入英格兰北部地区，埃塞尔斯坦此举则大大压缩了他们的扩张地域。《盎格鲁－撒克逊编年史》记载说："在承诺和誓言的基础上，他们签订了一份和平契约，在和睦气氛中分手。"国王们互赠贵重的礼物，埃塞尔斯坦为苏格兰国王康斯坦丁的儿子主持了受洗仪式。

降服威尔士

146　　927 年 7 月，埃塞尔斯坦从坎布里亚出发，将战争矛头指向北威尔士的诸位国王。他们曾经名义上向他的父亲"长者"爱德华表示归顺，现在矛盾看似已经公开化了，他们抵抗了一段时间后，最终战败溃逃。[对埃塞尔斯坦持抵抗态度的只是一部分威尔士国王。威尔士国王中素有一支"亲英派"，比如哈沃尔·达（Hywel Dda），一直与英格兰国王们保持合作。这一时期，哈沃尔王室与格温内斯王国[1]的"反英派"力量为了争夺威尔士的霸权，展开了一场惨烈的战斗。这场威尔士王国间的竞争被威塞克斯国王们恶意利用，以达到进一步控制威尔士诸多小国的目的。]

　　领导抵抗埃塞尔斯坦 927 年入侵威尔士的人，是格温内斯国王伊德瓦尔·福尔（Idwal Foel），他是著名的"国家主义者"、格温内斯国王罗德里大帝（Rhodri the Great）的孙子，也是当代反英格兰诗歌中的主角。（他最终在 942 年为威塞克斯人所杀。）虽然经过激烈抵抗，但最终结果是，威尔士的五位国王在英格兰的赫里福德觐见埃塞尔斯坦，承认他的霸主地位，承诺每年敬献贡品。这些供品包括 20

---

[1] 格温内斯王国（Kingdom of Gwynedd），是公元 5 世纪盎格鲁－撒克逊人入侵不列颠后，不列颠岛上的原住民在威尔士西北部建立起来的一个王国。该国是不列颠历史上的重要王国之一，其国王享有"布立吞人之王"的名号。

磅 [1] 黄金、300 磅白银、25000 头公牛，以及猎鹰与猎犬，尽埃塞尔斯坦所需。没有什么比巨额贡品更能说明埃塞尔斯坦在战争中取得的压倒性胜利了，威尔士民众举境震惊，群情激愤，这种情绪在当时的一首诗歌《不列颠的预言》[2] 中得以充分体现。

收服康沃尔

北方和威尔士的节节胜利并没有让埃塞尔斯坦驻足不前，他又将矛头指向了所谓的"西威尔士"，也就是布立吞人的康沃尔（Cornwall）。他很快击败了当地反对者，驱逐了持不同政见的少数派，在塔马（Tamar）修建了一条新防线，翻修了埃克塞特（Exeter）城的罗马城墙。在他父亲爱德华统治时期，这段城墙大约有 1000 米长，也许只是这座罗马城市西北角以女王街和主街为界的一个围场。而埃塞尔斯坦不但恢复了全部罗马环形城墙，还有可能借此机会重新规划了城市，在当地安置了威塞克斯人，因为根据马姆斯伯里的威廉的记载，他把布立吞人从城市中驱逐了出去。此举在某种程度上已经带有现代社会工程学的意味，然而，埃塞尔斯坦之所以被康沃尔铭记，倒不是因为他是"战争之王"，而是因为他是当地教堂的慷慨施主。他在康沃尔东部的圣吉姆斯（St Germans）新建了一个主教辖区，在接

147

---

[1] 重量单位，1 磅合 0.454 千克。

[2]《不列颠的预言》（*Armes Prydein*）是 10 世纪早期的一首威尔士预言诗，这首英雄主义诗歌以激动人心的语调描述了一个未来场景：所有苏格兰人、爱尔兰人、都柏林维京人在威尔士人的领导下，成功地将盎格鲁－撒克逊人永远驱逐出不列颠。

下来的 12 年里，他曾数次访问埃克塞特，为当地新修了一所大教堂，并给教堂捐赠了大量土地和圣物。

"不列颠保护人"

历史学家曾经以为，以上提及的这些军事征伐行动应该是发生在数年之内的。然而，如果马姆斯伯里的威廉记录事件的顺序无误的话（他的记载是我们了解埃塞尔斯坦生平的主要资料），其实这些战争就发生在公元 927 年 7 月到 928 年 4 月之间。928 年复活节期间举行的一次大型盛会，也许意味着埃塞尔斯坦征服不列颠一系列军事行动的胜利结束。"复活节期间，在埃克塞特王室要塞里举办了大型庆典，喜气洋溢，埃塞尔斯坦国王与附属国王、主教、伯爵、法官、部落首领和显要们"出席了庆典。此段文字记载了这次盛会的土地特许状上的时间，"毫无疑问地"显示出这是埃塞尔斯坦统治的第三个年头。观礼者中不仅有威尔士格温内斯国王伊德瓦尔·福尔，以及一个名为沃格特（Wurgeat）的附属国国王，而且还有一个叫作 Howel 的人，他也许就是德韦达（Dyfed）王国那位著名的国王，但也可能指的是"西威尔士国王霍威尔（Huwal）"——西威尔士就是《盎格鲁－撒克逊编年史》中提到的康沃尔。932 年时，前面提到的这位附属国国王沃格特，签署了一份由两位主教——康沃尔的柯南（Conan）和曼卡特（Mancant）——作为见证人的土地特许状，而这可能是我们对这个苟延残喘到 10 世纪的王朝（就如我们从彭赞斯的"里卡图斯国王十字架"[1]纪念碑所得到的信息那样）的最后一瞥了。他们是康沃尔最后的独立国王。

"里卡图斯国王十字架"纪念碑

公元928年，此时距离阿尔弗雷德逃往萨默塞特郡并在阿森尔尼修建藏身的防御工事，恰好50年。50年前，威塞克斯王室领地只剩下了几平方千米的沼泽地，而半个世纪后的今天，他的孙子成为"不列颠世界的皇帝"。

[1] 里卡图斯（Ricatus）可能是一位康沃尔王朝末期的国王，但史学界对是否真有其人存疑。证明他存在的唯一证据就是，现今康沃尔郡彭赞斯（Penzance）市保存的一座11世纪的十字架。1949年，爱尔兰考古学家 R. A. 斯图亚特·麦卡利斯特说，在十字架一侧刻有铭文："里卡图斯国王十字架。"

威名扬海外

公元 928 年的圣诞节，坐在埃克塞特王宫宝座上的埃塞尔斯坦国王，应该可以松一口气了。他的秘书记载当时的情形是，他现在"毫无疑问"是这片土地的主宰了，他横扫一切敌人，创建了前无古人的功业，征服了整个不列颠岛。简而言之，他是罗马殖民时代以来不列颠岛上最有权势的人物了。他的功绩蜚声海外，外国国王们深表敬佩，纷纷派出使节，献上重礼，求娶他的妹妹。他们赠送的礼物有圣矛[1]、康斯坦丁之剑等无价之宝。礼物中还有一只古典的缟玛瑙花瓶，"雕刻精致绝伦，看似玉米穗在翻卷，葡萄藤在吐绿，瓶上的人儿栩栩如生"（马姆斯伯里的威廉《英格兰国王史》）。在德国国王奥托一世（Otto）与威塞克斯的伊迪丝（Edith）的结婚仪式上，奥托与埃塞尔斯坦交换过一些书籍，而这些书籍至今还保存在德国的科堡和英国的伦敦，上面还有两位国王的签名。还有一些外国的国王为示敬意，将儿子送到英格兰的王宫里抚养，其中就有挪威国王"金发"哈拉尔（Harald Finehair）的儿子哈康（Hakon），他给埃塞尔斯坦带来了一件真正的维京礼物：一艘金碧辉煌的航船，饰有镀金挡板和紫色的船帆。这份礼物完全符合一位皇帝的身份。

148

---

[1] 圣矛（Holy Lance）又称"命运之矛""圣枪"等。相传，耶稣受十字架刑后，罗马士兵为了确认耶稣已死，用一根长矛戳刺耶稣的侧腹位置，此矛即成为圣矛。它与圣杯、真十字架等同是基督教著名的圣物。

这些交流无疑拉近了不列颠岛与欧洲大陆之间的关系。我们发现在这一时期，德国神职人员出现在英国的多座教堂里，尤其在阿伯丁、坎特伯雷和伦敦的教堂里，这些人可能参与了以《旧约》和《新约》为素材的古高地德语叙事诗的英文翻译。在埃塞尔斯坦自己的侍臣中，我们也发现了数位爱尔兰主教、一名布列塔尼士兵、一名冰岛诗人，还有他那个时代最负盛名的欧洲学者：语法学家伊萨[1]。

埃塞尔斯坦的胜利也刺激了诗人们的诗情。基于 927 年的一系列胜利，一位德国神父改编了一首 9 世纪歌颂法兰克国王查理曼的诗歌，来赞扬埃塞尔斯坦的功绩，这反映了一个时代的印记。在欧洲历史上，宽宏仁慈的国王寥寥无几且彼此相距甚远，他们逝世引起的痛惜之情在 10 世纪早期的法兰克法律和历史文件中都有体现。这位德国神父的敬意跨海而来，他向埃塞尔斯坦致敬，向他的统帅们和"神勇天助之师"致敬，是他们的骁勇善战征服了不列颠。"埃塞尔斯坦国王万岁，行止英明荣耀无疆。"

这位德国神父的认识在当时也许具有一定的普遍性，因为他不是唯一将埃塞尔斯坦比喻成查理曼大帝的人。几乎在同时，一位法兰克神父在给埃塞尔斯坦的信中赞美到，他具有"世间所有国王无法匹敌的声望与荣耀"，因为他是"神圣教堂的褒奖者、敌人的仁主、蛮族的征服者"。在挪威，他得到了"常胜者埃塞尔斯坦"的绰号，并且

---

[1] 语法学家伊萨（Israel the Grammarian，约 895—约 965），是 10 世纪中叶欧洲的主要学者之一。10 世纪 30 年代，他在埃塞尔斯坦的宫廷服务。待埃塞尔斯坦死后，他寻求到特里尔大主教罗伯特的庇护，40 年代成为德国奥托一世国王之弟、后来的科隆大主教"伟人"布鲁诺的导师，晚年在特里尔的一座修道院里担任修道士。

被称为"北方世界最伟大的国王"。埃塞尔斯坦一直与爱尔兰教会保持着密切联系，他在爱尔兰被尊奉为西方世界最受尊敬的人。毫无疑问，这正是一个国王能够希求的最好局面。

国王立法者

胜利甫定，埃塞尔斯坦和他的管理团队必须要尽快应对这个新局面。他们需要管理的疆域比任何一位前任国王都要广阔，政府面临的问题也因此空前巨大。当时，社会上犯罪行为猖獗，贵族显要自行其是，对任何干涉限制都心怀愤恨。一般老百姓更是生活状况恶劣，性情野蛮凶残，大多寿命不长。现存的埃塞尔斯坦的律法显示，埃塞尔斯坦和主教们想要通过大规模的政务协商，来矫正社会上的不良风气。此举目的不只是惩罚罪恶，也是协商政策，制定法律。同时我们也看到，一个国王无论在旁观者的眼中多么成功，也总是需要有人当头棒喝，由来自地方的代表直截了当地告诉他，国家法律效力渐失，敦促他对此有所作为。"据我所知，当前的和平生活并不像我所希望的那样好……我的大臣们也说，我对此容忍得太久了。"

150　　在黑暗时代，蛮族国王们的一项核心工作就是立法。阿尔弗雷德创立的立法准则是摩西律法、旧约圣经、以眼还眼等，而埃塞尔斯坦的律法则是对这些准则的重大改进。新律法清楚地展示出"部落"思维下的立法，与面向整个国家和不同人群推行"公正"制度之间的巨大不同。至于埃塞尔斯坦的律法是否曾打算应用到丹麦法区，甚或诺森布里亚，我们就无从得知了。新律法对那些屡教不改的罪犯施以严酷刑罚和无情流放，但是也有从轻处理、体现人性化的地方。

> 希优德（Theodred）主教向大主教转达了埃塞尔斯坦国王的想法。他认为对年仅 12 岁的人处以死刑，或者只因极小事端而处死，此举过于严酷，因为他知道情形到处都是如此。他说曾与人讨论过这件事，大家都认为 15 岁以下的人不该被处以死刑，除非抵抗或蓄意逃跑……

埃塞尔斯坦的律法明确反映出，英格兰王室加强国家集权的强烈意图，而他的其他举措也都为这一目标服务。在促进城市发展过程中，他采取了限制买卖城镇防御土地的措施。在埃塞尔斯坦统治时期，爱德华时期的一些防御要塞在名录中消失了，这种情况也许敦促埃塞尔斯坦有计划地采取了某些措施，来控制一些要塞的城市化进程。比如，德文郡的小镇皮尔顿（Pilton）和哈维尔（Halwell），被地处更有利位置的巴恩斯特普尔（Barnstaple）和托特尼斯（Totnes）替代；阿尔弗雷德时期的防御城市伊兴（Eashing）被废止，而一座新兴市镇在地理位置更好的萨里郡的吉尔福德（Guildford）建立了起来；哈姆维（Hamwih）被搬迁到现今南安普敦的位置加以重建。其他要塞，例如埃塞斯特、多尔切斯特等城镇，也许都经埃塞尔斯坦之手重建过，我们已经发现了他在这些地方主持圣诞节和复活节庆典的证据。另外，许多阿尔弗雷德和爱德华时期的自治市镇，看似也都修葺一新，增建了城市沟渠系统和石头城墙，比如，威尔特郡的克里克莱德（Cricklade）、多塞特郡的韦勒姆、德文郡的利德福德（Lydford）、牛津郡的牛津和沃林福德（Wallingford），也许还有麦西亚的一些地方，比如赫里福德（Hereford）。所有这些防御规划与发展举措都体现出，推行一项国家长期发展战略的远见卓识。据我们所知，该政策的最初起源甚至可以追溯至阿尔弗雷德统治之前。

我们对这一时期英格兰地理、地貌方面的其他变化，还没有形成清晰的认识。大约从爱德华统治晚期直到埃塞尔斯坦统治终结，英格兰中部地区实行了"郡"制行政区划方式，这种行政布局持续了几百年，直到 1974 年英国政府才开始重新规划。在麦西亚西部地区，奥法时代的痕迹被一扫而光，虽然人们在很长一段时间内还是沿袭原来的地名，说他住在赫威赛（Hwicce）或者麦肯塞特（Magonsaete）。在东米德兰兹地区（East Midlands），丹麦城镇的居民按照不同的郡集中居住。经过这一改制，到埃塞尔斯坦去世时，东盎格利亚和东米德兰兹地区的丹麦移民的后裔，已将威塞克斯国王当成自己的天然国王了。

统一货币

埃塞尔斯坦实行"中央集权"最明显的例子体现在货币方面。埃塞尔斯坦推行的货币法严格控制各个城市和自治市镇里的造币者人数，对违反法律者严惩不贷，而这是英格兰历史上第一次为铸币立法。"在国王管辖的所有范围内实行统一货币，除了在城镇，任何人不能铸造货币。"虽然当时的货币是以地区为单位组织铸造，并且也允许存在不同的类型以适应当地习惯，但埃塞尔斯坦政府能够统筹全局，严格控制各个地区银金属的总流通量和标准。埃塞尔斯坦为了严格控制货币铸造质量，还在全国大部分地区实行"硬币铸名"的方法，通过此法，如果不法造币者铸造出质量不合格的硬币产品，很容易能够把他们绳之以法。埃塞尔斯坦在控制货币方面显示出的能力，充分反映出他的管理实力。考古发现也证实，这一时期的城市生活开始逐步恢复，货币广泛应用于商品交换，阿尔弗雷德战争造成的经济困境和财政负担已经一去不返，当时的社会状况在 10 世纪 80 年代的一位英格兰作家笔下，呈现出"社会和平，物质富足"的大好局面。

入侵苏格兰

像所有的皇帝一样，埃塞尔斯坦也极端富有侵略性。公元 934 年，苏格兰国王康斯坦丁首先违背了与埃塞尔斯坦的盟约，我们不知道他是否策划推翻埃塞尔斯坦，但很确定的是，他拒绝缴纳贡品。埃塞尔斯坦对此挑衅行为反应迅速，在圣灵降临节时，一支由威尔士四个附属国组成的大部队就在温切斯特集结完毕了。埃塞尔斯坦一路向北，行军数日，到达了诺丁汉（Nottingham），更多的力量在这里汇合进来，甚至包括来自丹麦法区的多位斯堪的纳维亚伯爵。在诺森布里亚境内，他途经北方的主要圣地时都停下来，作为一名代表"所有英格兰人"的战士，向诸位圣徒祈求福佑。

934 年，英格兰北部达勒姆郡的切斯特勒街（Chester-le-Street）

152

镇只有一些简陋的木头小屋，但是圣卡斯伯特[1]的圣祠就在这里，它是在阿尔弗雷德时期为躲避维京人的战火而被迁移到这里的。埃塞尔斯坦拜倒在圣徒脚下，祈求他保佑战争胜利。他揭开了圣徒遗体上的覆盖，将一份手写誓言放在他的头部，也将一个黄金臂环放置在棺材之内，然后用东方丝绸将他的尸体包裹起来，这些丝绸碎片至今还可以在达勒姆大教堂看到（圣卡斯伯特的遗体现在也保存在这里）。埃塞尔斯坦许诺，如果战争胜利，他将敬献上贵重的礼物；如果失败，他告诉他的弟弟就将他埋在圣卡斯伯特的身边。

当然，这些祈祷是一种双重保险措施。埃塞尔斯坦带领入侵苏格兰的这支军队，忠诚无比，奖惩分明。一位记录了这次战争的切斯特勒街镇的神职人员写道，这是"一支倾不列颠之力的军队"。威尔士的附属国国王也带来了他们各自的支持力量，因为他们宣誓效忠于这位超级国王。就在这支陆上军队驰往北方的同时，一支由威塞克斯和麦西亚士兵组成的强大舰队，亦沿海岸北上。埃塞尔斯坦带领军队深入苏格兰、皮克特兰德（Pictland）和坎布里亚，从海上和陆地双管齐下，重创敌人。一段后世的爱尔兰史料指出，这次战争蹂躏包括大大敲诈了一笔供给，来补偿埃塞尔斯坦的精神损失。这支远征军最远到达了苏格兰东北海岸的邓诺特（Dunnottar），这是一座位于阿伯丁南部的巨大的防御要塞。而英格兰舰队到达了不列颠主岛的最北端，

153

---

[1] 圣卡斯伯特（St Cuthbert，约634—687），是7世纪诺森布里亚的一位凯尔特圣人，中世纪英格兰北部最重要的圣徒之一，也是诺森布里亚的主保圣人，其遗体现存于英国达勒姆大教堂。

袭击了居住在凯瑟尼斯（Caithness）郡的诺尔斯人聚居点。其实双方并没有交火，这些北方的国王意识到他们根本无力抵抗，于是纷纷投降。南方史料对随后发生的事件只是做了简要记录，但很显然，当时举行了一个正式的归降仪式。在仪式上，苏格兰的康斯坦丁和坎布里亚国王欧文，在埃塞尔斯坦和他的"泛不列颠联盟"见证下，恢复了附属国地位。康斯坦丁将儿子抵押为人质，重新敬献贡品，双方交换礼物，如此这般后"和平得以恢复"。埃塞尔斯坦挥师南归，命令康斯坦丁一路送行，至少陪同到白金汉（Buckingham）。9 月 12 日，远征军在这里目睹了一幕场景：征得"附属国国王"康斯坦丁的同意，埃塞尔斯坦犒赏了自己的一支军队。

934 年的远征苏格兰，使得埃塞尔斯坦在不列颠的统治达到巅峰。他是皇帝，是统治其他国王的"超级国王"。他荣耀无边，是不列颠世界中的 basileus 和 curagulus（希腊语中对君士坦丁堡拜占庭皇帝的称呼），而一位威尔士作家将他称为"至大国王"。（上帝是宇宙的"至大国王"，埃塞尔斯坦应该会很虔诚地接受这个类比。）

塞伦塞斯特会议

塞伦塞斯特（Cirencester）是一个"由罗马人初建的城市"，935年时，埃塞尔斯坦在这里主持召开了一次隆重的会议。在会议上，五位凯尔特国王承认了埃塞尔斯坦的霸主地位，他们是苏格兰国王康斯坦丁、坎布里亚国王欧文和另外三位威尔士国王——霍威尔（Howel）、伊德瓦尔·福尔、摩根（Morgan），他们"在浩荡皇恩的翼护下

154 　欢欣鼓舞"。基于目前对黑暗时代的了解，我们还不清楚在这种仪式上会发生什么，但是有一个很著名的例子可当作参考。公元973年，英格兰国王埃德加一世（King Edgar）在巴斯加冕成为"盎格鲁－撒克逊人帝国"的君主，在切斯特（Chester）举行了归降仪式，当时有六位附属国国王在迪伊河（River Dee）上亲自为埃德加划船。人们或许认为这件事独一无二，而事实上，973年的这一幕在黑暗时代的各种"霸权主义"仪式中也许并不是那么特别。1965年，考古学家在今天塞伦塞斯特大教堂的西侧发现了一座盎格鲁－撒克逊教堂，其规模之大超乎想象，巨大的地基长约55米，宽16米，其面积几乎与布瑞斯沃斯诸圣堂[1]教堂一样大。更有意思的是，考古学家在教堂西侧发现了一座令人敬畏的建筑——一座塔——的地基，其尺寸大约为7米×9米。这座教堂和布瑞斯沃斯诸圣堂一样，东侧也有一个环形地下室，建筑时间不晚于公元850年。由此我们猜想：935年埃塞尔斯坦的仪式是否可能就发生在这座教堂里？而西侧的塔制建筑是否与埃德加加冕仪式中的划船情节异曲同工，是为了展示王室之威？

　　如果这个推测属实，那么埃塞尔斯坦选择在塞伦塞斯特举行这一仪式，就应该有某种特殊的原因。当然，塞伦塞斯特是一座传统的罗马城市，罗马风格的城墙和建筑物随处可见。它还是一座盎格鲁－撒

---

[1] 诸圣堂（All Saints' Church, Brixworth）位于北安普敦郡的布瑞斯沃斯市，是英格兰中部早期盎格鲁－撒克逊建筑的杰出典范，被称为"也许是目前存在于阿尔卑斯山以北的7世纪最壮观的建筑纪念碑"。

克逊英格兰时期的皇家市镇，有一座王室教堂。然而，我们通过一首威尔士诗歌得知，这里也是威尔士诸多附属国向埃塞尔斯坦敬献贡品的交接之所，王室管家就是在这里接收贡品。所以在当年的仪式上，附属国国王除了向埃塞尔斯坦"鞠躬致敬"，视他"如父如君"，宣誓"以全部疆土为其辅助"之外，他们还要如数地缴纳贡品。进贡义务与人质制度、领受洗礼、被迫列席朝堂等控制手段结合在一起，构成了这位皇帝的凝聚力。

反埃联盟

毫不奇怪，伴随着埃塞尔斯坦权势臻至顶峰，埃塞尔斯坦的敌人想方设法要推翻他。然而，前车之鉴后事之师，927 年和 934 年的反抗埃塞尔斯坦失败的教训显示，无论是威尔士国王还是北方国王们，都没有能力独自取胜。于是，一个联合埃塞尔斯坦所有敌人组成一个强大联盟的计划，悄然形成，而联盟的煽动者就是苏格兰国王康斯坦丁，那个被英格兰人称为"头发花白的叛徒"的人。历史上曾有一些"敌人的敌人"组成联盟的事例，比如，阿尔弗雷德时期的威尔士曾联手诺森布里亚的丹麦人，都柏林的丹麦人也曾数次与苏格兰的国王们合作，而 7 世纪的麦西亚国王彭达（Penda）曾联合东盎格利亚和北威尔士，来反对诺森布里亚国王奥斯威（Oswy）。然而，公元 937 年的"反埃联盟"的规模堪称史无前例，其后勤保障也是其他联合行动所无法企及的。他们的目标就是，汇集凯尔特人和不列颠岛上的斯堪的纳维亚人的力量，粉碎埃塞尔斯坦的统治。

155

威尔士人和都柏林人，你们和解吧，

爱尔兰岛、安格尔西和苏格兰的爱尔兰人，

还有康沃尔和斯特拉斯克莱德王国的人，

北方荣耀之地的人们啊……

都来加入我们吧……

塞伦塞斯特的王室总管们将苦泪滂沱……

他们最后的税收就是他们的死亡。

"反埃联盟"的消息传播开来，一位德韦达王国的威尔士神父用上面的诗句表达了自己愿望。威尔士人要把威塞克斯人及其同盟者"麦西亚燃烧弹"一并赶走，越远越好，最好赶出他们最先落脚的肯特郡的桑威治（Sandwich）村。诗句中还提到，都柏林维京人也"将与我们并肩作战"。这些诗句都是来自叙事诗歌《不列颠的预言》，而这首诗堪称对威尔士英雄时代最壮美的描述。这首诗没有其他诗作中描写卡特瑞斯[1]或彭格韦恩[2]等早年战役时的哀伤悲悯的格调，而是热情洋溢地预言了胜利的复仇以及威尔士人的大联合。然而事实证明，威尔士人看似不可能联合起来。

当时，这个消息一定飞速传遍了爱尔兰的各个维京港口，从都柏林、韦克斯福德（Wexford）、沃特福德（Waterford），到埃塞尔斯坦

---

[1] 卡特瑞斯（Catraeth）之战指公元 600 左右发生在今北约克郡卡特瑞斯的一场战役。

[2] 彭格韦恩（Pengwern）之战指公元 642 年发生在今威尔士边境的一场战役。

控制下的富庶的切斯特；从威尔士境内格温内斯郡（Gwynedd）和波伊斯郡（Powys）的旧城堡，到圣戴维斯（St David's），又一路传播到了英格兰的前线哨卡赫里福德（Hereford）和什鲁斯伯里（Shrews-bury）。这个故事的叙述方式十分像是一篇想象力丰富的习作练习，而作者貌似是当时西南部的一位凯尔特抄书吏。典型的凯尔特式的学究气息贯穿在文章中，那情形就像一个学生通过回答老师的提问来练习拉丁语。比如，老师问："你去过哪里？"学生回答说："我在法国、爱尔兰和凯尔特不列颠学习过。"老师接着问："那里有什么新闻？"学生回答："布立吞人的国王和撒克逊人的国王发生了一场大战。"而后者遭到毁灭性失败，在战场上惨遭屠杀。"上帝将胜利给予布立吞人，因为他们谦逊而贫穷，全心信奉上帝。而英格兰人骄傲自大，正因为他们的自负，上帝轻松地击败了他们。"

156

反埃联盟计划

苏格兰国王康斯坦丁与爱尔兰都柏林国王安拉夫·古斯弗里森（Anlaf Guthfrithson）的"反埃联盟"计划，在很大程度上取决于诺森布里亚对埃塞尔斯坦统治的敌视程度。他们并未打算把军队直接开到英格兰南部，而是计划以诺森布里亚为基地，在这里，他们可以得到当地的盎格鲁－斯堪的那维亚贵族的支持，比如奥姆（Orm）伯爵和约克大主教沃尔夫斯坦一世（该主教是一名坚定的北方主义者，第七章会涉及他的更多介绍）。非常遗憾的是，我们没有任何第一手资料来了解当时北方军队的组织和调动情况，唯一一条显然可靠的事实

（这一记载来自约公元 1000 年约克的一本编年史）是他们的一支船队在亨伯河登陆了。然而，就是这一条也被许多历史学家质疑不休，虽然他们的理由并不十分站得住脚。

反埃联盟的进攻

我们至今对康斯坦丁向南进犯的路线不是很明晰，也无法证明亨伯河登陆的真实性，只能说它非常具有可能性。但我们可以比较有把握地假设，他们是沿着传统的维京入侵路线行军的，也确实曾经在诺森布里亚停驻。马姆斯伯里的威廉引述的一个记载埃塞尔斯坦损失状况的文件中说，诺森布里亚人"自愿赞同"北方入侵者，"当地人纷纷投降，整个地区都投降了……"一份爱尔兰史料记载了英格兰境内维京人的联合状况，也证明了这一点。

157 那年晚些时候，天气状况之恶劣，就如一位爱尔兰神父在他的日程中所描述的"狂风怒吼"。据说，在 8 月初的时候，安拉夫·古斯弗里森还在爱尔兰岛上强抓壮丁，强迫一支海盗船队参加了他的远征队，所以正式的军事行动应该是在下半年的时候才开始，最后的决战发生在 9 月 23 日之后的某个时间（确切时间无从确定）。"反埃联盟"的指挥中心位于约克，他们看起来计划在诺森布里亚进一步加强防线，站稳脚跟，然后重拳出击亨伯河以南，来激起东米德兰兹丹麦法区的不满。伴随着季节转换，天气变冷，在第二年适合军事行动的时期来临之前，他们可能并没打算攻入英格兰南部。我们的最后一个推测是：目前没有切实证据表明，威尔士境内格温内斯的伊德瓦尔·福尔和北威尔士采取过相应的军事行动，而他们是否应该计划进攻埃塞尔斯坦的西翼呢？我们不能下任何定论，但是如此行动是个很好的构想。现在，就看绰号"雷电霹雳"埃塞尔斯坦如何应对了。

"威名先行"

埃塞尔斯坦的策略是等待，并未急于调动军队。有关这一点，马姆斯伯里的威廉引述的一首诗歌，出乎意料地指责他玩忽职守，描述了他在入侵者践踏国土时，"终日无所事事"，"觉得自己职责已尽"。如此尖锐批评的动机会是什么呢？这段记载很有可能是作为一个典型例子，写给埃塞尔斯坦的一个鲜有作为的后继者的。显然，作者希望通过这段记载来表达自己的观点。一位国王应该枕戈待旦，充满活力，随时准备保护"农夫和穷人"，因为这些正在遭受践踏的人把他当成保护人。而这种思想与10世纪另外一位诗人的诗作异曲同工，一个国王应该"伫立在瞭望塔上，未雨绸缪，运筹帷幄，英勇好战"，时刻警惕，准备投入战斗。这些记载告诉我们，在黑暗时代，人们把战争看作测试一位国王坚忍和运气的一块试金石。同时，勇气与活力对一名征伐沙场的头领来讲至关重要，而埃塞尔斯坦按照当时的标准来讲，已经不再年轻力壮。或许在他同时代的人眼中，身为一位久经磨炼、果敢坚强的成功国王，埃塞尔斯坦理应展示出自己的勇气和运气。

当然，今天的我们可以理解埃塞尔斯坦延迟北行是另有原因的，而不是因为懈怠。从其他资料可知，黑暗时代的国王如果不亲自奔走全国的话，一般很难招募到一支大规模的军队。埃塞尔斯坦也许从情报人员那里已经得知了敌军的规模，为了应付战局，他很显然花了大量时间来将威塞克斯和麦西亚的军队汇集起来。当时，尽管北方联军全副武装的军队到处破坏庄稼，烧毁房子，驱赶难民，"怨言、谣言满天飞"，但埃塞尔斯坦还是稳住了情绪，抵制住了诱惑，没有加速事态的恶化，这与1066年哈罗德·戈德温森应对"诺曼征服"时采取的策略有所不同。

布鲁纳布尔决战

双方决战发生在公元937年的9月23日之后，也许时间已将近年底。战争发生在一个叫作布鲁纳布尔（Brunanburh）的要塞，它位于一座北方人称为维恩顿（Weondun）的圣山（因为这里曾有一座异教圣殿或神庙）之上。布鲁纳布尔的具体地点至今还没有确定，据推测，可能是约克郡境内沿唐河谷（Don Valley）一带诺森布里亚南部边境的某处前哨阵地。埃塞尔斯坦与他的父亲和祖父一样，最终采取了突袭战略。战争发生在黎明时分，英格兰人对敌方阵地发起突然袭击。战场上，来自不同王国的军队捉对厮杀，威塞克斯人对抗凯尔特人，麦西亚军队攻打斯堪的纳维亚人。《盎格鲁－撒克逊编年史》引用的诗歌，描述了双方血腥的肉搏战和著名的"盾墙"[1]。爱尔兰编年

---

[1] 盾墙是早期战争时期在不同文化中广泛采用的一种军事战术。盾墙是由肩并肩站立、手持盾牌的士兵形成的"盾牌墙"。交战时盾牌之间交叠或紧靠，使进攻者没有缝隙攻击。每个士兵都受到自己和临近盾牌的保护。

史《阿尔斯特年鉴》[1]记载说，战争"规模巨大，伤亡惨重，场景恐怖骇人，各自决死拼杀"，最终是设备精良、全副武装的英格兰前线部队取得了当天的胜利。威塞克斯人追逐溃军、清理战场的行动一直延续到黄昏，他们对逃跑者毫不留情，磨刀霍霍，血流成河。在夜幕的掩护下，部分北方联军逃回了自己的船上。英格兰军队的损失相当惨重，根据《阿尔斯特年鉴》的记载，埃塞尔斯坦的两个表兄弟、两位伯爵、两位主教和"大量阶位较低的人"阵亡。而北方联军部队几乎全军覆没，仅英格兰史料记载下来的阵亡人员，就有五位国王、安拉夫·古斯弗里森的七个伯爵和康斯坦丁的一个儿子。而战死的国王中包括西部群岛[2]的一个维京国王和坎布里亚国王欧文，约克维京国王西特里奇的两个儿子也阵亡了。据记载，938年年初，安拉夫·古斯弗里森带领余部返回了爱尔兰的都柏林。

159

"上帝之手"的胜利

毫无疑问，这次决战被看作是一个跨时代的胜利。威塞克斯王室成员之一的编年史家埃塞尔沃德写于10世纪80年代的史料显示，

---

[1]《阿尔斯特年鉴》(*Annals of Ulster*) 是一部中世纪爱尔兰编年史，记载条目涵盖时间为公元431年到公元1540年。

[2] 西部群岛 (Western Isles)，又称外赫布里底群岛 (Outer Hebrides)，是现代英国苏格兰32个一级行政区之一，与大不列颠岛之间有明齐海峡相隔，交通极为不便，人口稀少，文化相对隔绝于不列颠岛和欧洲大陆。该群岛9世纪之前就有北欧的诺尔斯人居住，彼此征伐混战，13世纪归属苏格兰。

当时一般人把这次战争就简单地称为"大胜仗"。他说，经过这次战争，"四方蛮族，纷纷来降，一改神气活现、盛气凌人的样子……不列颠大地凝聚为一体，处处是和平景象，物资丰饶富裕"。当然，这种描写有些言过其实，然而，埃塞尔沃德清楚地认识到，埃塞尔斯坦的此次征战为他的外甥——英格兰国王"和平者"埃德加（King Edgar）——执政时期的和平与繁荣，打下了基础。

埃塞尔斯坦的同时代人也迅速地站在历史的高度来评价这次战争。英格兰的一位诺尔斯诗人向埃塞尔斯坦献诗致敬，称其为"高贵的众王之子"（这是赤裸裸的恭维），将这次胜利比作英格兰时代的到来，并把他的功绩与第一位不列颠统治者比较："埃塞尔斯坦的功绩（远胜于他），当今所有人向他鞠躬致敬。"一位常驻坎特伯雷基督教堂的德国神父去《旧约》中寻找灵感，用约书亚屠杀亚摩利人国王的事迹[1]来类比这次胜利："埃塞尔斯坦国王啊……你是上帝派给英格兰的国王，是他世俗军队的统帅；埃塞尔斯坦国王啊，如此英勇善战，横扫一切凶残国王，打断他们傲慢的脖颈。"

这次胜利被威塞克斯官方誉为国家的一次巨大胜利。一位神父创作了一首盎格鲁－撒克逊诗歌来记录布鲁纳布尔战役，将"爱德华的儿子们"的功绩与开创威塞克斯王国的彻迪克[2]一类的人物——那些

---

[1] 按照圣经《旧约》中的记载，约书亚（Joshua）继摩西之后成为以色列人的领袖，带领以色列人离开旷野，进入神所应允之地。在约书亚的带领下，以色列人打败了亚摩利人、迦南人、希莫人等，占领了他们原来居住的土地，也就是迦南美地，是流奶与蜜之地。

[2] 彻迪克（Cerdic，467—534），据传是盎格鲁－撒克逊时代的第一位威塞克斯国王，据《盎格鲁－撒克逊编年史》记载，他是所有威塞克斯国王的祖先。

在不列颠大地上最初打下江山的国王们——的成就相提并论。他联想到比德在 731 年有关不列颠状况的描述，认为这次最辉煌的胜利称得上是史书之冠。

　　一如古代历史学家在书中告诉我们的那样，自从盎格鲁人和撒克逊人登陆不列颠岛之后，从来没有一支军队凭借手中的利剑，进行过如此大规模的屠杀。他们从东面跨海而来，席卷不列颠岛，勇士们渴望荣誉，打败威尔士，为自己赢得一片国土。

　　　　　　　　　　　　　　　　——《盎格鲁－撒克逊编年史》

"亦王亦师"

　　让我们至此驻笔，像对待奥法国王和阿尔弗雷德大帝一样，回顾一下埃塞尔斯坦的历史形象是否已然面貌清晰，当然，我们也要警惕不合时宜地使用"现代"价值标准，来评判中世纪的人物。近来，历史学家们在思考，我们应该对黑暗时代的国王有怎样的期待？很显然，从外在条件来讲，一个国王的成就取决于他的个人力量，这一点我们会在第八章中的"决策无方者"埃塞尔雷德（Ethelred the Unready）身上看得更加清楚。再者，让我们设想一下，埃塞尔斯坦的统治会给后世的传记作者或人类学家留下怎样的印象呢？比如，我们说到奥法会想到他随时带着自己的食物租税到处巡行，说到阿尔弗雷德会想到他的有关政治力量的诸多评论，但想到埃塞尔斯坦会是什么呢？除了他的威赫武功、战争业绩，还有什么能让这位国王伟大不朽？是他对教堂的慷慨，还是他维护和平的力量？即使在诺曼征服之后，"一般人都相信再没有人能够或试着统治这个国家"这一观点仍然那般坚定吗？

"他富有个人魅力，对神父态度谦逊，对信徒和蔼可亲，但对那些挑战其王权的权贵政要却从来不手软。"只有面对穷苦人时，埃塞尔斯坦才会将自己的"国王尊严"放在一边，"他对穷人平易近人，认真对待他们的诉求……对他们的苦难满怀同情，对待富人也保持着合适的态度。他富于冒险精神，坚强不屈，以其勇气和谦逊赢得了人们的爱戴。而对于敌对者，他恰如雷霆闪电，有着不可战胜的决心"。（出自马姆斯伯里的威廉《英格兰国王史》。）

161　　勇敢刚毅、谦逊有礼、持之以恒这些性格特质，在黑暗时代的国王传记中并不鲜见，几乎已经成了陈词滥调。就如现代君主制下的王子们一样，盎格鲁－撒克逊时期的年轻贵族也从小就接受培训，以便将来承担国王这一"工作"。而根据我们所掌握的不完全的资料，埃塞尔斯坦恰好拥有了以上全部特征。他"身材中等，体形匀称，浅黄色头发，适当地点缀着金色的丝线"，马姆斯伯里的威廉在书中这样描述他。而埃塞尔斯坦的与众不同之处，在于他的"伟大的思想"，这既是他的追随者对他的期望，也是外国君主们看重他的地方。此外，他还具有一种国王们必不可少的品质："对所有人宽厚谦恭。"——它虽然不是最重要的，但是也很重要。

追根究底，埃塞尔斯坦在战争中英勇善战，战争后宽厚仁慈，这让他成为一位与众不同的盎格鲁－撒克逊国王。在征伐方面，没有一位盎格鲁－撒克逊国王比埃塞尔斯坦更加成功。在年轻时，他就以大胆和神勇而闻名，至少，他从众多弟弟手中攫取了父亲的王位，这本身就是一个大胆之举。在麦西亚的生活经历，应该让他有机会参加了许多抵抗丹麦人的军事行动。他在战争中的英勇尽人皆知，他"行动谨慎，计划成熟，来去无踪，鲜有败绩"。埃塞尔斯坦"只靠威名"就能让人臣服，"人们因恐惧而团结在他的周围"，并且，他能"在敌人之中孕育恐惧敬畏之情"。就这样，他将一个国王的个人力量和威名，在自己营造的这个世界里发挥到极致。从本质上讲，他一定极端富有鼓舞人心的力量。

在埃塞尔斯坦的统治后期，他在欧洲君主和本国精英的眼中，是一个德高望重的政治家。他的宫廷是客人、学者、朝觐者、诗人和神职人员的避风港，他也不时地庇护布列塔尼（Brittany）邦国和西法兰克（West Francia）王室的流放人员，布列尼塔公爵艾伦二世（Alain of Brittany）和挪威王子"好人"哈康都是他的养子。他的四个同父异母的妹妹，都嫁给了当时欧洲的顶级重要人物。936 年，他还支持了布列塔尼和法兰克王室的复辟（而后者采用了由英格兰主教带来的埃塞尔斯坦使用过的加冕仪式）。939 年，他甚至派出一支英格兰舰队前往比利时的佛兰德斯（Flanders），这是英国历史上第一例干预欧洲大陆事务的事例。

公元 939 年 10 月 27 日，埃塞尔斯坦国王在格罗斯特王宫的一间卧室中病逝，享年约 44 岁，统治时间长达 14 年。他也许是因为过度操劳国事而早逝，当然，他的家族中也一直没有长寿者。在去世前一个月，他的老朋友、伍斯特主教森瓦尔德（Cenwald）赋予埃塞尔斯坦如下称号，以彰显其至高无上的地位："盎格鲁－撒克逊人的国王，

162

诺森布里亚人的皇帝，异教徒的统治者兼布立吞人的保护者。"这一评价奠定了这位 10 世纪皇帝的崇高地位。在爱尔兰东北部的阿尔斯特省，一位编年史家为埃塞尔斯坦国王的威望所打动，用以下文字记载了埃塞尔斯坦逝世的消息："埃塞尔斯坦，英格兰国王，西部世界的荣誉之脊，去世了。"（出自《阿尔斯特年鉴》）在埃塞尔斯坦之前，只有那些最伟大的国王才配得上这些措辞，比如法兰克的查理曼或爱尔兰的布赖恩·博鲁（Brian Boru），再向前追溯，就只有罗马皇帝了。

第
七
章

『
血
斧
』
埃
里
克

国王埃里克遭到奥兹伍尔夫（Oswulf）伯爵背叛，在偏僻的斯坦莫尔（Stainmore）被马库斯（Maccus）伯爵杀害，一同遇害的还有他的儿子哈瑞克和兄弟瑞格诺德，其后英格兰国王埃德雷德[1]统治了这些地区。

——温多佛的罗杰《历史之花》

---

[1] 埃德雷德（Eadred，923—955）是"长者"爱德华的儿子，他在公元946年兄长埃德蒙一世（Edmund）逝世后，即位成为英格兰国王。他死后无嗣，将王位传给了埃德蒙一世的儿子埃德威格。

上面这段文字最初记载于公元 954 年，是一位北方修道士在约克圣彼得教堂这座著名的盎格鲁－撒克逊大教堂图书馆里用拉丁文写下的。

如此死法的这位国王，"血斧"埃里克（Eric Bloodaxe），曾是那个时代最著名的维京人。纵观其一生，他曾是挪威国王，曾在赫布里底群岛[1] 短期称王，也曾在 10 世纪 40 年代和 50 年代两度统治过维京约克[2]。他在约克的两次统治虽然都历时短暂，却无一例外给人留下深刻印象。埃里克一生行迹从白海到西班牙，恰似一颗耀眼的流星划过斯堪的纳维亚的历史天空。然而，只是到了近代，历史学家才试图把他在英国历史中的角色整合到一起。说到埃里克这个人，他性格冷酷，骁勇善战，绰号"血斧"。他一生中的大部分时间都是异教徒，可能到死都不是基督徒，但是，为什么一位来自诺森布里亚最有影响的基督教传播中心的约克教堂的神父，会对他的死流露出惋惜之情？为什么这位编年史家把他丧命在英格兰伯爵奥兹伍尔夫手上这件事，看成是后者可耻的"背叛"？为什么这位身为英格兰人的编年史家，对阿尔弗雷德大帝的孙子、英格兰国王埃德雷德接管诺森布里亚一

---

[1] 赫布里底群岛（Hebrides）位于苏格兰西部的大西洋中，由内赫布里底群岛和外赫布里底群岛组成，自石器时代就有人居住。

[2] 维京约克（Viking York），指维京人统治下的约克，又称斯堪的纳维亚约克。该术语是历史学家对 9 世纪晚期到 10 世纪上半叶诺森布里亚王国南部（大约位于今天的约克郡）的称呼，特指约克郡的约克城。这一时期该地区的主要统治者是诺尔斯武士国王们。

事，反而切齿愤恨？埃里克的人生故事一直笼罩着浓郁的神秘色彩，引人入胜，而它更像一条线索，引领着我们去深入探寻维京人在英格兰经历了怎样的被渗透、被融合的历史过程。

"血斧"埃里克是一个萨迦[1]英雄。很可惜，他自己的萨迦故事至今已湮没无迹，然而，他一生的大致轮廓被斯诺里·斯蒂吕松[2]所写的其他萨迦故事保留了下来。比如，他的父亲"金发"哈拉尔国王的故事，他的同父异母弟弟"好人"哈康的故事，还有行吟诗人埃吉尔·斯卡德拉格里姆松[3]的萨迦故事等。这些故事大约写于13世纪前半叶，通常也不宜当作历史资料去看待。从娱乐角度来讲，这些故事非常精彩，但凡对维京故事感兴趣的人都应该读一读。然而，这些故事中也确实保存了一些赞扬埃里克的早期诗歌，多是其扈从人员中的诗人们创作的，而其中也揭示出很多他对自己的认识。

那些12世纪的用拉丁语和古诺尔斯语[4]写成的简要历史，可能

164

---

[1] 萨迦（saga），指古代挪威或冰岛讲述冒险经历和英雄业绩的长篇传奇故事。

[2] 斯诺里·斯蒂吕松（Snorri Sturluson，1178—1241），冰岛历史学家、政治家与诗人。其著作《史洛里埃达》大约成书于1220年，以散文体记录古代北欧的神话与史诗。

[3] 埃吉尔·斯卡德拉格里姆松（Egil Skallagrimsson，约904—约995）是维京时代冰岛著名行吟诗人、战士，也是同名萨迦长篇故事的主角。

[4] 古诺尔斯语（Old Norse），有时也称作古北欧语、古斯堪的纳维亚语、古挪威语等，是日耳曼语族的一个分支，在公元9—14世纪通行于斯堪的纳维亚居民及其海外殖民地中，后逐步发展成今天的冰岛语、法罗语、挪威语、丹麦语和瑞典语。诺尔斯人（Norse）是日耳曼人的一支，最早居住在斯堪的纳维亚半岛，使用古诺尔斯语，8世纪晚期开始大规模向外扩张。

就是这些萨迦作家们的创作素材，他们只是增加了一些奇奇怪怪的细节罢了。埃里克的故事似乎也保存在爱尔兰和挪威的口述历史中，很有可能就是其中的某个故事激发了人们的想象力。然而，想要真正了解他的一生，我们还是要去研究那些写于 10 世纪的英格兰北方的编年史。这些编年史的原书多已佚失，只是其中的某些片段经过后世作家的消化吸收并写入故事后，最近才被整理出来。所幸的是，目前已经发现的一些考古证据，能让我们对埃里克生涯的描述更加生动些。尤其在维京约克的考古发现给我们提供了一个全新的视角，来深入了解 10 世纪中期埃里克统治下的盎格鲁－斯堪的纳维亚文化。

现代的研究者们可能想当然地认为，埃塞尔斯坦对诺森布里亚的征服，尤其是公元 937 年的布鲁纳布尔战役的巨大胜利，已经终结了诺森布里亚作为一个独立王国的国运。但事实上，939 年年底埃塞尔斯坦的逝世，把局势又抛向了未知的大熔炉。在接下来的 15 年时间里，诺森布里亚的国王苟延残喘，拼死抗争，争取权力，试图阻挡英国历史的发展趋势，以及埃塞尔斯坦的继任者——他的两位异母弟弟埃德蒙一世和埃德雷德——的军事征服。939 年到 954 年之间，约克一共历经了七位不同国王的统治，或来自斯堪的纳维亚，或来自英格兰，先后出现了九个独立的统治时期。939 年到 948 年期间，史料中一共记载了七次大型的军事行动，这些战争主要发生在约克和东米德兰兹丹麦法区的五个自治市镇之间的广大区域，对阵的两军主要是威塞克斯的各大领主和约克的诺尔斯国王们。他们在亨伯河的交界地区彼此征伐，那情形颇似越南内战，战争机器全速开动，摧毁了田地，焚烧了庄稼，人们流离失所，其破坏程度证明了黑暗时代的王国混战与现代战争的轰炸和化学武器同样威力惊人。同时，这也是一场消耗战，南方国王们有计划地在整个地区大面积放火，拆毁军事据点，拘禁可疑人员。双方交锋中，更有诸多政治宣传因素融入其中，双方都从自己的立场出发书写历史，为自己的统治树碑立传。当然，诺森布里亚的抗争最终以失败告终，该地区沦为英格兰王国的一个行省——尽管是桀骜不驯、难以控制的一个。在这段波澜壮阔的历史中，埃里克就是他们的末代国王，他的陨落使他们的史书也弥漫着一种伤感的怀旧情绪。"从那以后时至今日，诺森布里亚人为恢复曾经的自由，为找寻自己的国王而悲戚彷徨。"（出自沃林福德的约翰《编年史》[1]。）

"血斧"埃里克统治约克期间，是不列颠历史上暴力冲突上演最为激烈的时期之一。作为北方最大的城市，约克是不列颠北方和西北部种族融合的大熔炉，堪称种族流动的中心，见证了历史长河中无休无止的种族的兴衰与更替。约克是诺森布里亚王国古代的"首都"，著名的前罗马城市。这里汇集了来自爱尔兰诸港口、西部群岛和不列颠北部维京人聚居区的各路消息，甚至在这里还可以打探到横贯斯堪的纳维亚半岛、远至俄罗斯诸河流域的新闻。各种外交、政治和贸易的错综复杂的关系，在这里酝酿发酵。在那段历史中，约克相继接纳了多位来自爱尔兰都柏林的诺尔斯国王的统治，但也一次次地目睹了

---

[1] 沃林福德的约翰（John of Wallingford，1258 年去世），13 世纪圣奥尔本斯修道院修士。他创作的《编年史》涵盖了大量史料，时间跨度从传说中的不列颠王国的第一任国王布鲁图斯（Brutus）到卡纽特时期，虽然记载重点是英格兰圣徒史，而不是历史。该书与历史学家温多佛的罗杰所著的《历史之花》共享了很多资料，有人认为两人可能同时在同地编著，但该书的摘录更加广泛。

阿尔弗雷德大帝的后继者们攻占、再攻占这座城池。那些年经常上演的一幕历史剧是：诺森布里亚人甫一接受南方的英格兰国王为自己的"父亲与主人"，贡金刚刚缴纳完毕，一转头就又邀请了一个诺尔斯国王来领导他们。

埃里克的支持者

166 　　这一系列政治阴谋的核心人物，就是那个充满神秘色彩的约克大主教伍尔夫斯坦[1]。很难想象伍尔夫斯坦能与"血斧"埃里克结为盟友，但是后来他们的命运确实紧紧地绑在了一起。伍尔夫斯坦大主教一生只忠于自己，至死都是一个坚定的北方主义者。公元940年在他的操控之下，约克维京人攻入南部，摧毁了米德兰兹地区，洗劫了塔姆沃思，在丹麦法区自治市镇之一的莱斯特与时任威塞克斯国王埃德蒙一世展开了激战。在他"胜利"后，也是他的外交策略保留下了丹麦法区的五个自治市镇，来维护维京人的统治。他从来不用操纵傀儡去实现政治目的，比如，他全权指挥了944年从约克驱逐两个都柏林维京国王的行动。根据一部真实可信的编年史记载，他在947年时主

---

[1] 约克大主教伍尔夫斯坦（Archbishop Wulfstan of York），公元956年12月去世，931—952年担任约克大主教，他经常被称为伍尔夫斯坦一世，以区别于"决策无方者"埃塞尔雷德统治时期的约克大主教伍尔夫斯坦二世。作为10世纪中期诺森布里亚的某种意义上的"国王制造者"，他曾在维京诺尔斯国王和南部的英格兰国王之间权衡摇摆，几度变换立场。

持了一次"贤人会议"[1]，参会者主要是"诺森布里亚的重要人物"。在会上，他与威塞克斯国王埃德雷德进行谈判，其表现完全就是一位在自己国土上行使权力的国王，所受礼遇就像古代的诺森布里亚人对待"不列颠统治者"。

目前，我们对伍尔夫斯坦大主教周围的一群支持者也有所了解。这群人里有英国人、丹麦人和挪威人的后代，奥姆（Orm）伯爵就是一位有着挪威血统的大地主，但是他的女儿却有一个英国名字艾迪丝（Aldgyth），这或许表明他娶了一位英国妻子。后来，他把这个女儿嫁给了都柏林国王安拉夫·古斯弗里森（Anlaf Guthfrithson）。很显然，他与不列颠境外的维京人联系密切，但是在929—956年期间，他一直签署着威塞克斯王国的土地特许状，从来没有失去埃塞尔斯坦等英格兰国王的欢心。由此可见，在那个城头频换大王旗的时代，这个油滑的家伙一直胸有成竹地玩弄着朝秦暮楚的把戏。

当时的专业造币人也都是些很务实的生意人，能在政权频更的社会环境下，见风使舵，快速转向。威塞克斯国王埃塞尔斯坦的专业造币人埃塞尔弗斯（Aethelferth，这是一个英国名字），一待维京人攻克了约克，马上转头为新国王效力。他为安拉夫·古斯弗里森铸造的硬币上，正面是国王又大又英俊的头像，在渡鸦图案之外还刻有铭文"Anlaf Cununc"（意为"安拉夫国王"），反面是造币者的名字和制造

---

[1] 贤人会议（Witenagemot，简写为Witan）是盎格鲁－撒克逊英格兰时期的一个重要政治机构，据信产生于7世纪以前，到11世纪还在发挥作用。贤人会议一般由国王主持召开，会期不定，人数不定。与会者主要是被称为"贤者"或"智者"的高级教会人员和世俗贵族，也包括国王的近臣、部落头领和地方长官等。

城市。另外一个英国造币者芮斯尔夫（Rathulf）在公元 940 年五个自治市镇陷落后，被维京人带到了德比（Derby），他从约克带上了自己的制币模具，与从德比俘获的模具一同使用。我们还发现，埃里克时期的约克货币呈现出很多创新迹象，而这些钱币都是由英格兰造币者铸造的。这些造币者都是举足轻重的人物，诺尔斯国王们对他们一向礼遇有加，而这进一步说明了货币作为一种交易方式在当时社会中的巨大价值。每当约克发生政权更替时，货币合法化总是新上台者要处理的第一要务，除此之外，再没有什么其他改变。这些造币人的经历表明，我们或许应该从民族角度去理解"国家"性格，因为诺森布里亚的英格兰人看待世界的方式与温切斯特的英格兰并不一样，他们也许更乐于接受一个像埃里克这样的国王。

在诺森布里亚站稳脚跟的诺尔斯国王们，在约克城实行了各自风格的统治，自行铸造货币，生成自己的文学。约克不时成为某个斯堪的纳维亚帝国的中心，这个帝国既包括来自爱尔兰岛的都柏林和诺尔斯居民，又包括西部诸岛、北部群岛、诺森布里亚和丹麦法区五个自治市镇的人。像安拉夫·古斯弗里森一类的北方国王，也有样学样地效仿南方的英格兰国王，自封"国王"称号。他们的名号林林总总，比如"爱尔兰及诸岛国王""爱尔兰与不列颠斯堪的纳维亚人之国王""统帅海陆横扫诸国之无敌国王"等。

挪威的埃里克

我们这个故事的主人公"血斧"埃里克就是这类人物之一，也许还是其中最著名的一个。他到不列颠来打拼，这本身就很出人意料，因为他在这里没有任何家世渊源，不像那些来自爱尔兰都柏林的诺尔斯国王们，他们在约克的家谱至少还可以追溯到 9 世纪。公元 947 年，沃尔夫斯坦大主教和诺森布里亚的"贤人会议"，向被称为"不列颠的恺撒"的威塞克斯国王埃德雷德投降，投降地点就在今天西约克郡的谭谢尔弗（Tanshelf）村。谭谢尔弗村位于艾尔河岸，是一个诺森布里亚人聚居地，当时约有几百名居民。村里有多座磨坊和一座公共礼堂，就是在这座礼堂大厅里，诺森布里亚人正式承认了埃德雷德的"父亲和主人"身份，鞠躬致意，献上贡金和礼物。然而仅仅数月之后，一个消息传到了约克大主教伍尔夫斯坦的耳中，出人意料的转机出现了，整个北方的政治形势因之而逆转，因为带领他们再觅光辉岁月的国王现身了！对此，南方的史学家们直言不讳地评论："在很短的时间内，诺森布里亚人就背叛了盟约和誓言。"还有人说："他们从来不知如何信守忠诚，他们自寻了一个叫埃里克的丹麦王室成员来做国王。"

埃里克是何许人也？来自何方？怎么会在这个时候来到诺森布里亚？事实上，埃里克不是丹麦人，而是挪威人。他的父亲是"金发"哈拉尔，就是那个第一个统一了所有挪威小国的国王。埃里克的母亲瑞格娜尔德（Ragnhild），是北欧日德兰半岛艾瑞克国王（Eric）的女儿。埃里克的美丽妻子葛海尔德（Gunnhild），是丹麦国王老高姆（Grom the Old）的女儿。哈拉尔国王看似曾对埃里克寄予厚望，因为一个后世挪威史料提到，哈拉尔国王晚年时将王位传给了埃里克。但即使他真的这样做了，此举也毫无意义。一待哈拉尔去世，他的众多

168

王子之间就爆发了王位之争，埃里克杀死了两个兄弟，暂时取得了成功。但是，他性格暴戾，在挪威并没有赢得多少拥戴。哈拉尔国王的另一个儿子 15 岁的哈康，此前一直寄养在英格兰的威塞克斯宫廷里，由埃塞尔斯坦国王抚育长大。此时，哈康从英格兰回到了挪威，一群势力强大的地主贵族决定拥立哈康为国王，以反对强势而任性的埃里克。此次王位接管经过了周密的筹划安排，随着支持者的日渐减少，势单力薄的埃里克只好带着个人财产和妻子，从挪威乘船向西出逃，有一小撮朋友、家族成员和支持者也跟船随行。

开始时，埃里克的流放只是一路劫掠的探险之旅。后来的挪威资料显示，他曾停靠在苏格兰东北部的奥克尼（Orkney）群岛，也许就是在这里，他从维京商人口中听说了诺森布里亚的政局。无论其中原委如何，他招募到一批追随者，在苏格兰和北撒克逊一路打家劫舍后，最终到达诺森布里亚。萨迦故事对这些事件发生顺序的叙述并不清晰，我们也不应太拘泥于它的描述。但毋庸置疑的是，埃里克被邀请出任约克国王。他作战勇猛，血统纯正，声名显赫，这些因素都让他充满了个人魅力。而在奥姆伯爵一类人的眼中，这些因素也许至关重要，因为这些诺尔斯人一向与北欧政坛有着密切的联系。诺尔斯简史显示，埃里克偕同妻子、孩子和支持者接受了洗礼，晋升成为国王，在约克定居下来。这个记载与英格兰年鉴中的记载完全吻合，数月前在谭谢尔弗投降埃德雷德的那一批人——沃尔夫斯坦大主教、诺森布里亚的"贤人会议"，以及英格兰人、丹麦人和诺尔斯人——转而承认埃里克为国王。他们认为，埃里克可能是那个恢复拉格纳尔和西垂克[1]统治时期约克辉煌时代的人，他甚至可能带领他们重获往昔"不列颠统治者"的荣耀。但是，他们为什么会这么想？约克的教会力量为什么会支持他们？想要明白其中原委，我们最好还是先对 10世纪中期富庶奢华却动荡不安的约克社会有所了解。

"奸诈而暴力"的诺森布里亚人

研究黑暗时代的学者们在谈到古代诺森布里亚人时，就与谈及古典时期的意大利西西里人一样，必然要提到它的种族杂糅、社会构成多变等特点。他们的社会环境非常传统，社会习俗和信仰根深蒂固，过时的土地所有制方式曾让《末日审判书》[2]的编纂者十分困惑，这或许也从另外一个角度说明了南方盎格鲁－撒克逊国王们在亨伯河以北的统治频频失败的原因。南方英格兰人认为，诺森布里亚人阴险奸

---

[1] 两人同是 10 世纪早期著名的维京首领。拉格纳尔（Ragnald，？—921），统治过诺森布里亚和马恩岛，918 年与苏格兰国王康斯坦丁交战后，在约克建立了自己的王国。西垂克（Sihtric，？—927）与拉格纳尔同属一个家族，也许同是 902 年被驱逐出都柏林的维京人后代。拉格纳尔成为诺森布里亚国王时，西垂克成功夺回都柏林并成为国王。920 年，他离开都柏林前往诺森布里亚，921 年拉格纳尔去世后，他接替了拉格纳尔成为诺森布里亚国王。

[2]《末日审判书》（*Domesday Book*），是诺曼英格兰期间在"征服者"威廉的命令下，于 1086 年完成的一次大规模的调查记录，类似于后来的人口普查，主要目的是清查英格兰各地人口和财产情况，以便征收赋税。调查时，估价员的审核是决定性的，书上所载的谁拥有财富或者财富价值多少，都具有法律效力。书名的中古英语拼法是 Doomsday，意为"末日审判"，强调了这本书的最终性和权威性。全书文字高度简洁，而且使用了一些地区性的特有词。

诈，顽固不化，崇尚暴力，并且不守诚信。他们的口音也被南方人笑话成粗野难懂，更不要说他们经常喝得酩酊大醉了。在那个年代，路过此地的旅行者最好要结伴而行，从这边到那边边境横穿诺森布里亚要有向导和护卫队保护才好。在 11 世纪，来此做买卖的商人都被建议要结队 20 人同行。大多数人都很少远行，从诺森布里亚前往苏格兰的话，要有军队跟随才行，否则商人们来来往往多走海路。对本地人而言，买卖生活用品最远不得超过 10 公里。诺森布里亚的祭司法令显示出，星期天的惯例宗教仪式曾被取消，以便让人们"为自己生活所需"，用四轮车、马背或肩扛着物品经过。

170 　　约克当时的社会动荡还体现在各种战时法令的实施上，"在战争情况下，人们为了生活必需品，可以在宗教节日的前日出行至离约克最远约 10 公里的地方"。这条法令揭示出，在当时的诺森布里亚可能存在着很多不同级别和类型的战争，除了"南方的英格兰人"来这里劫掠扫荡，以及爱尔兰和苏格兰诺尔斯人的各股武装势力来此强抢耕牛和奴隶，当地可能还横行着各种强盗和土匪势力，生活环境严酷，社会极不稳定。然而出人意料的是，10 世纪的约克城人口稠密，市容富庶奢华，贸易活动生机勃勃，是不列颠岛上仅次于伦敦的第二大城市，其繁荣景象可与欧洲大陆的大型贸易中心城市相比肩。我们可以从萨迦故事中感受到一些约克的城市景象，而考古发掘也证实了这些描述。10 世纪的《圣奥斯瓦尔德的一生》[1] 的作者当时生活在

---

[1]《圣奥斯瓦尔德的一生》(Life of St Oswald)，该书写于约克大主教奥斯瓦尔德（972—992 年任约克大主教）死后，作者也许是拉姆齐修道院的一名修道士。

约克，他笔下的约克呈现出一派繁荣景象，"人们熙来攘往，种族各异"，人群中既有成群结队的法兰克人和布立吞人，也有聚集到城中的丹麦商人。他们生活在这片繁华之地，已经习惯了政治上的动荡，也能对军队过处的大屠杀泰然处之。

诺森布里亚的地理位置历来十分重要。它夹处在南部的英格兰王国和北部的诸多苏格兰小王国之间，北部和西北部则是坎布里亚王国和斯特拉斯克莱德王国（Kingdom of Strathclyde）。所以无论谁在 10 世纪的约克称王，都必须斡旋于威塞克斯人和那些不列颠帝国主义者之间，或者与之结成同盟。毕竟，大家共同生活在同一座岛屿之上，有着某种程度上的文化共通性。10 世纪中期时，假如你从苏格兰的珀斯（Perth）出发前往英格兰的肯特的话，会横穿苏格兰人、诺尔斯人、丹麦人、英格兰人的地界，一路上也许能在不同国王的宫廷中受到礼遇和款待。事实上，当时的远行虽然危险重重，但各国朝廷仍然乐于接纳那些饱学之士和游历的旅行者，信息和思想交流并未停止。语言对那些受过教育的人来说不是障碍，一般贵族也可以克服语言关——他们虽然没有文化，但都接受过外交和口语交流方面的培训。

约克之旅

让我们跟随着一位旅行者前往约克，看一看埃里克当政时的市井人情吧。正巧，一位朝圣者的旅行记录保存下了 10 世纪 40 年代从苏格兰的阿伯内西（Abernethy）启程，前往法兰克王朝的沿途经

171

历。要开始这样一段旅行，前期准备十分繁复，从抵押房产到张罗马匹，从购买衣着装备，到在钱包里装满金银以备旅途之需，必须要周密细致。话说卡特罗（Catro）带着 12 个随从，由他的亲属苏格兰国王康斯坦丁护送，到达斯特拉斯克莱德王国的边境。在这里，这队旅行者被交到了康斯坦丁国王的兄弟、斯特拉斯克莱德的国王唐纳德（Donald）的手里，他们可能在唐纳德的宫廷中受到了盛情款待（当然，也有可能是在邓巴顿克莱德河边的巨岩上），然后唐纳德陪伴他们一路向南。斯特拉斯克莱德王国及其附属国坎布里亚王国，在 10 世纪 40 年代时曾一度深入现今的英格兰地界，所以对朝圣者来说，最好还是在国王的护送下通过加洛韦（Galloway）山区的诺尔斯人和英格兰人的混居区才安全。一路行进后，这些人到达坎布里亚王国的统治中心卡莱尔。当时，卡莱尔的罗马城墙还蔚为壮观，据说，高架水渠和喷泉一直使用到了 685 年，而那座罗马战神马尔斯和胜利女神的神庙在 12 世纪时还屹立不倒。说到住宿，他们可以在城内几座教堂开设的旅馆中选择一家入住，比如圣阿尔班早期教堂，或者圣卡斯伯特教堂。他们甚至在卡莱尔城里游览观光了一番，对黑暗时代的人们来说，罗马遗迹总是能激起他们的无尽遐想。

接下来的行程，他们既不是沿着哈德良长城前往北撒克逊兰德（North Saxonland），也不是取道斯坦莫尔（Stainmore）一线，而是穿过盎格利亚人、英格兰人和诺尔斯人混居的英格兰西北部的威斯特摩兰（Westmorland）地区，也许就投宿在莫克姆湾（Morecambe Bay）的海威舍姆（Heversham）村的盎格利亚修道院中。然后，翻过英格兰北部的主要山脉奔宁山脉，进入艾尔河谷，他们在伊尔克

利（Ilkley）村和奥特利（Otley）都可以找到教堂投宿，在爱丁纳姆
（Addingham）还有大主教的宅邸。在这里，唐纳德国王将他们介绍
给来自利兹（可能指的就是今天的城市）的"市政公民"后就分手告
别了，因为根据《卡特罗的一生》的记载，这里就是坎布里亚人和约
克诺尔斯人的边界地带了。这一说法经常引起后世历史学家的质疑。 172
但事实上，黑暗时代的诸多王国在政治意义上的边界（或控制区）原
本就时进时退，此消彼长，变幻莫测。而在 10 世纪 40 年代，随着约
克政权的频繁变更，这一地区更是任何情况都有可能发生。

　　一行人到达利兹后，一个叫甘德瑞克（Gunderic，这是一个英格
兰名字）的贵族前来接应他们，并带领他们前往约克。通过卡特罗行
程至此的经历可见，这种旅行提前安排好沿途接待人员有多么重要。
无名旅行者擅离主路，极有可能惨遭杀身之祸，一旦生命受到威胁，
他们必须高声喊叫，或吹响随身携带的号角以吸引注意寻求帮助。甘
德瑞克带领一行朝圣者直奔约克，前往埃里克的宫廷。据说，埃里克
的妻子是卡特罗的亲戚，我们不知道埃里克与卡特罗的关系如何，只
是假设他也能像其他国王一样，把朝圣者当成尊贵的客人。朝圣队伍
行至约克已经劳顿不堪，毫无疑问，他们需要在此休整几天才能再动
身向南。在约克城是不用发愁住宿问题的，因为这里每天都流动着大
批旅行者和商人。他们也许能以客人的身份，居住在贵族或荣誉市民
的家里。如果他们身份足够显赫，也可以投宿在大主教的宅邸。或
者，他们还可以待在圣彼得教堂附近的"hospitium"，也就是凯尔特
神职人员为穷人和病人服务的地方。除此以外，约克还有许多为一般
旅行者提供住宿服务的地方，投宿在这里的旅行者有打算向南前往威

塞克斯宫廷的神职人员，有来自斯堪的纳维亚半岛和丹麦法区的朝圣者、小商贩、卖盐者和商人，还有听闻埃里克国王重金悬赏招募勇士而来此碰运气的武士们。

诺森布里亚人的约克

这队苏格兰旅行者清早起床，发现自己正置身于这座北方最富庶的城市之中，这里新旧共存，和谐相处，周围的一切让人兴奋不已。就如 20 世纪法国著名史学家费尔南·布劳代尔（Fernand Braudel）所说，城市就像电动变压器，"它们不断产生张力，加速变化之节奏，永不疲倦地搅动着人们的生活"。约克拥有一座大型城市所应具备的全部特征：美味佳肴俱全，奢侈用品应有尽有，货币交易如潮涌动，外部世界的崭新想法、物产和艺术品通过便利的交通源源不断地输入到这里。一位 10 世纪的作者在谈到约克时写道："当初由罗马人精心建造的最坚固的雄伟城墙，历经岁月洗礼，现在已现残损。约克城随处是难以言表的财富，各地商人尤其是丹麦商人，携各种物资蜂拥而来。不计婴儿在内，约克人口约达三万人。"他的数字引起了质疑，因为据《末日审判书》的记载，1066 年的约克人口约为一万。但这种差距很有可能是因为约克在当时已度过了它最繁荣的时期，而 10 世纪 40 年代时人口也许真的要多得多。

最先打动这些旅行者的大概应该是约克城内随处可见的罗马建筑遗迹。约克的罗马特征曾给很多历史学家留下过深刻印象，比如 8 世纪的英格兰学者阿尔琴、12 世纪的历史学家马姆斯伯里的威廉。旅行者们一路沿河而行,观赏了修建于 4 世纪早期的带有八座城楼的罗马城墙那巍峨壮观的正面。约克城内,在今天约克大教堂所在的位置,矗立着君士坦丁大帝和其他罗马皇帝驻跸约克时的总部行宫,而直到维京时代,它的重要地位一直未被撼动。原来的罗马城堡现在已经发展成为居民区,呈带状跨过福斯(Foss)河向西北方和南方绵延而去。以米克尔盖特大街为中心的中世纪城墙之内,同样居住着大量城市市民。10 世纪时,这里至少已经有十一座教堂了,还不时有新教堂落成,以满足周围市民不断增加的宗教需求。这些教堂在向第四代丹麦人和第二代诺尔斯人传播基督教的过程中,发挥了重要的作用。

维京的制造业

在约克城内,维京人聚居区主要位于乌斯盖特(Ousegate)中轴线城堡以南的广大区域,一直延伸到福斯河。当时,福斯河边分布着一些码头,为了加强防御,码头多建有河岸、砂砾石护坡、木栅栏和堤防,但这些设施在 927 年时已经在埃塞尔斯坦国王的军事行动中被部分地拆除了。丹麦维京人聚居区里人口稠密,拥挤局促,泥泞肮脏。手工业作坊区里有一道木板铺成的人行通道,通向一个长长的、逼仄的住宅区。这里的房子以原木结构为主,房子的山墙一面都朝向街道,有的房子是用竖条木板抹上黏土建成,有的房子是泥墙木屋,还有的可能就是茅舍。近期考古学家就发掘出了一些房子的遗迹,它们保存在水浸地中,高约 1.8 米。这片城区还建有各行各业手艺人的

174

手工作坊，并且此处的考古发掘证明，约克的某些早期地名可以追溯到维京时代，比如库伯盖特（Coppergate）这个地名，说明这里当时是木匠（英语为 carpenter，其维京词源为 koppari）聚集的地方，这些木匠对城市的发展来说必不可少，因为他们要为市民建造木头房屋。如果只论城市的这一部分，就连这些来自北方农村的旅行者恐怕也要不屑一顾了。考古学家在今天约克城内劳埃德银行和培武门德大街咖啡店的地下，挖掘出了皮革匠聚居的街区。皮革匠们的生活区和工作区都拥挤在那些不太结实的泥墙房子里，日复一日，他们就在这里制作着皮革。他们用骨质剥离器将皮毛剥光，用鸡粪使其腐败变质（而鸡粪就铺在他们商店的地面上），然后经接骨木酵素加工，用石楠花染料染色，最后用特殊的机器将皮革拉长。皮革加工完成后，可以制成鞋子、男士坎肩和腰带一类的东西（在这些商店里发现了大量的皮革碎片）。皮革店通常气味刺鼻，苍蝇成群。在埃里克统治时期，约克应该聚集了大量的皮革工人，皮革制品也是城市贸易的一个极其重要的组成部分。当时的培武门德大街可能是约克的中心大街，考古学家在这里挖掘出了很多皮革商店。

除了皮革制品，居民在维京人聚居区的商店还可以买到大多数日常用品。这里有一家梳子加工店，它生产的骨质梳子饰有雕花，样式朴素，销量极好。考古发掘中发现的遍布于约克城内各个角落的刀子、斧子、披肩搭扣、大剪刀、挂钩、铁钉等物品，很有可能就是皮革作坊旁边的那家铁匠铺生产的。约克城内还有丹麦青铜的铸造作坊，专门生产胸针、领针、搭扣一类的东西。这些物品贫富皆宜，需求量大，毕竟人人都需要系紧斗篷，而腰带和纽扣也都是日常必需品。在克利福德街上，有一家专卖玻璃珠子的商店，而同一街区还有多家琥珀加工作坊，店家们将来自波罗的海地区的大块的琥珀原材料，用车床加工成琥珀珠子、戒指、纺锤轮轴、象棋棋子（象棋是当时非常流行的一种维京游戏），以及各种盘蛇形状的挂件。

约克郡的城市约克位于从斯堪的纳维亚半岛前往盎格鲁-撒克逊英格兰的必经之路上，其贸易活动辐射到了爱尔兰、设得兰群岛、莱茵河流域、波罗的海地区以及更远的地方。公元925年时，西垂克统治时期的一个约克维京人把钱包丢失在了爱尔兰的班戈（Bangor），钱包里的钱币则是在中亚地区的撒马尔罕（Samarkand）城铸造的。在福斯河上，商船交织，船帆涨满，维京货船运来波罗的海出产的琥珀、皮毛、鲸骨、缆绳和皮革，以及挪威的磨刀石和皂石、莱茵河地区的陶器和火山岩制成的石磨，甚至还有来自法国的葡萄酒。他们运走的货物则是处理过的皮革、纺织品、羊毛和珠宝首饰，如果那些萨迦故事记载无误的话，还应该有农产品，也就是如果冰岛发生了饥荒，就可以通过约克商人购买谷物，用船运到北方。置身于这个维京人的约克城，让人感觉像是在爱尔兰的都柏林、德国的海德贝（Hedeby）或者挪威的特隆赫姆（Trondheim），只是这里的规模更宏大，人口更稠密，也更有城市的舒适自在感，这与它先前的"罗马城市"之名倒是相得益彰。

约克的基督教

在埃里克时代，约克的核心教堂是圣彼得教堂，也就是今天约克大教堂的前身。目前，我们还无法确定圣彼得教堂的具体位置，据推测可能位于现今约克大教堂的西端和彼得盖特（Petergate）大街之间。而纵观英国全境，没有几个地方比这里更能激起考古学家的兴趣了。圣彼得教堂最初是诺森布里亚的埃德温（Edwin）国王的木制教堂，在 8 世纪的时候重建为圣威尔弗里德[1]的石质教堂。8 世纪学者阿尔琴曾在这里接受过教育，评价它说："（它）由大量的殿柱支撑而起，巍峨壮丽，堪称典范。"在约克的这部分城区，还有许多其他的小礼拜堂、小堂区教堂，前呼后拥着这座罗马风格的主体教堂。该教堂在维京时代被拆除，但它的地基仍存于今天的约克大教堂的下面。教堂的北面是大主教的宅邸和处理公务的地方，依据诺森布里亚的传统，大主教常在这里给民众发放面包。圣彼得教堂的附近还有一座壮观的 8 世纪晚期教堂和一个附属于圣彼得教堂的救济所，也就是凯尔特神职人员救助穷人与病人的地方。圣彼得教堂还是一个皇家墓地，诺森布里亚国王古斯福瑞斯（Guthfrith）——一个皈依了基督教的丹麦人——于 895 年埋葬在教堂里，"就在雄伟的大殿之中"。在现今约克大教堂的地下和侧旁，考古学家们还发现了一个重要的维京时代的墓地，据推测，这也许就是旧教堂的墓地。墓碑的雕刻与装饰显示出富裕的约克市市民特有的"盎格鲁－斯堪的纳维亚"品位。截至 10 世纪 40 年代，约克的维京人一定有很多已经皈依了基督教，也许还包

---

[1] 圣威尔弗里德（St Wilfrid，634—709？），出生于诺森布里亚，是英国历史上最伟大的圣徒之一，在构建盎格鲁－撒克逊教会与罗马教皇密切关系方面做了很大贡献，坚持教皇权利至高无上。他将欧洲大陆的宗教典籍带到不列颠岛，并在宗教仪轨方面有所改进。他还在约克、里彭（Ripon）等城市主持修建了很多壮观的宗教建筑。

括很多上流社会人士。当时，英格兰人、丹麦人和诺尔斯人互相通婚，融合了斯堪的纳维亚语和英语词汇的大众文化和语言蓬勃发展起来。例如，公元 940 年左右，瑞士普费弗斯（Pfaffers）修道院的协会花名册上，出现过一个叫瑞贞伍尔德（Regenwold）的盎格鲁－斯堪的纳维亚贵族的名字。前面提到的奥姆伯爵，如果他真如我们设想的那样娶过一个英国妻子的话，那么他至少在名义上应该是一名基督徒。当时约克郡还住着另外一个诺尔斯贵族——格纳（Gunner）伯爵，他深得威塞克斯国王们的宠信，据推测也可能皈依了基督教。约克卡斯尔盖特大街圣玛丽教堂的 10 世纪铭文，是用盎格鲁－撒克逊语和拉丁语写成的，记载了一个叫格瑞姆（Grim）的人同一些有着诺尔斯姓氏的人，以救世主耶稣基督的名义建立了这座教堂，以满足附近手工作坊里丹麦人不断增长的宗教需求。如果我们把这个格瑞姆想象成一个时常出入南方威塞克斯宫廷的红人，也未尝不可。毫不奇怪，圣彼得教堂也有很多斯堪的纳维亚捐赠人，他们应该就埋葬在该教堂的公墓中。此时的他们已经不再是传统印象中粗野的异教徒了，他们展现出的是一副见多识广的城市人做派。

　　这种印象还可以通过这一时期遗存下来的五花八门的纪念碑和纪念柱体现出来。约克教堂公墓里的雕像、里彭出土的十字头螺钉、米德尔顿（Middleton）出土的精巧的马车十字横轴，都是由英格兰工匠为斯堪的纳维亚主顾们量身定做的，来满足他们斯堪的纳维亚风格的基督教情怀。在这些遗迹中，最引人注目的要算在贝弗利（Beverley）市附近的南伯恩豪姆（Nunburnholme）发现的一块墓碑。墓碑上刻画了一个身穿维京服装、全副武装的重要人物和他的守护神，以及一个手捧囊包的圣洁女神，装饰以丰饶的水果鲜花和半人半马的怪兽角饰（此典故出自古典神话丘比特与赛姬的爱情故事）。几乎可以肯定地说，没有别的物件比这块墓碑更能体现这些维京暴发户的品位了。这块墓碑的金主也许并不能理解典故中微妙的象征手法，但是，制作工匠无疑认为自己采取了最好的套路：诺尔斯英雄故事、古典绘画技巧以及奥托王朝出产的轻便的象牙宗教饰物，一切要素应有尽有。

约克市圣玛丽博物馆中的绅士像

约克市圣玛丽博物馆保存的一座雕像，向我们展示了当时富贵绅士们的常见形象。这座雕像的时间可以追溯到 9 世纪，但毫无疑问，公元 947 年的诺森布里亚议会的议员们仍然穿着同种款式的服装。雕像上左边的那位身穿系有腰带的束身长外衣（其长带底端也许曾装饰有编结和镀金配件），腰间佩带一支狩猎的号角，头上垂下一顶宽松的大兜帽，在胸前由一枚小胸针固定。右边的人穿着一件厚重的带领子的羊毛斗篷，长及膝盖，而他们鞋子的样式在库伯盖特大街的商店里就有发现。这些人的生活看起来富足优渥，所佩戴的个人饰品在这个博物馆中也另有展示，比如，一枚丹麦风格的饰有盘旋动物图案的银质圆形胸针、一个饰有孔洞的银质臂环、一把雕刻着动物头图案的梳子，还有配着青铜剑鞘的宝剑等。要说最能代表他们品位的手工艺品，就要数那枚精美的金戒指了。这枚戒指在 10 世纪初时被遗落在了约克城内的费舍盖特，戒指的正面设计是两只动物用爪子紧紧地抓住一个人头。这个图案曾在古代北方十分流行，因涉及东盎格利亚国王"殉道者"埃德蒙崇拜，而在阿尔弗雷德大帝统治期间在东盎格利亚的丹麦人中盛行起来，并且通过商人和旅行者飞快地流传到了约克和诺森布里亚，大凡富有的约克维京人都爱佩戴这个图案，比如奥姆伯爵、造币人埃塞尔弗斯、格瑞姆、伍尔夫斯坦大主教和埃里克国王本人。

埃里克的王宫

埃里克的王宫，也是他在约克当权期间处理政事的地方，大约位于今天的国王广场（King's Square）附近——这个名字本身就暗示了 178 它的功能。这处王宫在长篇萨迦故事中，被称为 King's Garth。当 13 世纪埃里克的故事在冰岛流行时，史料中称其为 Kuningsgard。1970

年，考古学家在约克罗马城堡的东南门楼遗址处发现了一块纪念碑，铭文内容是纪念罗马皇帝图拉真（Trajan）的重修之举。据推测，埃里克的诺尔斯王宫很可能就修建在这附近，并且，这个当时还很雄伟的门楼也可能就是王宫的一部分。其实，这种假设不无道理，因为该建筑在 10 世纪时仍然高耸屹立。如果事实果真如此的话，那么这就是维京人"历史为我所用"的一个典型事例，这种表现倒是一如他们的政治风格。埃里克的王宫曾号称是维京世界最重要的统治中心之一，值得考古学家进行深度挖掘。然而，围绕着国王广场的考古发掘所获甚少，所得证据只是证明了诺尔斯王宫地处约克人口最稠密的核心地区，经济型木屋住宅一直绵延到这里，这里挖掘出了数不胜数的家居用品，比如烹饪锅、骨梳、木碗、磨刀石、鹿角号角、石质纺锤轮轴等。由此可见，像埃里克这样的国王非常接近民众，与一般老百姓亲密地生活在一起。他们必须对任何风吹草动都了如指掌，因为约克本身就是一个政治阴谋的多发地，武装动荡和暴力事件层出不穷。居住在约克的人，无论是商人、手工艺者、诗人，还是水手、雇佣兵、走私贩子，都对政治动荡习以为常，也都想抓住每次改朝换代的机会坐收渔翁之利。实则不难想象，在这种社会氛围之下，像造币者埃塞尔弗斯这样的人物，听风知动向，历经数次王朝变更，仍能到老做个富贵翁。

179　　　埃里克本人是什么样子呢？他是不是坐在王宫宝座上，被全副武装的追随者前拥后簇着？我们可以从一些萨迦故事中追溯到埃里克的形象："他身材高大，英俊健壮，充满活力，是一个英勇的勇士，战无不胜。同时，他也莽撞冷酷，充满敌意，少言寡语。"像其他的诺尔斯国王一样，埃里克身边也围绕着一群诗人，他们不但记载了他在白海边的贝加姆兰德（Bjarmaland）之战，而且也用诗篇描述了埃里克在英格兰的事迹。这些诗人中就包括著名的行吟诗人埃吉尔·斯卡德拉格里姆松，以及那位为埃里克创作了最后的挽歌《埃里克斯莫尔》（*Eiriksmal*）的佚名诗人。我们可以通过这些行吟诗歌的片段，探知埃里克的诺尔斯追随者们和部分英格兰支持者的信念和希望。恰如我们所设想的那样，他们的理想与《盎格鲁－撒克逊编年史》中所描述的阿尔弗雷德的宏图，以及描述布鲁纳布尔战役的诗歌中所展示的埃塞尔斯坦的壮志大同小异。唯一不同的是，埃里克是个非基督徒，行走于一个传统的诺尔斯王权环境中。"我毫不吝惜美言，以光大你的荣耀。"诗人埃吉尔这样赞美他，"我要向世人展示你的荣光……你慷慨布金，强力控国，获誉无数。"诗人们不约而同都提到了他"赠金"一事，或者如埃吉尔那样采用了诺尔斯诗人所喜爱的精妙的隐喻手法"hawkstrand's goldshower"[1]。诗人尤其大书特书埃里克国王在战争方面的造诣，他是战争的"艺术家"，是"剑术的淬炼者"。他声名远播，"他的威名，跨海渡水而来……他的战绩震响世人的耳膜，奥丁主神也知道死神在哪儿……我歌颂他的仁慈，将它传播四方，恭请诸位侧耳聆听……那高尚强大的国王之子"。这些颂词无疑是坐在约克王宫里的埃里克国王最想听到的。从古诺尔斯语的角度

---

[1] 此处指 kenning 这种迂回曲折的修辞形式，这是古诺尔斯语中常用的一种表达方法，经常用两个单词构成的具有比喻性质的合成词，来代替一个更具体的单字名词，比如，以"whale-path"（鲸路）喻指"sea"（大海）。

来说，埃吉尔的写作技巧堪称精巧，虽说不上前卫，但对熟悉其诗歌风格的那些有鉴赏力的观众来说很有吸引力。

另一篇赞扬埃里克骁勇善战的力作《埃里克斯莫尔》，相较之下倒是一篇体现传统风格的诗作。这首诗写于埃里克死后数年间，是埃里克的寡妻为了追念死去的丈夫而委托他人创作的一篇悼文。诗歌也许写作于苏格兰东北部的奥克尼（Orkney），而不是约克。诗歌提到了埃里克统治下社会中的尚武精神，身为异教徒的他对永生信念的追求，其丧葬信仰的本质，以及最终由萨满教主神奥丁主持的最终审判。这首诗着力描述了约克城物质的极大丰富，开篇极力铺陈当地的富人们如何大兴土木，来准备盛大的庆典——这是赞美古代国王伟大功绩的传统套路。诗人细致地描述了埃里克的王宫：长椅上覆盖着织物和皮毛，四面墙壁上悬挂着各色壁毯；并且美化了当时社会风气下崇尚武力的贵族化理想。

我们通过这些萨迦故事和诗歌可以想象出，埃里克及其亲信身在约克王宫中，身边围绕着全副武装的追随者，卫兵严守着宫门，他们有仇必报，快速出击。这个场面看起来激动人心，但很难判断在多大程度上是真实的，因为考古证据表明，统治约克的历任诺尔斯国王都整日殚精竭虑于控制贸易，铸造货币，忙于处理各种外交事务。而埃吉尔的诗歌流传下埃里克这样的形象：

　　威猛的国王啊，英格陵[1]之子……头戴令人胆寒的头盔，全

---

[1] 英格陵（Yngling），是已知最古老的斯堪的纳维亚王朝，源自瑞典。

能之王坐在土地之上，赏赐丰盛的礼物。威武的约克之王啊，严
厉地统辖他的疆界。

　　埃里克的眼睛威力四射，直视让人恐惧。那是蟒蛇般热切
攫取的危险眼神，闪烁着令人胆寒的光芒。

——埃吉尔的萨迦故事

里彭之战

　　埃里克在约克的第一次统治时间非常短暂，据我们所知，是公
元947年下半年到948年。埃里克第一次当政期间，发行的硬币上镌
刻着他的名字 Eric Rex，铸造者就是前面提到的英格兰造币者芮斯尔
夫，他也为英格兰国王埃德雷德铸造过钱币。这一时期的硬币体现出
纯粹的英格兰风格，因而可以很方便地与英格兰货币一起流通使用。
我们已经证实，南下前往英格兰塞内特（Thanet）地区的约克商人
们，可以用埃里克的货币去购买物品，就与使用埃德雷德的货币一样
方便。但是，埃里克与英格兰国王之间的战争不可避免，并且迫在眉
睫。毕竟是诺森布里亚人和伍尔夫斯坦大主教首先破坏了与埃德雷德
国王的誓约，迎立埃里克做了国王，埃德雷德国王报仇雪耻之举势在
必行。948年夏天，埃德雷德像古时候的"不列颠统治者"一样，召
集了一支南盎格利亚的军队，长驱直攻诺森布里亚，发誓要"镇压他
们的傲慢无礼"。此次英格兰的军事行动，在诺森布里亚人的心目中
留下了深远的影响。埃德雷德运用恐怖策略，迫使诺森布里亚议会向
他投降，反对埃里克的统治。他"烧毁城镇，将军事要塞夷为平地，

屠杀反对者，拘禁可疑者"（出自沃林福德的约翰《编年史》）。他沿着当年的罗马大道、今天伦敦前往苏格兰的主干道路行军，一路烧杀抢掠，"在此次破坏行动中，由圣徒威尔弗里德修建的庄严的里彭大教堂遭到烧毁"（出自《盎格鲁－撒克逊编年史》）。

在北方人心目中，里彭大教堂惨遭焚毁，与 1914 年德军炮击法国的兰斯圣母院[1]之举产生了同样的效果，北方人出离愤怒了，南方的英格兰人处境尴尬，无法收场。一个南方版本的《盎格鲁－撒克逊编年史》声称，丹麦人应该对此事负责。但是，约克的"D 版本"《盎格鲁－撒克逊编年史》记载了事情的真相。事实上，埃德雷德国王极有可能是有计划、有预谋地烧毁了这座教堂，因为这里处于历史悠久的基督教文化中心，已经成为诺森布里亚分离主义者的一个情感寄托之所。考古学家在里彭已经发掘出的居民生活遗迹，可以追溯到 948 年之前。与同时代的其他小城镇和大多数城市一样，当时的里彭完全是一幅乡村景象，一排排的木屋和谷仓簇拥着里彭大教堂，村外围有一条约 5.5 米宽的无水沟渠，带有防护木栅栏和几个入口。里彭当时人口并不多，也许只有 200—300 人，还有些远道而来的石匠和雕塑工匠，他们就在教堂里工作。另外，牧羊人和农民也会在夏季来到约克郡北部的温斯利谷地（Wensleydale），因为季节性游牧的生活方式在谷地地区保持了数世纪之久。里彭大教堂建于 7 世纪，由诺

[1] 兰斯（Reims）是法国东北部著名历史文化名城，城中有作为历任法国国王加冕之地的兰斯圣母院等世界著名文化遗产。兰斯圣母院在第一次世界大战期间被德军毁坏，随即耗时 20 年加以重建。该教堂在法国的作用相当于英国的威斯敏斯特大教堂，巴黎圣母院亦仿照其样式建造。

森布里亚圣徒威尔弗里德主持修建。教堂大殿呈现意大利风格，配以长长的穹顶过道，地下室保存至今，壁龛如今空空如也，但当时它是 948 年的浩劫后唯一幸存的东西，并在 10 世纪稍后就得以重修。1975 年，考古学家在里彭大教堂展开了一次深入的考古调查，他们打了一个洞得以进入地下室，在里面发现了一些 10 世纪的车辆十字横轴部件，这些东西很有可能是 948 年教堂被毁后留下的车辆残骸。这里发现的英格兰石匠雕刻的塑像头部，体现出某些斯堪的纳维亚文化的主题，比如齐格鲁德和巨龙法夫纳[1]的神话故事。由此可见，在维京人的约克郡，他们借助异教神话故事来体现上帝更大的荣耀！

坎特伯雷的奥达（Oda）大主教参与了英格兰征伐里彭的军事行动，借机"抢劫"了圣徒威尔弗里德的遗骨，并将其带回了肯特。此举对外宣称是为了保护圣骨"免受无尽的战争动荡之苦"。但奥达大主教抢夺了诺森布里亚圣人的遗骸，不仅是褫夺了它带给约克教会伍尔夫斯坦一派的政治象征意义，而且也剥夺了圣威尔弗里德所代表的"天堂战狮"能给予信徒的佑护之力——如此理解此举的意义也未尝不可吧。奥达大主教的举动确实有力地支持了"里彭大教堂被有预谋摧毁"这一断言。

182

---

[1] 法夫纳（Fafnir）是北欧神话中的一名侏儒（是北欧神话创造的一种生物，身材矮小，面貌丑陋，住在山里、地底或矿井，是优秀的工艺师、冶金匠和宝藏守护者，打造出的武器和饰品都拥有强大的魔力），他抢夺了用兄弟的生命换来的宝藏，杀害了父亲，变成一条巨龙来守护财宝，最后被人类英雄齐格鲁德（Sigurd）杀掉。齐格鲁德是中世纪中古高地德语史诗《尼伯龙根之歌》中的英雄，以屠龙闻名。齐格鲁德带走了法夫纳被诅咒过的财宝，也因此受到诅咒而开启悲剧性的一生。

卡斯尔福德之战

待里彭战尘落定，当地庄稼烧毁殆尽后，埃德雷德国王挥师南归，背后留下一片战火硝烟和难民哀号。因为担心在南归路上遭遇伏击，埃德雷德还专门派出了后卫部队，来掩护他的撤退。艾尔河边的卡斯尔福德（Castleford）是位于出入诺森布里亚的罗马大路上的一个重要城堡，诺森布里亚军队就是在这里实施了突袭战略，切断了埃德雷德的后卫部队，围而歼之。他们踞守在一条通往十字路口的窄路上，这种地势非常有利于伏击，大多数情况都能够轻松得逞。北方的历史学家在记载这次战役时写道，诺森布里亚军队"在这里大开杀戒，给敌方造成重大伤亡"。我们在 13 世纪历史学家、沃林福德的约翰的笔记本中发现这样一条附加条目："据说，这次伏击是'金发'哈拉尔的儿子埃里克的手笔。"

埃里克素有足智多谋、战无不胜的"战神"之称。这次伏击战是威塞克斯军队自公元 902 年以来遭受的第一次挫折，溃逃的士兵游过艾尔河，在卡斯尔福德和诺森布里亚前哨之间的某个地方，追上了埃德雷德的主力部队。埃德雷德闻讯震怒，"国王怒不可遏，意欲挥师返回，彻底消灭敌人"。诺森布里亚"贤人会议"得知这一情况后，选择了向埃德雷德国王投降。他们急忙约见埃里克，决定将其流放。他们还派出大使觐见埃德雷德，献上了"和谈条约和贵重的礼物，他们的无条件投降，最终平息了他的怒火"（沃林福德的约翰《编年史》）。遭伏击身亡的大量后卫部队中的南方贵族，也都要得到相应的赔偿，诺森布里亚人同意奉上大笔赔偿金，该数额也许是根据死亡人数确定的——在旧英格兰律法中，有关死伤赔偿是有一定的价目标准的。于是在 948 年年末时，威塞克斯国王埃德雷德再次成为诺森布里亚的国王，而埃里克及其追随者不得不再次坐上海船，开始了流放之旅，不知去向。这是埃里克一生中第二次遭到流放。黑暗时代的许多国王都有过被流放的经历，比如 7 世纪的诺森布里亚国王埃德温、8 世纪的麦西亚国王阿尔斯保德、9 世纪威塞克斯国王埃格伯特（Egbert），但这丝毫没有影响他们未来的伟业荣耀。诺森布里亚的投降不是"最后结局"，埃里克的流放也不是。

奴隶贸易与海盗生涯

因为缺乏有价值的第一手材料，我们无法确切描述出埃里克公元948—952 年流放期间的生活。根据同时代一些萨迦故事的记载，这一时期的苏格兰、威尔士和爱尔兰等地区，活跃着大量海盗探险队。还有一个传说提到，埃里克曾一度在赫布里底群岛王国登上了国王宝座，这里曾是一些维京好战分子失意后愿意投靠的一个落脚点。然而，写于 12 世纪晚期的一些挪威简史，给我们的研究带来了意外的转折。我们在书中发现了一些含糊其辞的记录，大意是埃里克组织海盗探险队，前往当时处于阿拉伯人控制之下的西班牙。确实，在历史上的稍晚时候，西班牙的阿拉伯人与都柏林的诺尔斯人之间，进行过一系列利润丰厚的奴隶贸易。那么，流放中的埃里克是不是也沿着那些古老的维京航线，前往西班牙的科尔多瓦[1]和北非，做些倒卖英国奴隶和盎格鲁－撒克逊奴隶的营生，牟取暴利来养活他的追随者？如果事实果真如此，那么埃里克的故事就展开了一个全新的维度。

在黑暗时代，除了战争，奴隶贸易大概就算是最赚钱的买卖了。教会人士自然口口声声反对贩卖基督徒和进行海外奴隶贸易，但当时的教堂甚至在经济上都依赖于奴隶贸易。从 9 世纪中期开始，成千上万的爱尔兰人被贩卖为奴。维京海盗的手法十分残忍狡猾，他们专挑盛大的宗教节日期间袭击村庄，因为他们知道这时村子里挤满了来自各地的朝圣者。比如，位于今天北爱尔兰阿马郡的阿马（Armagh）村在 926 年圣诞节遭到维京人劫掠，并于 933 年的圣玛尔定节[2]前夜再遭袭击。9 世纪的爱尔兰年鉴中曾列出一份埃里克时代的奴隶贸易的悲惨记录：在 951 年爱尔兰米斯郡的卡尔斯（Kells）镇附近，"3000 多人被劫掠，还有大量的战利品、耕牛、马匹和金银"。

爱尔兰境内的维京村庄，很快发展成为奴隶贸易的信息交流中心和贸易中转站。假如你在公元 950 年来到都柏林的维京港口，一眼看上去，你可能不会觉得这里与约克的维京港口有什么区别。街道上

---

[1] 科尔多瓦（Cordoba），西班牙科尔多瓦省的首府，位于瓜达尔基维尔河畔。据估算，科尔多瓦在 10 世纪时有 50 万居民，曾是西欧最大的城市。现今的老城区仍保留有许多雄伟辉煌的建筑遗迹。

[2] 圣玛尔定节（St Martin's Day），也译为圣马田日，是每年 11 月 11 日纪念天主教圣人玛尔定的传统宗教节日。玛尔定（316—397）是一名前罗马军人，退伍后隐修。相传他曾在暴风雪时割下自己的一半衣袍，送给一名乞丐以免他被冻死，而该乞丐其实是耶稣的化身。相传他死于 11 月 11 日，死后被奉为天主教圣人。圣玛尔定节的夜晚会有儿童提灯笼游街的习俗。

都铺着开裂的原木，手工业作坊区同样又脏又乱，狭窄的街道上到处是挤挤挨挨的木板棚屋。但是，都柏林在城市特征上并不同于约克那种安定的城市氛围。都柏林的诺尔斯殖民者多生活在爱尔兰的边缘社会，从来不是拥有大量土地的大地主。他们在人数上不如不列颠的诺尔斯人多，但财力更加雄厚。他们是创业者，被称为"富豪而非市民"，他们与内地之间有着外交和经济利益方面的复杂关系。截至10世纪晚期，他们模仿盎格鲁－撒克逊国王的货币样式，在都柏林铸造和发行了大量货币，并且与英格兰有频繁的贸易往来，而这很有可能指的就是奴隶贸易。大批年轻健壮的布立吞人和盎格鲁－撒克逊人被装上船，运往爱尔兰的都柏林、韦克斯福德（Wexford）和沃特福德（Waterford）等港口，然后再售往西班牙和北非，或者沿着俄罗斯密布的河网，前往东方的伊斯兰国家。

被劫持为奴的人中，只有贵族才可能有机会被赎回，而绝大多数人再也没有机会重回故乡。对很多人来讲，此地一为别，大概就是他们此生最后一次看到不列颠岛了。有一位在埃里克时代前往西班牙旅行的阿拉伯人记载说，在当地富人的女眷闺房里或者在军队中，有大量来自欧洲的奴隶，尤其在科尔多瓦酋长国的王宫里有许多白人妇女，当然主要是法兰克人和意大利人。毫无疑问，维京人是造成这些惨剧的罪魁祸首，他们用最便捷高效的方法劫持基督徒，而且奴役起基督徒来也丝毫没有宗教和道德上的顾虑。西班牙的阿拉伯人看到了奴隶贸易的长远利益，早在9世纪40年代就向斯堪的纳维亚派出了一个外交使团，将奴隶贸易转变为一个有组织的活动。绝大多数的英国奴隶可能都是沿着俄罗斯境内的河道，被转运到了东部的伊斯兰国

185

家。冰岛的《拉卡斯泰拉萨迦》（*Laxdale Saga*）中还提到一个埃里克时代的情景：一位冰岛贵族到访过瑞典海岸附近的一个奴隶集中营，他在这里花大价钱购买了一位爱尔兰贵族少女，而这笔生意的卖主是俄罗斯商人格里（Gilli）。这位格里号称是"商人联盟中最富有的人"，他"身穿丝绒外套，头戴一项俄罗斯款式的帽子"，坐在一顶豪华的帐篷里，奴隶们就在他的手下买进卖出。他在俄罗斯的营生给自己赢得了一个绰号：诺尔斯-爱尔兰。

奴隶贸易的范围之广和扩散速度之快让人吃惊。我们在公元922年的里海地区发现了瑞典商人的行踪，而到10世纪40年代，他们已经深入到当今乌兹别克斯坦的布哈拉（Bukhara）、撒马尔罕（Samarkand）和土库曼斯坦的梅尔夫（Merv）等地。10世纪20年代时，如果在一个约克维京富人的钱袋里发现了最新铸造的中亚硬币，这实在不值得大惊小怪。当时奴隶贸易数量之大也让人大开眼界。据说德国的奥托一世贪婪地向东欧扩张领土，从被打败的部落中抓获了数以千计的俘虏运往西方，奴隶们在今天法国东北部的凡尔登（Verdun）经富有的犹太人和叙利亚商人"倒卖"，很多沦为太监专门供给西班牙市场。9世纪晚期意大利塔兰托（Taranto）的一个朝圣者惊恐地描述说，他看见9000名意大利俘虏被装上了海船，一次性全部运往埃及。

在当时的社会状况下，战争、饥荒和自然灾害频仍，生活朝不保夕，人人自危，再加上奴隶贸易的巨额利润的诱惑，所以我们假设埃里克前往西班牙，参与奴隶贸易，似乎不无道理，而这也可以让我们把他历史中缺失的几年补充完整。即便几年前埃里克还身在约克时，他很可能就已经听说了前往地中海地区的航线，因为公元859—861年期间，也就是他们在约克落脚之前，维京传奇人物朗纳尔·洛德布罗克[1]的儿子们，已经前往西班牙与北非探险。他们在毛里塔尼亚受到当地土著的盛情款待，将摩洛哥和巴利阿里群岛的地理信息带回了爱尔兰和约克。当时，约克福斯河港口的老水手们对这些故事都耳熟能详，比如比斯开湾的风浪、西班牙北部海岸的凶险、北非的温泉疗养地等。他们也津津有味地描述着洛德布罗克的儿子们满载而归的宝贝：不计其数的金银珠宝、装饰精美的阿拉伯马鞍、精致的手工棉布、点缀着"猩红与翠绿斑点"的丝绸、金线刺绣的手套，以及"装饰着金钉的束发带"。

所以我们可以想象，950 年左右埃里克的船队可能就巡行在西班牙的瓜达尔基维尔（Guadalquivir）河沿岸，或者停靠在北非摩洛哥的丹吉尔（Tangier）城的海岸。对于长期漂泊的埃里克而言，也许这一旅程才真正诠释了 10 世纪语境下《哈沃玛尔》[2]中的维京谚语："只有远行，才能识人，才能自识。"和他的奴隶贸易一样，他的格言也证明了维京人的务实作风，浪漫与他们丝毫沾不上边。

流放期间，埃里克可能一直关注着约克事态的发展，搜集着相关的消息，也许是哪艘路过的爱尔兰或布列塔尼半岛的商船可以给他通

186

---

[1] 朗纳尔·洛德布罗克（Ragnar Lothbrok），8—9 世纪著名的维京军事领袖和传奇人物，是北欧最著名的维京英雄之一。根据传奇记载，他可能统治过丹麦和瑞典，在 9 世纪时多次袭击过西法兰克王国和英格兰，并在 845 年大举入侵巴黎，获得了西法兰克王国的大笔贡金。

[2]《哈沃玛尔》（Hávamál）是维京时代的一部旧诺尔斯语的诗歌选集，内容上包括生活智慧、日常行为指导和至理名言等，内容既实用又富有哲理。

风报信。公元 949 年，安拉夫·斯垂克森[1]从都柏林回到约克，主持约克管理。也许埃德雷德把主要精力放在防范"血斧"埃里克身上，而对安拉夫更放心一点。949 年到 952 年安拉夫统治的这三年时间，是诺森布里亚与英格兰国王充分合作的三年，安拉夫承认埃德雷德的霸主地位，也许诺森布里亚人又开始缴纳贡金，作为回报，他们获准可以铸造英格兰样式的货币。

埃里克东山再起

公元 952 年，约克城内风云再起。根据《盎格鲁－撒克逊编年史》"E 版本"的记载，这一年，"诺森布里亚人驱逐了安拉夫·斯垂克森，再次迎立'金发'哈拉尔的儿子埃里克为国王"。对此，南方温切斯特朝廷的恼怒可想而知。宫廷里传言，这一政变的主谋仍是约克大主教伍尔夫斯坦，于是当大主教再次前往南方的时候，他马上就被拘禁起来，失去了自由。编年史家对此评论说："一系列的主谋指控，使得他与国王之间矛盾重重。"马姆斯伯里的威廉补充说："他被指控纵容了同胞们的叛变。"埃德雷德国王和参谋们已经受够了伍尔夫斯坦大主教的这套把戏，决定把他囚禁在卢丹必瑞格（Ludanby-rig）要塞中，加以"密切监控"。关押伍尔夫斯坦大主教的确切地点，

---

[1] 安拉夫·斯垂克森（Anlaf Sihtricson，927？—980）是 10 世纪一位著名的诺尔斯国王，曾两次或三次统治过诺森布里亚，两次统治过爱尔兰都柏林，前后时间跨越 40 多年。其名字的书写方式多有不同。

至今已无法考证，然而，这个地方毫无疑问就是比德所指的古英语地名伊森卡斯蒂尔（Ythancaestir），是前罗马帝国的撒克逊海岸[1]英格兰一侧的塞奥森纳（Othona）要塞，位于现今英格兰东部埃塞克斯郡海边的布拉德韦尔（Bradwell-on-Sea）村。这个与外界隔绝的监禁地点很适合这样一位政治要犯，因为它位于海边沼泽的岬角之上，周围绕以约 4 米厚的罗马城墙，要塞里面有一座 7 世纪的盎格鲁－撒克逊修道士圣塞德的修道院和一座至今保存完好的圣彼得小教堂。或许，埃德雷德的参谋们希望这个不停惹事的主教在这里染上个什么沼泽热病或肺炎，就此解决掉这个棘手问题。在埃里克第二次统治约克期间，伍尔夫斯坦大主教就这样被困在东盎格利亚的这个遥远的角落。

当埃里克再次入主约克王宫时，埃德雷德国王本来不想或者根本没有能力采取什么措施，然而，或许是他的外交政策在不列颠北方奏效了，大笔的英格兰银子最终促使埃里克倒了台。当然，这些还都只是推测。公元 952 年年末时，一场恶战把不列颠北方搅得天翻地覆，一支由英格兰人（也许是来自班布堡的北撒克逊人）、苏格兰人和坎布里亚人组成的联军，被诺尔斯人打得落花流水，损失惨重。这次战役只在爱尔兰史料中有所记载，当时苏格兰国王英多尔夫（Indulf）登上王位只有几个星期时间。据推测，此次战争导致北方国王们之间的关系发生了重大调整，而我们很难不把英格兰北方的这些状况与埃

---

[1] 撒克逊海岸（Saxon Shore）是 3 世纪后期罗马帝国晚期建立起来的军事防线，由位于英吉利海峡两岸的一系列城堡要塞组成，由罗马中央政府任命的一位"撒克逊海岸伯爵"统一指挥。

里克联系起来，尤其是这一联盟最终导致他的倒台。无论如何，952年的战役暂时巩固了埃里克在诺森布里亚的地位，他二度掌控约克的黄金时间为952—954年。诺尔斯简史中提到，他独掌大权两年，第三年是与他的兄弟联合掌权。他们的统治标志着斯堪的纳维亚英雄时代在诺森布里亚的终结。

诺森布里亚末代国王

诺森布里亚最后的辉煌时刻，无论在诺森布里亚后世史家进行回顾性综述和谱系研究时，还是在11世纪的总结性史料《伯爵史》中，都洋溢着浓郁的怀旧情绪。我们可以通过埃里克第二次上台后发行的货币，体察到一些更深层次的变化。埃里克第二次掌权时所铸造的钱币，与他第一次统治时采用的标准的英格兰货币形制有所不同。这些新银币是由造币人英格尔加在约克铸造的，钱币正面重新启用了传统的宝剑图案，刻有铭文 Eric Rex，这种设计让人自然想起919年的诺尔斯人的约克征服。有些学者认为，这种复古是为了争取居住在约克的诺尔斯－爱尔兰人的支持（也就是被废黜的安拉夫·斯垂克森国王的追随者，从919年开始，安拉夫的都柏林亲信就时断时续地统治着约克）。同时，这也是一种志在恢复旧秩序的反抗姿态。

埃里克处处体现出诺森布里亚人的传统国王的风格和做派。就像埃塞尔斯坦、埃德蒙一世和埃德雷德等国王做过的那样，他也前往达勒姆郡的切斯特勒街（Chester-le-Street）镇去拜谒圣卡斯伯特（St Cuthbert）的圣坛，试图与这位圣徒建立联系。在教堂社区的联谊名册中，他的名字至今还保存在维京时期的名单里，这个名单记载了前来拜谒的国王们和几百名基督徒的名字。这一举动在某种程度上透露出埃里克当时的境况。经过公元 952 年的战争胜利，他心里稍感安定，于是在参谋们的鼓动下前往圣坛祭拜，此举意在向那些伯尼西亚[1]贵族中的保守主义者示好。在教堂里，他可能也开启了圣徒的棺木，敬赠了一个臂环，仿效着埃塞尔斯坦和埃德蒙一世的做法，在尸体上又裹了一层库法丝绸——这些丝绸的残片至今还保存在达勒姆大教堂图书馆里。陪同他一起前来拜谒的，可能还有"班布堡最高城镇长官"、伯尼西亚伯爵奥兹伍尔夫。奥兹伍尔夫伯爵是蒂斯（Tees）河北部撒克逊地区的重要政治人物之一，他所属的埃尔达菲宁（Ealdulfing）家族从 9 世纪直到诺曼征服后，一直是这一地区举足轻重的势力，而奥兹伍尔夫伯爵就是这一时期该家族的当家人。埃尔达菲宁家族一向奉行的策略是：谁在北方当权，他就与谁联合，为谁效力——管他是苏格兰人还是维京人。他们在公元 952 年的北方战役中被打败后，也许埃尔达菲宁家族也承认了埃里克在亨伯河以北的霸主地位。试想一下，埃里克在教堂中为圣卡斯伯特守夜祈祷后，再次走进灿烂的阳光中，他或许怎么也不会怀疑奥兹伍尔夫伯爵再次暗中策划，另寻他主。其实，根据北方年鉴史家的记载，埃里克十分信任奥兹伍尔夫伯爵。

---

[1] 伯尼西亚（Bernicia），是 6 世纪时盎格鲁人在今天苏格兰与东北英格兰交界地区建立的一个王国，领土主要在今天诺森伯兰郡和达勒姆郡一带，7 世纪时与南方邻国德伊勒（Deira）合并，形成了诺森布里亚王国。

189　　当时在不列颠北方，各种势力与利益彼此角逐，成败难料，为什么约克教堂如此坚定地站在诺尔斯－爱尔兰国王们和"血斧"埃里克一边呢？在埃里克第二次当权时期，伍尔夫斯坦大主教自始至终被羁押在东盎格利亚的一座与外界隔绝的城堡里，这绝不是巧合。就与947年伍尔夫斯坦大主教第一次扶植埃里克一样，埃里克第二次上台时，大主教也一定是他的支持者。究其实质，伍尔夫斯坦是个纯粹的诺森布里亚－盎格鲁人，他死后埋葬在今天北安普敦郡的奥多（Oundle），这里也是圣徒威尔弗里德去世的地方，这表明他是一个威尔弗里德的信徒。他虽然名为约克大主教，但就像一个有权势的世俗大地主一样，领导着诺森布里亚"贤人会议"，指挥了约克军队在940年打入丹麦法区的五个自治市镇，驱逐了统治约克的安拉夫·斯垂克森国王。他与埃德雷德国王在谭谢尔弗村谈判时，表现得就像在自己地盘上的国王那样。最终他也像威尔弗里德被流放一样，遭到了监禁。伍尔夫斯坦是那个沉迷于权力游戏的社会的中坚力量，他从931年直到954年埃里克死亡，一直主宰着诺森布里亚的政治局势。他管理下的约克主教辖区，就如同一个基督教会的独立王国——而这其实是诺森布里亚本地主教的一个传统，所以毫不奇怪，后来约克的盎格鲁－撒克逊主教都是从亨伯河以南空降而来。伍尔夫斯坦大主教就是诺森布里亚教会和国王的代言人，可以"代表主教和全体盎格鲁人和丹麦人的军队"来加冕诺尔斯国王。我们在丹麦法区的五个自治市镇中也发现过同样的情况，只是伍尔夫斯坦的做法有过之而无不及。

　　北方年鉴中保存下的诸多片段揭示出，那位记载下这段历史的10世纪的诺森布里亚修道士（我们甚至有理由假设，他就是在伍尔

夫斯坦的教堂里写下了这段文字），是把 10 世纪 40 年代的这些战争
置于一个古代战争的历史语境之下，就像埃德温、奥斯瓦尔德和奥斯
威等古代北方的"不列颠统治者"与南盎格鲁人之间的战争。对于他
和那些支持埃里克的人——比如奥姆伯爵——而言，他们抗争的目的
是争取亨伯河以北土地的所有权。也只有从这个角度，才能解释伍尔
夫斯坦领导的诺森布里亚"贤人会议"所实行的一系列纵横捭阖的政
治策略。在早期英国历史中，亨伯河一直是不列颠岛上南方与北方最
明显的文化和政治意义上的分界线。10 世纪时，只有这种南北分界
的客观现实才能解释，诺森布里亚人为何如此意志坚定地恪守自己的
历史和王权理念，而这些理念恰恰也是维京国王们所认可与竭力维护
的，所以，埃里克被看成是一个能够维护旧有秩序的合适人选。我们
通过北方年鉴的片段可以感觉到，伍尔夫斯坦大主教似乎代表着基督
教会与盎格鲁人、丹麦人和诺尔斯人地主阶层的利益，反对的是南方
的威塞克斯国王们，显而易见，他们的利益与"血斧"埃里克的利益
并非无法相容。伍尔夫斯坦大主教"政治生涯"的一系列博弈所蕴含
的言外之意似乎说明，这位实为北方英格兰贵族头领的约克大主教，
将埃里克一类的诺尔斯雇佣兵头领看成是其所属阶级、地域及教堂的
最好的代言人。

190

最后的战役

伍尔夫斯坦被独自关押在卢丹必瑞格城堡的牢房时，有足够的
时间把这些问题想明白，而这时，那些视埃里克为眼中钉的人已经

纠集起来反对他了。时至今日，我们还不明确是什么事件最终导致
他的垮台。诺尔斯史料也没有提供什么有价值的线索，萨迦故事中
讲述的"埃里克之死"也充满了 13 世纪重构故事的痕迹。根据某挪
威史料记载，埃里克败于他的傲慢狂妄。"埃里克带领着一支强大的
军队，有五位国王追随他，因为他勇猛精进，战无不胜。他挥师远
征，所过之处，尸横遍野，然而却遭到了奥拉夫（Olaf）国王的抵
抗。奥拉夫是埃德蒙一世时期一个部落小国的国王。双方交战，埃里
克被当地军队攻陷，全军陷落。"《"好人"哈康的萨迦》故事虽然没
有提供更多细节，却透露出埃里克鲁莽冲动的性格加剧了悲剧的必然
性："双方恶战，英格兰军队伤亡惨重，但是，每当一个人倒下，就
有三个人顶替上来。夜幕降临时，英格兰军队反攻，很多诺尔斯人被
杀死。"这个故事中还提到了一些著名的阵亡人员，其中包括三位国
王：古托姆（Guttorm）、伊瓦（Ivar）和哈瑞克（Harek），以及齐格
鲁德（Sigurd）和瑞格纳维德（Ragnvald），还有奥克尼群岛诺尔斯伯
爵的儿子阿克尔（Arnkel）和厄伦德（Erlend）。这些故事的来源至今
无法考证，可能主要来自 12 世纪小说家的构思。但由于同期简史中
没有任何其他关于"埃里克之死"的细节，这些故事反而显得意味深
长了。《盎格鲁－撒克逊编年史》对揭开这个历史谜题也帮助不大，
只是简单陈述道："诺森布里亚人驱逐了埃里克，埃德雷德继任。"只
有本章开头引述的约克编年史的某些叙述，稍稍揭开了这层神秘面纱
的一角，其行文中提到埃里克遭遇了阴险的背叛，死在"偏僻的斯坦
莫尔"，一同遇难的还有他的儿子哈瑞克（Haeric）和他的兄弟瑞格
诺德（Ragnald）。（这两个名字的拼写与萨迦故事中的人物名字 Harek

和 Ragnvald 非常相似。）这段历史公案中的背叛者奥兹伍尔夫，毫无疑问指的就是班布堡英格兰伯爵奥兹伍尔夫。而谋杀者马库斯伯爵有可能是"奥拉夫国王的儿子"，也可能是某支诺尔斯－爱尔兰安拉夫家族的后代。本章开头引述的那段文字虽然出现在 13 世纪早期历史学家、温多佛的罗杰的著作《历史之花》中，但其来源应该是某部已经佚失的 10 世纪约克编年史。由此可见，萨迦故事虽然也许某些细节有误，但也不是一无是处。这个被当作正史流传到国外的故事，通过德国历史学家、不来梅的亚当（Adam of Bremen）在约 1075 年的记述也得到了证实。亚当引用了一部英格兰编年史，按时间顺序开列出将近一个世纪内统治过"英格兰"的国王名录：古斯福瑞斯、他的儿子安拉夫、西垂克、瑞格诺德，最后是"金发"哈拉尔的儿子埃里克——他挥师进入英格兰，"征服了不列颠岛，然而，最终遭到诺森布里亚人的背叛与谋杀"。不来梅的亚当和温多佛的罗杰在记载埃里克遭到"背叛"时，使用的是相同的拉丁词，这表明他们采信了同一个资料来源。而执笔这份史料的诺森布里亚修道士认为，诺尔斯国王是 10 世纪约克诸多当政者中最出类拔萃的。这部书要是保留到今天就好了！

正如著名的盎格鲁－撒克逊英格兰历史学家弗兰克·斯坦顿爵士（Sir Frank Stenton，1880—1967）所说，"血斧"埃里克的故事听起来就像是一位屡遭遗弃的国王，在自己王国消逝之际的最后亮相。我们至今无法判断萨迦故事中所讲述的血战是否真实，但我们也很难想象，埃里克会不带武装卫队就离开约克防卫森严的宫廷，前往斯坦莫尔的荒寂山庄。而以其性格而言，他也绝不会不战而降。30 多年前的白海边上，十几岁的他就开始了浴血奋战的生涯，抗争已经成为他的本能的一部分。

　　埃里克人生大戏中的另一个主要演员——伍尔夫斯坦大主教，最终也被释放了，并"在多尔切斯特（Dorchester）恢复了他的主教尊严"，但他很有可能被禁止再踏上诺森布里亚的土地。根据马姆斯伯里的威廉的记载，伍尔夫斯坦主教拒绝了这个送上门的特赦，在埃里克死后两年，这个一生骄傲而壮志未酬的人也郁郁而终。伍尔夫斯坦死后，被埋葬在多尔切斯特主教辖区内奥多的圣威尔弗里德教堂。

　　我们赖以构建这个故事的区区几条10世纪40年代和50年代的记载，是由一位佚名的约克神职人员留下的，而我们亦无从得知他的任何信息。也许，他继续记载下去的动力，已经随着最后一位本地主教和最后一位约克国王的逝世而消失了。另一部现已佚失的史书《古诺森布里亚人历史》的记载也截至埃里克去世，并以一份国王名录结尾："从此以后，诺森布里亚人一直哀悼他们逝去的自由。"也许，这种情绪至今还萦绕在某些人的心头！

偏僻的斯坦莫尔

　　最后，让我们去探访一下今天的斯坦莫尔吧。在坎布里亚郡境内的布瑞夫（Brough）村和鲍斯（Bowes）村之间，一条现代公路沿着古时候的罗马大道延伸而去，公元954年的某一天，"血斧"埃里克就行走在这条路上。站在高处眺望，可见伊甸河谷（Edendale）在脚下蜿蜒曲折，湖区群山向西绵延而去，视野开阔，景象壮观。斯坦莫尔地处西部荒野与诺森布里亚人的交界地区，也是老格拉斯哥主教辖区的边界。在这之前，它更是坎布里亚人和诺森布里亚人的前哨地带。该地以一个十字架残段为标志，至今仍叫 Ray Cross，这个词取自诺尔斯词 hreyrr，含义为"边界"。70 多年前，威廉·科林伍德教授[1]证实这是一个英格兰风格的车轮十字架，饰以装饰图案，并猜想这是一些约克的追悼者为了追念他们的国王埃里克，出资委托一位英格兰雕塑工匠完成的。这个提法是不是过于浪漫了？如果科林伍德教授的猜想是对的，那么这截十字架也该算得上是英国最奇特的纪念碑之一了。

其他的纪念埃里克的方式倒是更容易理解一些。他的妻子和家人在他遇害后，坐船从约克逃往奥克尼群岛，扈从中的一位诗人为他写作了悼文《埃里克斯莫尔》。这首长诗描述了一个传统的斯堪的纳维亚社会，充满了异教文化色彩，洋溢着尊崇奥丁主神的萨满教精神，可以说，这首诗体现出的传统风格是不合时宜的，就如埃里克在约克的两度统治一样。尽管埃里克阅尽人生浮沉，历经统治兴衰，但英格兰联合王国——这个融合了 9 世纪与 10 世纪丹麦移民和诺尔斯移民后代的大家庭——的未来，最终是由阿尔弗雷德、埃塞尔斯坦和埃德加一世等南方英格兰国王决定的，而不是那些曾入主约克王宫的北方国王们，无论他们多么富有个人魅力。这确实是生不逢时，英雄末路！

193

---

[1] 威廉·科林伍德（William Collingwood，1854—1932），英国作家、艺术家、古董收藏家，也是雷丁大学美术教授。

话说，埃里克从斯坦莫尔的战场匆匆赶来，身上还带着致命的伤口。这位英雄中的英雄，走进上神的宫殿瓦尔哈拉殿堂[1]，奥丁主神吟诗迎接他：

"Heill thu nu, Eireker!vel skaltu her kominn! ok gakk i haoll, horskr."

"向你欢呼呵，埃里克！欢迎到来，列队神堂，我们英勇的国王。"

194

---

[1] 瓦尔哈拉殿堂（Valhalla）是北欧神话中的天堂。根据传说，奥丁主神命令女武神瓦尔基丽将战死沙场的勇士英灵带到此处，享受永恒幸福。这个巨大宫殿的墙由长矛搭就，屋顶用盾牌筑成，永远设有盛宴飨待来者，凡是战死沙场的勇士都能成为宫中的座上宾。奥丁主神坐在大殿正中的黄金宝座上，勇士到来时，他会起身迎接，以示特别礼遇。

第八章 『决策无方者』埃塞尔雷德

夏阳炙烤切维厄特丘陵，
皮克特人头领纵马南行，
长满胡须的大嘴塞满了
整个冬天没得尝的肉馔。
迎面来者是谁？一个僧侣？
跨坐着一匹披戴盔甲的驴？
嘴里嘟嘟囔囔：
"以埃塞尔雷德国王的名义，
战争结束了——"

埃塞尔雷德！埃塞尔雷德！

国王生涯在床上，

一脚穿鞋一脚光，

他让人人都疯狂。

——克里斯托弗·洛基[1]

英格兰历史上最声名狼藉的国王，当属威塞克斯王国的"决策无方者"埃塞尔雷德（Ethelred the Unready）无疑。即便邪恶如理查三世[2]，或反复无常如约翰国王[3]等人的统治，从国家境况恶化、君主的优柔寡断和背信弃义等方面来考量，也都比不上埃塞尔雷德统治时期的状况之恶劣。讽刺历史《1066 纪事》的作者宣称，埃塞尔雷德是"英格兰第一位弱主，引来了新一轮的丹麦人的入侵"。现代人对埃塞

---

[1] 克里斯托弗·洛基（Christopher Logue，1926—2011），英国当代诗人、剧作家和编剧。

[2] 理查三世（Richard III），1483—1485 年在位的英格兰国王。在其兄爱德华四世过世后，理查曾以"护国公"的身份，代替爱德华四世的儿子——爱德华五世——短暂摄政。后来他将爱德华五世及其兄弟都关进伦敦塔，成功夺权，1483 年加冕成为英格兰国王，两年后战死于一场反对他的大规模叛乱行动。有关他如何登基以及杀害先王遗孤的传闻并无力证，只是托马斯·莫尔所著的《理查三世传》的影响深入人心，至今理查三世依然背负"篡位者"和"杀侄"的罪名。

[3] 约翰国王（King John），1199—1216 年在位的英格兰国王。统治期间发生的串通外敌、谋叛兄长、杀害侄儿、失去欧洲领土等事件，使他在世时就失去了臣民的爱戴，曾被认为是英国历史上最不成功的国王之一。

尔雷德的事迹也并不陌生，本章开头克里斯托弗·洛基发表于1977年的那首令人捧腹的诗歌就与他的故事相关。就连通常比较温和公允的历史学家马姆斯伯里的威廉，在埃塞尔雷德去世一个世纪后，对其的评价也是如此。

> 睡觉是埃塞尔雷德国王唯一热衷且应付自如的事情。他置国家大事（即抵抗丹麦人）于不顾，整日哈欠连天，即便勉强打起精神，没有靠在胳膊肘上打盹，他也冷漠压抑或由于坏运连连而愁眉苦脸。

196

然而，一个在位长达38年的国王，统治果真如此不堪吗？英格兰这个当时堪称欧洲最富庶繁荣的国家，不幸招惹来了新一代维京"恐怖主义者"卡纽特[1]，究竟是怎样的社会状况导致它陷入全面崩溃的局面？而将这些过失完全归罪于国王埃塞尔雷德是否有失公允？我们究竟该如何理解其"决策无方者"这一绰号？这些问题值得我们深思。

如日中天的帝国

埃塞尔雷德时期英格兰一落千丈的窘况确实令人无法接受，也更

---

[1] 卡纽特（Canute，995—1035），他继承父亲丹麦国王斯温的王位，对英格兰、丹麦、挪威和部分瑞典实行统治，其辖境享有"北海帝国"之称。

加让人难以理解，因为就像当时一些有文化的人所认为的那样，埃塞尔雷德继承的是埃德加一世[1]的统治成果，而埃德加一世时期可以说是盎格鲁－撒克逊英格兰的黄金时代。公元 973 年复活节期间，埃德加一世举行加冕仪式，成为"盎格鲁－撒克逊人帝国"的君主，他统治下的子民不只有盎格鲁－撒克逊人，更有许多其他民族。这个仪式给人们留下了深刻的印象，因为它并不是在金斯顿（Kingston）传统的加冕教堂里进行的，而是在巴斯举行的。10 世纪的巴斯城内，依然矗立着一座座罗马时期的建筑，默默诉说着罗马、不列颠尼亚和那个远逝帝国的往昔风采。埃德加一世在巴斯的加冕仪式，显示了这个经由埃塞尔斯坦发展而来的霸权主义帝国——一个 10 世纪风格的不列颠帝国——达到了巅峰，巴斯甚至专门发行了硬币，来纪念这一仪式。事实上，埃德加随后进行的货币改革，与当年发生的另外一件重大事件密切相关。埃德加在切斯特城乘船在迪伊河上航行，而为他撑船的是六位或八位附属国的国王，这些国王中包括五位威尔士国王和苏格兰国王，还有一位来自外赫布里底群岛的海岛国王。这台精心设计的政治舞台戏，使得盎格鲁－撒克逊英格兰的政治理想臻于顶峰。后来的一些作家——比如修道院院长阿弗里克（Aelfric）以及埃塞尔雷德的主要政治顾问、约克大主教伍尔夫斯坦二世（Wulfstan II）——回顾往昔时，一致认为那是盎格鲁－撒克逊英格兰的黄金时代。

---

[1] 埃德加一世（Edgar，943—975），959 年即位，又称"和平者"埃德加，是埃德蒙一世的幼子。

维京人重返英格兰

埃德加一世的国家防御策略是联合所有同盟者，来加强国家防 197
守力量。在黑暗时代，附属国国王们向超级国王宣誓效忠的一条誓言
就是，发生战争时应"尽全部海域与陆地之力"，成为霸主之"合作
者"。作为回报，当附属国遭受敌人威胁时，他们也可以请求霸主的
武力支持。从10世纪60年代开始，这种集体防御的策略对不列颠岛
上的人来说更必要了，因为维京人再次入侵了不列颠。

埃德加政权对维京人的新威胁迅速应对。10世纪60年代晚期的
土地特许状里，处处充满了严正的警告，切忌和平时期的自满情绪。
埃德加采取的一个切实有效的应对举动是，每年夏天都在不列颠沿海
组织海军集训，通常有三个船队参加，每个船队有120艘战船。（我
们可以假设，为埃德加一世在切斯特划船的附属国国王们，也参加了
这些军事演习，是所谓的"泛不列颠联盟"的成员。）这些举动收效
明显，就如编年史家埃塞尔沃德（Aethelweard）所记载的那样，"再
没有船队在此逡巡，进犯沿海，除非是与英格兰签有协定者"。埃德
加一世统治下的英格兰，确实将海防牢牢控制在了手中。

"殉教者"爱德华之死

公元975年，年仅32岁的埃德加一世忽然去世，英格兰实行的
这种铁腕集权的强硬政策骤然面临危机，朝野陷入一片骚乱，接下

来的 3 年时间里，敌对势力之间公开决裂，内讧不断。埃德加去世当年，他 10 多岁的儿子爱德华登基成为国王，但是天象征兆显示"真命天子"还未出现。当年秋天，一颗彗星出现在天空——这在当时被认为是不祥之兆。第二年国内庄稼大面积歉收，饥荒蔓延。约克大主教伍尔夫斯坦二世记载道："大地上饥荒盛行。"让局势雪上加霜的是，伴随着宫廷派系的内讧，民间骚乱亦此起彼伏，很多埃德加时期修建起来的修道院遭到了摧毁。"此后状况越加恶化。"伍尔夫斯坦二世如此评价。

198　　与许多前任威塞克斯国王一样，埃德加一世有过不止一次婚姻，另外还纳了许多年轻的后宫佳丽。他甫一去世，他的两位王后均代表她们的儿子声称拥有王位继承权，而各自身后都有一支贵族派系支持她们。公元 978 或 979 年年初，年轻的国王爱德华在科夫（Corfe）的王宫中被一个宫廷仆役谋杀了，而此人正是埃德加的另一位王后埃尔夫斯里斯（Aelfthryth）的家仆，这样，爱德华的异母弟弟、年仅 10 岁的埃塞尔雷德就能成为国王了。爱德华性情暴虐，脾气急躁，反复无常，骄奢淫逸，爱耍性子，素与人为敌，可以说性格十分不招人喜欢。但无论如何，他毕竟是一位正式加冕的国王，所以当埃塞尔雷德的统治深陷内忧外患时，教会马上从爱德华身上找到了圣洁善良的品质，遵奉其为另一位英格兰王室的殉道者——"殉教者"爱德华。事实上，在埃塞尔雷德的有生之年，民间就已经有流言将这些灾难归因于他"弑兄夺位"的不祥手段。平心而论，埃塞尔雷德登基时的政治情势，确实不是一个 10 岁的孩童为这个西欧最富庶的国家掌舵的好时机。大概是为了尽快掩盖他们的所作所为，埃塞尔雷德的支持者们马上在复活节后的第十四天，在金斯顿教堂为他举行了祝圣仪式，"整个英格兰都沉浸在欢乐之中"。但是，不祥之兆又在天边隐现，"同年，一片状如火烧云的如血红云频频显现，大约午夜时显现于天空，像多彩的光束，待第一缕霞光出现时便消失了"。威塞克斯宫廷里那些"自信的智者、聪明的先知、天文学家和学者"中最坚定的理性主义者，也一定都目睹了这种情况，人们纷纷将这一天象看作与彗星等同的恶兆，"在全国范围内，上帝的复仇之象处处彰显"。

维京人再袭不列颠

《盎格鲁－撒克逊编年史》记载，公元 981 年，"七艘（维京）船 199首次到达并重创南安普敦"，该市大多数市民被杀或被俘，而此时距离维京人于 793 年在林迪斯法恩（Lindisfarne）圣岛和波特兰德（Portland）的第一次突破性登陆，差不多恰好两个世纪。980 年，塞内特和柴郡（Cheshire）均遭受重创。981 年，康沃尔郡的帕德斯托（Padstow）被洗劫，"沿德文郡和康沃尔海岸，破坏之象随处可见"。982 年，波特兰德再遭厄运，而让局势更加恶化的是，伦敦也发生了一场大火。

在即位后的几年中，不满 20 岁的埃塞尔雷德目睹了几乎所有称得上"国家脊梁"的人物的相继离世。这些人大多在 10 世纪中期对英格兰政局起到了重要的导向作用，其中某些人，比如邓斯坦（Dunstan）大主教和温切斯特主教艾斯尔伍德（Aethelwold），德高望重，甚至在 10 世纪 30 年代时就与埃塞尔斯坦国王非常熟稔。缺失了这些人的丰富的政治经验，以及一些世俗头领［比如麦西亚的军事统帅阿尔弗菲尔（Aelfhere）］的辅助，使得埃塞尔雷德在其政治生涯的这一关键时期，失去了政治上的指导和道德上的良师。当然，20年后，他会得到伍尔夫斯坦二世大主教——一个精通欧洲卡洛林王朝权术的政治家——的辅佐，但为时已晚，形势无力回天。《盎格鲁－撒克逊编年史》揭示出从10世纪80年代后半期开始，盎格鲁－撒克逊英格兰政府就呈现出毁灭性的衰败迹象，在历史上留下一个充斥着国家领导者背信弃义、优柔寡断、心狠手辣等累累劣迹的故事，当然，这尤其指控的是埃塞尔雷德本人。

莫尔登之战

同年，伊普斯维奇（Ipswich）不断遭到侵扰，随即执事官伯诺特（Britnoth）在莫尔登（Maldon）被杀害。鉴于丹麦人在沿海掀起的巨大恐慌，政府首次决定向丹麦人缴纳贡金，总计10000磅[1]。这一对策由坎特伯雷大主教赛格艾瑞克（Sigeric）建议并被采纳。

——《盎格鲁－撒克逊编年史》

《盎格鲁－撒克逊编年史》只是如此简明扼要地记载了991年发

---

[1] 此次贡金形式为银子。此处"磅"指的是罗马计量单位中的"磅"，1磅等于328.9克，故而10000磅约相当于3300公斤。

生在英格兰的一系列错综复杂的事件。我们通过其他史料得知，这一年，一个由 93 艘战船组成的船队在奥拉夫·垂哲森（Olaf Tryggvason）——后来的挪威国王——的带领下，从肯特郡的桑威治（Sandwich）一路北行，来到萨福克郡的伊普斯维奇。入侵者沿途摧毁了东部沿海的无数城镇与村庄，然后又掉头向南，前往埃塞克斯郡的莫尔登。在莫尔登，他们与当地执事官伯诺特带领的军队（也许是东撒克逊当地武装）遭遇，发生了激战。写于本次战役几年后的《圣奥斯瓦尔德的生平》[1] 中记载道，尽管丹麦人最终获胜，但在交战中亦伤亡惨重，几乎再无兵力撑船。一座伊利（Ely）教堂的日历上显示，伯诺特死于 8 月 10 日。对编年史家而言，莫尔登之战只是这幅历史巨型画卷中的一笔轻轻点染，是一次导致支付"丹麦金"的小型局部战争。然而，一首有关此次战争的诗歌流传了下来，而这首伟大的英语战争诗歌让我们从另外一个角度认识了当时的社会状况。

〔200〕

　　根据诗歌所述，丹麦人在埃塞克斯郡沿海的一座小岛登陆，据信，应该是靠近莫尔登的诺西岛（Northey Island）。这里潮汐泥滩广布，只有穿过又窄又深的水路才能到达莫尔登的海斯（Hythe），这是一种典型的维京军队熟悉的岛屿地形。诗人记载道，该岛是通过一条

---

[1] 伍斯特的奥斯瓦尔德（Oswald of Worcester），丹麦贵族，从小在法国接受基督教教育。961 年被任命为伍斯特主教，972 年开始兼任约克大主教，992 年 2 月 29 日在为穷人行洗脚礼时去世。他死后即被称为圣徒，不久圣徒传《圣奥斯瓦尔德的生平》写成，据传由拉姆齐（Ramsey）修道院的修道士伯费尔特（Byrhtferth）创作。在任主教与大主教期间，奥斯瓦尔德参与了邓斯坦主教的教会改革，并主持建立了许多修道院，其中包括拉姆齐修道院。他在英格兰居住的两年期间，就住在拉姆齐修道院。

堤道与主岛连接，而堤道在涨潮的时候会被海水淹没——这种现象今天还可以在诺西岛看见。诗歌《莫尔登之战》所描绘的这件激动人心的历史事件的发生地，很有可能就是这里，虽然最近有人对此提出了异议。

执事官伯诺特当时是在面向陆地的一侧列兵布阵。伯诺特这个人身材高大，头发灰白，当年 65 岁左右，是一个典型的英格兰贵族形象。他曾直截了当地回绝了丹麦人提出的贡金要求："我们给你矛头标枪当贡金……别想那么轻易地得到财宝。要想让我们付贡金，咱们还是先刀尖对刀刃，痛痛快快打上一场！"海水退潮了，几个撒克逊人踞守住那条必经之路的堤道，他们击退了丹麦人，打消了他们跨过堤坝投入战争的企图。然后，诗人继续说，丹麦人请求伯诺特允许他们通过，伯诺特竟然出人意料地同意了。我们该如何理解伯诺特的这一决定呢？是其他英雄故事里陈词滥调的英雄"过分自信"的文学主题的再现？还是主人公英勇就义前的大度之举？这似乎都不能完全解释这个故事里的"借路"之举。如果伯诺特自愿与敌人正面交锋的描写属实的话，那很有可能是因为他不想让这些造成伊普斯维奇之难的敌人逃跑，他想要战斗。丹麦军队原本可能计划驾船把军队运达主岛，但这里的地理位置、滩涂地貌和狭长的水道，使得丹麦人的如意算盘并不容易实现。那条堤道是丹麦军队的必经之路，所以交战不可避免。

无论基于怎样的史实，丹麦人最后通过了堤道，双方开战。伯诺特很快成为众矢之的，因为他铁塔一样的身躯比周围人高出一截，维京人直奔他而来，他们先杀死了紧紧围绕在他周围的亲随和朋友，然后将他杀死。伯诺特战死沙场后，一部分英格兰军队弃阵而逃。至此，诗人将对战事全盘惨败的描写提升为对真正英雄主义的讴歌，着力描写了伯诺特的追随者和朋友围绕着他的尸体不离不弃、继续战斗的情景。这种描写体现了一种带有原始色彩的"与主人同生共死"的理想，这种过时的做法也许还可以打动一个 10 世纪的盎格鲁-撒克逊人，将其升华为一首英雄史诗的感人主题，但事实上，我们很难说这是一种文明开化的举动。无论出于何种原因，部分军队战斗到最后为主人殉难而死。诗作的结尾部分歌颂了伯诺特的朋友与一些埃塞克斯地主的英雄末路，他们战死疆场，永久栖身于这荒凉之地，他们"为自己的国家"（出自一个同时代人的评论）进行了徒劳的抗争，他们的英勇精神通过老家仆伯特武尔德（Byrhtwold）之口而永留史册。

> 虽然我们的力量削弱了，但我们的决心更坚定，心地更热诚，勇气更壮大。这里躺着我们的主人，那个英雄倒在尘土中，他为那些临阵逃跑的人叹气连连。我已经老了，不会逃了，我就想躺在主人身边，这个值得我们深爱的人旁边。

这首反映莫尔登之战的诗歌影响巨大，感人至深，很容易就被人当成史实而照搬全部细节。但是，它不是历史，只是一部以某些史实为基础创作的文学作品，而且它毫无疑问地使用了某些文学手法来升华其英雄主义和悲剧色彩。然而，最近有人提出异议，认为这首诗完全没有历史依据，因为诗作完成于战役后的 40 年，而所依据的资料不过是创作于拉姆齐修道院的《圣奥斯瓦尔德的生平》中一段简短的

202

拉丁文记载。总而言之，那些对海岛潮汐的描述、交战原因、参战人物的名字以及最后的拼死抵抗，说到底都是信口开河。

这些批评过于武断了。确实，有些斯堪的纳维亚人的名字出现在英格兰军队一方，但这种情况在公元991年是完全可能的，因为维京人自从阿尔弗雷德大帝时期就开始定居在东盎格利亚地区了。在伯诺特的士兵行伍之中出现一个诺森布里亚人质，这也可以通过一份很有价值但也令人费解的伊利史料（Ely）加以解释，这份文件表明伯诺特不仅是萨塞克斯，而且是诺森布里亚的执事官。一位评论家提出一个理论，因为《圣奥斯瓦尔德的生平》中没有提到任何一个英格兰人，也由于他们的名字不太可能保存在口述历史中，所以，我们"最好接受，所有这些都是虚构的"。然而，我们目前掌握的资料说明，诗中提及的某些人物是真实的历史人物，从而证明了这种假说是错误的。那么，这首诗的写作目的是什么？写作时的社会环境又是怎样的？伯诺特的寡妻曾委托他人制作了一幅挂毯，来纪念亡夫的英雄事迹。而这首诗也有迹象表明，它的读者对象对这些战死沙场的人是熟识了解的。试想，在人们对这个发生在身边的著名战役还记忆犹新，或者本身就亲历了战争的情况下，这位诗人可能去虚构和篡改那些战争的关键信息吗？他也许确实有意给诗作赋予了诗意的主题，来让这次战争的立意更加高远，但是，这并不意味着这次战争本身没有发生。我们可以相当肯定地说，他的资料主要来源于朋友的回忆和那些"为国而战"的人的口述。为主人效忠战死的理想在那种情况下是不合时宜的，但很显然，该诗的作者以及《圣奥斯瓦尔德的生平》和伊利史料的作者都认为，莫尔登战役绝对不是以耻辱的失败而告终的一次肮脏残酷的战争，莫尔登战场上张扬了史诗般的英雄主义的风采。这就是这首诗的写作目的，作者借助恰当的文学手法，将本次战争的牺牲升华到了一个更高的境界！这种昂扬的英雄主义作风与某些懦弱的行为形成对比，而这种题材最可能出现在埃塞尔雷德统治时期的东盎格利亚。我们已经知道，在东盎格利亚地区，由当地头领组织的抵抗丹麦维京人的斗争一直持续到 1016 年，而这些行动与威塞克斯政府军的一系列可悲的失败，形成了鲜明的对比。东盎格利亚的抵抗英雄"大胆的阿弗塞特尔（Ulfcytel）"，与萨塞克斯的执事官伯诺特一样，送给丹麦人的贡金是利剑和长矛，这也是他们意欲传达给 991—1016 年当政者的信息。不幸的是，埃塞尔雷德和他的参谋们并没有留意到这一点。

203

佚名史家

历史的车轮驶入 10 世纪 90 年代，英格兰频繁遭受外国势力的军事入侵。斯堪的纳维亚半岛和丹麦的皇家远征船队，都沉迷在"去不列颠捞一把油水"的希望中。由此可见，英格兰政府的软弱无能在国外已是众所周知了，而且其财富也比较容易敲诈得手。公元 994 年，挪威国王奥拉夫·垂哲森和丹麦国王斯温（Swein）联合兵力，对伦敦发起了一次进攻。虽然伦敦抵抗住了入侵，但联军在埃塞克斯郡、肯特、萨塞克斯郡和汉普郡一路烧杀抢掠，无数城镇与村庄遭到洗劫。维京人在这一阶段的突袭，已经不再仅以抢劫为目的，而是以破坏性进攻为主，意图造成最大程度的破坏与恐慌，以勒索最高金额的贡金。丹麦军队显示出非常专业的远景规划能力，专门在福卡特（Fyrkat）和德雷勒堡（Trelleborg）组建了基地，部署军事行动。994年，也就是第一笔贡金到手约两年后，丹麦人将第二笔"丹麦金"16000磅也收入囊中，而他们接下来20年的行动方针也就此确定下来了。

　　这些年中发生的故事所幸通过一位编年史家的描述保存了下来。这位至今姓名已不可考的史家亲历了这些事件，他的记载堪称是最生动的英格兰历史记录片段之一，后被《盎格鲁－撒克逊编年史》收录，成为该书的一个组成部分。这位历史学家的记载带有明显的地域、政治与个人喜好方面的倾向性，他富有才华，行文体现出埃塞尔雷德时期的典型的布道说教风格，甚至让人联想他是否与伍尔夫斯坦二世大主教——埃塞尔雷德时期最著名的布道者——有过交流。这位史家目光敏锐，文笔挖苦尖刻，语含讽刺。随着英格兰的抵抗再三地遭遇失败，他的失望情绪也越积越深，于是他用饱含讽刺的笔触来发泄越绷越紧的对立情绪，比如"最后抵抗毫无成效"（999年），"其效果并不比之前的任何一次多出分毫"（1006年），"这支本该给国家带来利好的海军，我们却从来不曾享受过它的好运或荣誉"（1009年）。从993年到1013年的20年间，他九次提到丹麦军队如何"坏事做绝"，十五次记载了丹麦人如何"为所欲为"或"自行其是"，记载中处处突出了埃塞尔雷德政府面对敌人时的软弱无能。

　　那么，这份宝贵的史料写于何时？通过追溯它的有效草稿可以看出，该史书的最终定稿时间是埃塞尔雷德去世后的1016年到1023年之间，很有可能就是公元1016年或某个极其接近的时间。行文的某些特征甚至表明，这些事件在发生时就被即刻记载了下来。试想，这些记载如此周详，如果不是得益于某位身处事件中的同代历史学家的即时秉笔，几乎是不可能实现的，因而，很有可能是作者本人（或另外一个编年史撰写者）一直实时记录着这些事件。而前面提到的有追溯效力的草稿，很有可能就包含着一份实时记录。当然，该史家也事后诸葛亮一样地描绘出一幅危机累积、大厦将倾的图景，而这些情况不到最后毁灭的关头是不会明朗的。

这位佚名史家是在英格兰的哪块地域写下这部书的呢？该史料与记载阿尔弗雷德大帝的战争史料完全不同，它在地理位置上很难定位。该书最重要的一个特征就是体现出很强的国家意识，它将受苦受难的英格兰人民视为一个整体，对这些穷苦人在危难中被弃之不顾的处境表达了强烈的同情，并且坚信是国家上层统治者背叛了他的人民。因而，关于这部史料的写作地点，也是一个长期存在争议的问题。有人认为最有可能的写作地点是伦敦，因为该作者经常表现出一些地域性的知识，频繁地赞扬伦敦市民的英勇反抗行为，当公元 1009 年伦敦在多次进攻中仍然坚守抵抗时，几乎可以听到他大大松了一口气。"感谢上帝，它仍然未被攻破。"他这样写道。如果他确实是一个伦敦人，那么他姓甚名谁？他显然是一个教会人士，因为他接受过教育，并且精通布道风格的写作。但猜测仅此而已，我们无法探知更多细节。他是修道士？还是圣保罗教堂主教的随从人员之一？抑或是伦敦众多教堂中的一个教区神父？他也许认识伍尔夫斯坦二世，或许伍尔夫斯坦在伦敦担任主教职务时，他们就已经相识了？设想一下，他在王宫中还有一个老相识——这确实是个很有意思的想法。

205

"决策无方者"？

尽管这位佚名史家的行文充满了指责和非难，但他本人倒是一个忠实于国王的人。他虽然喋喋不休地数落着国王的判断失误，却极少抨击国王本人。比如，他在1014年写道，如果埃塞尔雷德的统治比原来更加公正的话，那么人们也许已经原谅他了，由此可见，他在行文中对国王的批评都是含蓄的。有很多史料表明，埃塞尔雷德统治残暴，本人愚不可及。比如弄瞎或杀害贵族、擅离军队、政策缺乏延续性等，而最能说明问题的是1002年11月13日的圣布莱斯日（St Brice's Day）大屠杀。当时，陷入偏执的埃塞尔雷德下令（据资料记载，他当时快马递书，把命令发给所有军事防御城镇中的自己人），大举屠杀居住在英格兰的丹麦人，理由是他们预谋废黜和谋杀他以及他的"贤人会议"的议员。现代学者们已经知道，这个行动的本意只是针对领取国王俸禄的丹麦雇佣军，只是事态失去了控制——这种情况在当时经常发生。当时英格兰境内有很多丹麦人聚居地，屠杀丹麦人的事件根本不该发生，但是，根据一份牛津保存下来的史料，当地的丹麦人曾经在圣福瑞斯维德（St Frideswide）教堂避难，而一群被政府反丹麦宣传蛊惑的暴民活活将他们烧死。不可否认，丹麦入侵者对英格兰人犯下残酷的罪行，但这些身为普通老百姓的丹麦农民和小商人已经在牛津安家立业一个多世纪，从来不曾对社会构成任何威胁，他们享有在英格兰定居的自由，与英格兰人比邻而居也已经70多年了，而埃塞尔雷德煽动起如此可怕的种族仇恨，其实是把前任国王们的伟大功绩毁于一旦。身为国王，他的行动怎能如此轻率？他的性格到底如何？

前面已经说过，我们的佚名史家几乎不曾从个人角度去评论过埃塞尔雷德国王，仅有的一次是谈到他饱受"诸多艰辛与无数困境"的煎熬，对他的去世流露出了同情。后世史料描述埃塞尔雷德国王本人，"彬彬有礼，相貌英俊，姿容秀丽"。但至于说其个人品性，王室土地特许状这种最严肃的文件反映出的却是，一个对违法者无能为力、不停地自我辩解的国王形象。他行事易冲动，经常在不当的时机采取残忍的行动，且总是用人不当。我们是通过《盎格鲁－撒克逊编年史》的记载，来构建对埃塞尔雷德的基本认识的，而这部书也确实提供了很多细节。历史学家马姆斯伯里的威廉曾对埃塞尔雷德国王写下了一个令人玩味的评价："经过这些深刻的反思，让我意想不到的是，这个国王与我们从前辈人口中得知的形象并不相同，他既不十分愚蠢，也非特别懦弱，但却在灾祸不断的恐惧煎熬中度过了一生。"然而，威廉对埃塞尔雷德的其他评论，也许还是基于前辈流传下来的故事，也就是他整日无精打采，贪图享乐，性情暴躁，任性残酷，傲慢自大，饱受厄运的撕扯与折磨。埃塞尔雷德的绰号是"决策无方者"（Ethelred the Unready，Unready 的古体英文为 Un-raed），这个绰号迟至 12 世纪才首次出现于史料中，但我们不妨设想，这个双关语就是当时"贤人会议"的某些成员创造的。埃塞尔雷德（Ethelred）名字的拼写是两个盎格鲁－撒克逊单词的组合——aethel 和 raed，意思是"崇高的忠告"。Unraed 的意思是"无建议、无忠告"，隐含着"邪恶的劝告""背信弃义"等贬损之意。这个带有双关语色彩的绰号

207　可以从多个角度去理解，比如有人向埃塞尔雷德提出了一些糟糕的谏言，或者他不肯接受建议，或者只是说他本人愚不可及，当然也可能是一种更严重的指控，比如他曾有过邪恶的过失。然而确定无疑的是，unraedas 就是当时困扰着英格兰的主要问题，所有降临到英格兰头上的灾难都是源于 unraedas。"糟糕的政策。"佚名史家在 1011 年如此评论，并且在 1016 年重复了这个评论。这个双关语绰号充满了机智，既然当时的人已经如此认识这个问题了，我们也自然没必要去想为什么这个名字要等两个世纪后才能出现。佚名史家在谈及这个绰号时，很大程度上保留了其讽刺意味。那么，同代人为什么认为埃塞尔雷德是个"昏君"呢？

明君与昏君

我们对盎格鲁－撒克逊英格兰人心目中的"明君"，已经有了足够的认识。史料中记载的阿尔弗雷德、埃塞尔斯坦和埃德加一世等威塞克斯国王的事迹，给我们留下了充分的材料来构建"明君"的形象。而如果把史料中对埃塞尔雷德近 40 年统治的严正谴责集中到一起，并且辅以那些可以统观全局的材料，比如伍尔夫斯坦二世大主教的《伍尔夫布道集》和《盎格鲁－撒克逊编年史》，我们就能够清楚地看到，君王的个人魅力和声望在盎格鲁－撒克逊英格兰时期是多么重要！纵观英格兰历史，埃塞尔斯坦国王"威名先行，不怒自威"，他能"让人们因恐惧而团结在他周围"（阿塞尔主教曾用相同的话描述过奥法国王的威力），他"对待敌人，如雷霆霹雳"。至于说埃德加一世，"当这位高尚的国王在位时，任何强主都别想从英格兰手中赢得任何战利品"，因为任何觊觎之人都因为惧于他的"谨慎精明而不战而屈"。这些国王的性格都鲜明而简单，严厉却公正，他们具有"高贵的品行"，他们与阿尔弗雷德大帝一样，是战争女神的宠儿，幸运一直常伴在他们身边。

埃塞尔雷德则是坏运连连。首先，他以不吉利的方式取得了王位，甫一登基就晦气地遭遇了丹麦人的凶猛入侵，而他在力量、统治技巧和耐力方面，都不敌对方的丹麦国王，这是一件不幸之事。个人运气一直是影响黑暗时代的国王成败的一个重要因素，就如后来历史所证明的那样，英格兰民众是能够在一位英明国王的带领下英勇奋战而取得胜利的，而这些当时人认为重要的国王品质或性格特征，埃塞尔雷德一样也不具备，这也是该遭天谴。现代历史研究并没有先入为主地对埃塞尔雷德抱有谴责态度。近来史学家研究了埃塞尔雷德时期的盎格鲁－撒克逊管理制度的效率问题，虽然所得证据并不能证明他本人很有效率，但也证明了由其先辈创建的国家王权机制的弱点，恰在埃塞尔雷德统治时期全面爆发出来。在中世纪社会早期，一个国王的道德失败会产生极端严重的后果，这也恰恰是埃塞尔雷德的顾问大主教伍尔夫斯坦二世基于对丹麦战争的体验，在自己的很多神学与政治短文中屡次三番提到的观点。他在《政治机构》（约1020年）一文中提到："坚定支撑合法王权的八个支柱是：真相、毅力、宽容、崇高的决策、强大、热心、克制和公正。"以此衡量，埃塞尔雷德在很大程度上确实是个失败之君，因为他不具备这里提到的任何一种品质。从另一方面看，尽管伍尔夫斯坦二世就这些问题著文立说，但他却无力促使埃塞尔雷德将这些标准付诸实施。

"危机四伏，时势危难"

　　公元997—1007年的十年，对不列颠来讲是个危机四伏、强敌环伺的十年。一年继之一年，《盎格鲁-撒克逊编年史》给我们描绘了一幅不列颠惨遭破坏的图画。997年的康沃尔郡、威尔士和德文郡，998年的多塞特郡，999年的肯特，1001年的汉普郡和德文郡，1003年的埃克塞特和威尔特郡，1004年的诺维奇和东盎格利亚，1006年的肯特和英格兰中部，均惨遭战争破坏。祸不单行的是，遭遇战争蹂躏的同时，饥荒不时爆发。（1005年的记载为："记忆中最严重的饥荒"。）"丹麦金"额度不断上涨（1002年贡金为24000磅，1007年涨至30000磅）。佚名史家的一系列记载浸润着哀伤情绪："一次又一次，越是紧急的事情越是拖延……所以，海军与陆军的备战总是以失败告终，随之而来的就是民众愈发贫困，白白浪费金钱，助长了敌人的气焰。"（999年）"从各个方面来讲这都是一段艰难的时期，因为他们不会停止罪恶行径。"（1001年）

209　　根据佚名史家的记载，到1006—1007年圣诞节时，英格兰局势已经极度恶化。"战争恐慌迅速蔓延，人人都谋划着逃离这个国家，或者保卫国土反抗入侵，但都无能为力。"而对此局面，埃塞尔雷德国王和议会的解决办法是与敌人谈判，争取停战期，奉上更多贡金，然后从英格兰各地征收赋税，献给丹麦人。根据《盎格鲁-撒克逊编年史》C版本和D版本的手稿，新年时支付的"丹麦金"是36000

磅。国事艰难，时运低迷，在这低谷时刻，埃塞尔雷德看似被说服要采取某些行动了。

1008 年，在汉普郡的金恩哈姆（King's Enham）村的王宫里，埃塞尔雷德正式颁布了一部法规，其官方版本的第一句话是："我，埃塞尔雷德国王，首先审慎考量如何全力促进基督教的传播和王权的公正。"现代历史学家对这部法规的一些问题一直争论不休，比如它多大程度上能得以实施，在伍尔夫斯坦二世这些人眼中怎样才算是制定法律等。事实上，这部由伍尔夫斯坦大主教起草的法规真切地反映出在这个特定的历史时期，盎格鲁－撒克逊主教和教会阶层越来越深刻的恐惧和忧虑。他们害怕基督教在英格兰会沦落为异教，尤其在半基督教化的诺森布里亚省，人们对神石、神树、神井的崇拜非常流行，女巫和魔法师极大地影响着人们的日常生活，那里的神职人员都是世俗中人，实行一夫多妻制，并且没有文化。奴隶人数飙升的状况也让他们恐惧，很多穷苦人都被卖给了维京人。女人可以买来做性奴，然后卖给入侵者当奴隶。他们还忧心于军队里越来越多的叛逃和开小差的情况，土地特许状显示出从 994 年开始，很多大地主贵族做了叛徒。他们担心教会产业、收入的减少和"丹麦金"——这为了"国家自由"而支付的"无穷无尽的贡金"——额度的不断增加，最终会导致教会权力的枯竭。说到底，他们担心教会这个特权阶层可能会在英格兰消亡。金恩哈姆村法规显示出，时人认为上帝已经遗弃了这个国家，这片土地必须要得到净化。法规的最后一句写道：

我们必须热爱并忠于那唯一的上帝，完全摒弃任何异教信仰。忠实于我们的国王吧，竭尽全力，共同捍卫我们的土地与生命，让我们从内心深处祈祷全能的上帝帮助我们。

桑威治之殇

他们确实需要上帝的帮助。金恩哈姆村法规发布不久，埃塞尔雷德就"下令在全英格兰境内快速建造战舰，平均每300海得[1]拥有一辆大型军舰，每10海得拥有一艘小快艇，每8海得提供一套锁子甲和头盔"。这个命令是埃塞尔雷德统治以来采取的最积极的军事方案了。但是，接下来发生的戏剧性逆转几乎无法转述，最好还是引用佚名史家的原文吧。

公元1009年，我们上面提到的战舰已准备完毕。根据相关记载，这次修造战舰数量之巨，在英格兰历史上的任何时代中都是首屈一指。这些战舰都集中停泊在桑威治海岸附近，以抵御进入这一海域的来犯之敌。然而，与之前的历次行动如出一辙，这次我们原本占据优势的海军行动，仍然没有给我们带来任何好运和荣耀。大约同时或稍早时候，宫廷中发生了一件事：麦西亚执事官依锥克（Eadric）的兄弟贝奥垂克（Beorhtric），向国王控告

---

[1] 海得（hide）是英格兰使用的一种旧制土地测量单位。一般指能够养活一家自由民所需的土地，通常相当于364—728亩。

了萨塞克斯贵族伍尔夫诺斯（Wulfnoth）。伍尔夫诺斯闻讯后逃离国境，并成功弄到了20艘船，在南部沿海各地不断骚扰，无恶不作。英格兰舰队探知消息，据说如果时机得当，很容易就能包抄伍尔夫诺斯的船队。前面提到的贝奥垂克闻言，设法弄到了8艘船，想要活捉或杀死伍尔夫诺斯为自己挣下功名。在贝奥垂克追赶伍尔夫诺斯的途中，他的船队遇到了前所未有的强劲风暴，船只尽数被击打成碎片，搁浅岸上，然后伍尔夫诺斯径直追来，放火烧船。当时，政府其余的船队处于埃塞尔雷德国王的指挥之下，待这些船只的噩耗传来时，国王本人、诸位执事官和议员要人纷纷打道回府，不负责任地将舰队弃置一旁，局面顿时大乱。那些留在船上的人也都把船开回了伦敦，任凭这次举全国之力的军事行动付诸东流，这次寄予全英格兰希望的反攻丹麦之举就这样不了了之。

211

——《盎格鲁-撒克逊编年史》（G.N.Garmonsway 译）

这场荒唐的闹剧刚一落幕，一支庞大的丹麦舰队就抵达桑威治，他们从肯特勒索贡金，一路劫掠了萨塞克斯郡、汉普郡、伯克郡，直达怀特岛。在这些灾难发生的同时，埃塞尔雷德与他的"贤人会议"可能在巴斯举行过一次会议，提出的解决方案是发布一道忏悔令，宣布国家处于一种道德层面的紧急状态，呼吁人们通过祈祷与断食让丹麦人离开。

能够对这一情况加以佐证的是，当时铸造了一种所谓 Agnus

Dei[1] 类型的钱币。钱币的正面图案是上帝的羔羊，反面是圣灵，这种设计寄予了祈祷上帝智慧降临英格兰的愿望。这种宗教象征手法以及相应的巴斯忏悔令，无疑是当时的宫廷精神领袖伍尔夫斯坦二世大主教的手笔。事实上，我们也无法确定，这种钱币是否真正流通发行过。当时的造币厂各自独立，分散在全国各地。而这种也许称得上英格兰设计最精美的硬币目前一共只发现了 13 枚，这或许说明硬币确实发行了，但数量非常有限，也许只是作为一种王室赠品，只送给了各地的教会人士来表达国王洗心革面的决心。据推测，公元 1009 年年末，英格兰局势急转直下，这种精神层面的举动没有产生任何效果。

212　　　　公元 1010 年……（当时的局面是）敌人在东面时，我们的军队却一股脑儿拥在西面。敌军在南部时，我们却聚集在北部。国王召集所有议员，下令彼时彼刻必须商讨出一个御敌方案，但是，任何一个行动计划制订出来后，实施从未超过一个月。最后，再没有头领愿意招募军队了，人人自危，只想着尽快逃离。而郡与郡之间，也不愿意互相帮助了……

　　公元 1011 年，埃塞尔雷德与"贤人会议"的成员们决定向丹麦人求和，只要他们能停止骚扰，愿意奉上贡金和补给。

　　本次丹麦人的侵扰波及以下地区：（1）东盎格利亚；（2）埃塞克斯郡；（3）米德塞克斯（Middlesex）；（4）牛津郡；（5）剑

---

[1] Agnus Dei 为拉丁文，其英文为 lamb of god，意为"上帝的羔羊""神的羔羊"。基督教神学原指"为全人类赎罪"的代罪羔羊。

桥郡；（6）赫特福德郡；（7）白金汉郡；（8）贝德福德郡（Bed-fordshire）；（9）亨廷登郡（Huntingdonshire）的一半，以及泰晤士河南部的全部肯特郡、萨塞克斯郡、黑斯廷斯（Hastings）附近地区、萨里郡、伯克郡、汉普郡以及威尔特郡的大部分地区。

所有这些灾难降临到我们头上，都是因为糟糕的政策，因为没有及时交付贡金。丹麦人只有极尽逞恶之后，才能与之达成和平。然而，尽管商定了停战期，付了贡金，丹麦人仍然成群结队地到处乱窜，不幸的民众惨遭劫掠与屠杀。同年，在圣母玛丽亚降生日与米迦勒节[1]之间，他们围困了坎特伯雷，用背信弃义的卑鄙手段进了城。那个曾被坎特伯雷大主教埃尔弗哈[2]救过性命的埃尔弗麦（Aelfmaer），却背叛了坎特伯雷。他们抓捕了埃尔弗哈大主教……

——《盎格鲁-撒克逊编年史》（G.N.Garmonsway 译）

格林威治殉道

丹麦军队带着他们俘获的坎特伯雷大主教埃尔弗哈撤退到格林威治，从 1011 年秋季直到 1012 年的复活节，就一直驻扎在那里。时间

---

[1] 米迦勒节（Michaelmas）意为天使长圣米迦勒的庆日。在基督教中，米迦勒是最伟大的天使长，因在天堂战争中击败了撒旦而获得无上尊荣。在黑暗时代的英格兰，该节日也用于划分季节，是计算季度的节日之一。

[2] 埃尔弗哈（Aelfheah，约 953—1012），曾任温切斯特主教和坎特伯雷大主教，以虔诚与神圣闻名，热心于宗教改革并鼓励学习。1078 年被封为圣徒。

如此宽裕，却没有任何证据显示，这种极端紧急的状况激发起了埃塞尔雷德一星半点行动的决心，而我们的佚名史家（和其他人）心中似乎对此是抱有期待的。复活节前，"贤人会议"的主要成员（很奇怪的是，这次没有提到国王的名字）聚集到了伦敦，在那里一直待到复活节后，直到他们承诺支付的"丹麦金"从各个郡中征集完备。复活节后的一个星期，在格林威治的军营里，英格兰人将48000磅银子交到了丹麦人手里，如果用货币支付的话，这些银子可值1200万枚硬币。但是到了星期六，情况却急转直下。虽然巨额贡金已经到手，但丹麦人对埃尔弗哈大主教仍心怀愤恨，因为"他不愿意给他们一分一厘钱，也不同意为他支付任何赎金"。我们的佚名史家还补充说，丹麦人喝得酩酊大醉，因为他们弄到了很多法国葡萄酒，也许是抢劫了泰晤士河上的商人吧。1012年4月19日星期六的晚上，丹麦人把埃尔弗哈大主教带到了他们的特别法庭，宣布用牛骨之刑将他处死。一个维京人使用公牛头骨制成的斧头，以钝头重击大主教头部将其砸死。这一罪行可能就发生在现今格林威治教堂所在地，因为当埃尔弗哈大主教被封为圣徒时，教会无疑应该是忍痛找到了这起殉道惨剧的发生地，并且就在那个地点建立起了纪念教堂，这里至今仍供奉着圣徒埃尔弗哈。

埃塞尔雷德的溃逃

公元1013年，由埃塞尔斯坦开创下江山的英格兰帝国终于山河破碎。8月时，丹麦国王斯温又如往年一样开始了他的军事征伐季，船队抵达了桑威治（Sandwich）附近的海岸。但是这次他绕过了东盎格利亚，进入亨伯河流域，直达亨伯河的支流特伦特河，到达了根斯堡（Gainsborough）。在接下来的两年间，这里一直是丹麦军队的主要基地。继丹麦人一连串的闪电行动后，诺森布里亚人、林赛（Lindsey）人、丹麦法区自治五市镇的人以及惠特灵罗马大道以北的丹麦人，都投降了丹麦国王，斯温从这些郡中抓捕人质，索要马匹和供给。然后，斯温将船队和这些人质一股脑留给他十几岁的儿子卡纽特来管理，自己则转战南部，征服了牛津和温切斯特。然而，他对伦敦的进攻遭遇了失败，伦敦市民再次"拼死抵抗，因为国王埃塞尔雷德就在城中"。

埃塞尔雷德现在几乎就是一个"手无寸土"的光杆国王了。斯温转头向西挺进，西部诸郡的领主聚集在巴斯，觐见斯温，纷纷归顺，奉上人质抵押。如此征伐之后，斯温回到了船上，现在整个国家都已经尊他为国王了。那些不轻易屈服的固执却也识相的伦敦市民，除了投降和支付贡金外别无选择。此时，英格兰的状况在佚名史家笔下是"全国上下，一片大乱"。身为国王，埃塞尔雷德先是将王后"诺曼底的爱玛"[1] 和孩子们，送到了诺曼底的内兄处躲避战乱，自己与舰队

214

---

[1] 诺曼底的爱玛（Emma of Normandy，985—1052），是诺曼底公爵"无畏者"理查（Duke Richard of Normandy）的女儿。她先与英格兰国王埃塞尔雷德结婚，其子就是后来的英格兰国王"忏悔者"爱德华。后与卡纽特结婚，成为英格兰、丹麦与挪威王后，并生下了后来的英格兰与丹麦国王哈德克努特（Hardeknud）。她是中世纪早期最引人注目的女王之一，她在世时，就有歌颂爱玛王后的拉丁文诗歌《爱玛颂诗》（En-comium Emmae Reginae）流传。

在泰晤士逗留了一段时间，但在怀特岛过了一个孤苦伶仃的圣诞节后，也就逃亡去诺曼底与家人会合了。这条循着埃德加一世和阿尔弗雷德大帝可溯源至彻迪克（Cerdic）的王室血脉，这份欧洲最古老、最负声望的王室基业，看似就此终结了。

埃塞尔雷德"什么都没做"？

截至目前，我们一直是循着《盎格鲁－撒克逊编年史》的记载来探索这段历史的。然而，埃塞尔雷德果真如佚名史家所说的那样不善治理、毫无作为吗？最近，一些新发掘的资料，比如考古发现、钱币、土地特许状等，证明埃塞尔雷德在后期统治中曾采取过一些实际行动，来改善不断恶化的军事形势。比如，当时新建了很多"战时防御基地"，很多造币厂从原来防范不善的城镇转移到了这些重新启用的铁器时代的要塞中，这样就保证了国家的铸币工作一直正常运转，按照惯常的六年一个周期的频率，运行到埃塞尔雷德流亡国外——这勉强可算作是潜在管理的一个表现吧。

大约 997 年时，德文郡的巴恩斯特普尔（Barnstaple）、托特尼斯（Totnes）、利德福德（Lydford）等城镇的造币厂，都暂时迁往位于德文郡腹地的一处叫作高瑟堡（Gothaburh）的要塞里（其具体地点目前仍有待确定）。1003 年，威尔顿（Wilton）的造币厂被安置到铁器时代的老萨鲁姆（Old Sarum）要塞的坚固城墙之内，后来威尔顿遭到了丹麦国王斯温的洗劫，但造币厂逃过一劫。这种例子在埃塞尔雷德统治后期，越发频繁出现。1009 年，萨默塞特郡的依尔切斯特

（Ilchester）、克鲁肯（Crewkerne）、布鲁顿（Bruton）等诸多小造币厂，都被集中到了南凯德伯里（South Cadbury）村防护范围之内，这里石墙高垒，城门坚固，可以踞守（以此看来，这座要塞继亚瑟战争之后再次发挥了作用）。就在同一年，奇切斯特（Chichester）造币厂在塞斯伯瑞（Cissbury）附近重新开工，多尔切斯特（Dorchester）的造币人也许在靠近温伯恩（Wimborne）的亨伯里（Henbury）工作了一段时间。另外，史料中还提到了一些有待进一步确定的地名，比如沙夫茨伯里（Shaftesbury）附近的布瑞根（Brygin）和尼湾（Niwan），还有在 1007 年的一份土地特许状中提到的"新强化防御的城镇"比奥克瑞（Beorchore）。考古学家们也考证出，这一时期的许多城镇旧有的城防系统，比如韦勒姆、沃林福德和克里克莱德，都用石头翻新加固过。这些图片垒叠在一起，确实可以勾画出一幅通盘考虑的政府防御政策的宏图，而这些情况在当时编年史家们的笔下却都没有得到反映。

　　这类防御行动不仅局限于英格兰国内，来自国外的资料显示，埃塞尔雷德及其顾问也通过外交手腕来抵抗与日俱增的维京人的威胁。教皇档案记载道，991 年，埃塞尔雷德的使团前往鲁昂（Rouen），与诺曼底公爵"无畏者"理查谈判并签订协议，禁止维京船队在诺曼底港口停靠补给与修补船只。随后在约公元 1000 年，英国舰队在诺曼底的科唐坦（Cotentin）半岛发起的一次袭击，大概也是出于同一目的。1002 年，埃塞尔雷德迎娶了诺曼公爵理查一世的女儿爱玛，应该也是这种政治背景下的联姻。

　　当时维京人的威胁不只存在于英吉利海峡和北海地区。公元1000 年，一支大型的英国海军舰队前往爱尔兰海，进攻了马恩岛

（Isle of Man），根据《盎格鲁－撒克逊编年史》记载，这本意是一次配合坎布里亚陆地进攻的海上联合作战，虽然此次远征并没有达到预期目的，但无论如何，这也算得上是一次进攻行动。

综合以上事实可知，英格兰政府其实一直没有放弃抵御丹麦人的入侵，只是各种尝试经常徒劳无功罢了。这些迹象也表明，埃塞尔雷德并没有被那些荒唐说法麻痹——当然，其意义也仅此而已。到头来，让我们迷惑不解的还是这位时运不济的国王的内在个性。

埃塞尔雷德、卡纽特与埃德蒙：最后的挣扎

216　　　1014 年 2 月 2 日，丹麦国王斯温在林肯郡的根斯堡去世，军队推举他的儿子卡纽特即位。根据佚名史家的记载，伦敦的英格兰议员们提议，再次迎立流亡诺曼底的埃塞尔雷德为英格兰国王，他们声称：“只要他的统治能比原来更加公正些，对他们来讲，没有任何君主会比他们的合法国王更值得敬爱了。”这个例子强有力地证明了，一个盎格鲁－撒克逊国王能够唤起怎样的情感上的归属。作为回应，埃塞尔雷德派出了他的儿子、未来的国王“忏悔者”爱德华和使者们返回英格兰，他承诺“他将成为他们仁慈的君主……过去的任何事情既往不咎，无论他们的所言或所行曾怎样反对过他，只要他们能再示忠诚，同心同德，永不背叛”。当年的大斋期[1]期间，埃塞尔雷德回

---

[1] 大斋期（Lent），也称大斋节，天主教、东正教称四旬期，是基督教年历的一个节期，整个节期从大斋首日开始至复活节前日为止，共 40 天。教徒以斋戒、施舍、克己等方式补赎自己的罪恶，准备庆祝耶稣基督的复活。

到了英格兰，"受到了热烈欢迎"。

此时，丹麦国王卡纽特仍然驻扎在根斯堡，手上扣押着从林赛掳来的人质。埃塞尔雷德趁着士气昂扬，马上挥师征伐林赛，所过之处，尽行摧毁之事，以惩戒当地人支持了卡纽特。仓促之下，卡纽特弃当地盟友于不顾，仓皇逃至海上，将那些人质也扔在了桑威治，但临行前没有忘了割掉他们的双手和鼻子。埃塞尔雷德的此次军事行动没有收到任何成效，因为他照旧付给了驻扎在格林威治的丹麦军队一笔21000磅的贡金。让局势雪上加霜的是，当年秋天天气恶劣，洪水肆虐，很多人被淹死，更多的人无家可归。

埃塞尔雷德短暂的辉煌到1015年就结束了。那一年，埃塞尔雷德与儿子埃德蒙[1]发生了争执。这时的埃德蒙大约与卡纽特同龄，与父亲争执后，埃德蒙自立了出去。其他有实力的英格兰头领，包括麦西亚执事官依锥克，都决定将宝押在卡纽特身上。埃塞尔雷德有心召集更多军队，但是有关叛变的流言满天飞，军心浮动，最后，埃塞尔雷德擅离军队躲到了伦敦，在那里埃德蒙与他言归于好。当时局势已渐趋明朗，卡纽特决定发起最后一击，他率领全部大军，逼近伦敦。

　　刚好在丹麦舰队到达之前，埃塞尔雷德国王去世了。经历了诸多艰辛与无数困境的一生后，他去世于圣乔治日（4月23

217

---

[1] 埃德蒙（Edmund II，988—1016），即埃德蒙二世，1016年4月23日到11月30日的英格兰国王，绰号"刚勇者"埃德蒙。1016年埃塞尔雷德死后，他继任国王，审时度势后与卡纽特协商共治英格兰，但当年11月便宣告死亡，他的去世使卡纽特完全统治了英格兰。

日）。他死后，当时在伦敦的英格兰议员和伦敦市民都推举埃德蒙为国王。埃德蒙在其有生之年，坚定勇敢地保卫了自己的王国。

——《盎格鲁－撒克逊编年史》

几乎毫不夸张地说，埃塞尔雷德终其一生的统治，"只有最后一死才为国家做出了贡献"——一位 19 世纪的历史学家如此尖刻地写道。根据 12 世纪编年史家伍斯特的弗洛伦斯的记载，他被"充满敬意"地安葬在伦敦的圣保罗大教堂（St Paul's Cathedral）。弗洛伦斯还详细记载了接下来发生的一系列富有戏剧性的内部政治斗争。虽然伦敦的议会宣布埃德蒙继任为英格兰国王，然而，威塞克斯的主教和政治要人召集会议，一致同意推举卡纽特为国王。弗洛伦斯记载说，他们在南安普敦拜见了卡纽特，他们"当着他的面，宣称放弃所有与埃塞尔雷德的关系，与他达成和平协议，宣誓效忠于他。他也向他们郑重承诺，在处理教会和政府事务时，会履行一个忠诚国王的职责"。

"刚勇者"埃德蒙

埃德蒙积极回应了这种政治危机。当卡纽特在伦敦周围深挖封锁线的时候，埃德蒙亲自深入到威塞克斯西部诸郡，在那里召集了一支忠于国王的小部队。卡纽特带领着归降的依锥克和其他英格兰头领的军队，紧追其后。1015 年 6 月，双方在潘塞伍德（Penselwood）村和舍斯顿（Sherston）村展开一系列激战，埃德蒙获胜。经此一役，英格兰人终于找到了一个可以依靠的核心领导者，埃德蒙麾下聚集了更强大的力量，于是他组织了一次大胆的进攻：围攻伦敦，打破丹麦人的封锁。他的行军路线不是从东南方向攻城，而是一直在泰晤士河北岸行军，然后在托特纳姆（Tottenham）的克雷西尔（Clayhill）农场北边的森林处南下。这条出人意料的行军路线大获全胜，英格兰军队突破了丹麦人的防御工事，将卡纽特大军赶回了船上。埃德蒙乘胜攻入伦敦，休整两天后，在布伦特福德（Brentford）跨过泰晤士河上游，击败了试图在泰晤士河南岸修建据点的丹麦军队。由于后继兵力逐渐枯竭，埃德蒙不得不回到威塞克斯招募更多军队。卡纽特为了复仇，突袭麦西亚，埃德蒙发兵追击将其赶到了肯特。在靠近七橡树（Sevenoaks）镇的奥特福德（Otford）村，卡纽特刚刚立稳脚跟，埃德蒙就发起了猛攻，丹麦军队惊慌失措，"纷纷溃逃，骑马逃往谢佩岛[1]，国王奋力追赶，杀敌无数"（出自《盎格鲁－撒克逊编年史》）。

一个传奇由此诞生了。英格兰历经了 30 年军事上的连连惨败，一位流淌着阿尔弗雷德大帝血脉的威塞克斯国王，终于回归了！他凭着勇气、运气、个人魅力和不屈不挠的斗争精神，让人们对他拭目以待。让我们看看埃德蒙的际遇有了怎样的改变吧，甚至连麦西亚执事官依锥克都改变了立场，在白金汉郡的艾尔斯伯里（Aylesbury）又归降了埃德蒙。对于此举，我们的佚名史家评论说："判断失误，莫大于此。"

218

---

[1] 谢佩（Sheppey）岛是一座位于肯特郡泰晤士河出海口的岛屿，距离伦敦约 60 公里。岛上遍布自然河道与人工水道。

阿兴登之战

埃德蒙第五次招募军队（佚名史家的用词是"全体英格兰人"，虽不无夸张甚至狂热，但情有可原），投入战争。在距离今天埃塞克斯海岸不远的地方，有一个地方叫作 Assandun，意思是"长着梣树的山"，位于现今阿兴登（Ashingdon）村南端向北的几公里处。1016年秋天，埃德蒙再袭卡纽特大军，10月16日，就在这里发生了整个战争期间最血腥、最胶着的一场战役。

五次军事胜利极大地激励了埃德蒙。处于巅峰状态的埃德蒙军队规模庞大，斗志昂扬，军队的主要构成是威塞克斯人、东盎格利亚人（在"大胆的阿弗塞特尔"这位十几年来最坚定的地方头领的指挥下）和麦西亚军队（由"资深叛徒"依锥克带领）。埃德蒙快速组织起了进攻，但是此次战争大力依赖的一股力量却完全是所托非人，因为"麦西亚执事官依锥克故伎重演，他和来自赫里福德郡以及南什罗普郡的人，最先临阵逃跑，背叛了自己的君主和整个国家"。约写于1035年的赞扬卡纽特王后"诺曼底的爱玛"的拉丁颂歌揭示出，依锥克的临阵倒戈，其实是他与卡纽特事先串通一气的。埃塞尔雷德统治期间，依锥克绝对不是唯一一个背叛旧主的英格兰地方头领。无论何时，只要埃塞尔雷德失去了对这些地方巨头的控制，这种口是心非的两面派做法就此起彼伏。但至于麦西亚的依锥克为什么如此行事，我们还不得而知，答案也许与10世纪和11世纪期间的麦西亚与威塞克斯之间的微妙关系有关。但有关这段历史，并没有既成史料流传下来。依锥克的叛变使埃德蒙的军队遭受了灭顶之灾，包括"大胆的阿弗塞特尔"在内的所有主要将领都战死沙场，"英格兰之花全部凋零于此"。

"英格兰之王"卡纽特

几个月之后，待局势逐渐明朗后，我们的佚名史家才又接着写道："卡纽特大获全胜，赢得了全部英格兰。"尽管在阿兴登之战中遭受了极大打击，但埃德蒙仍然没有放弃，他撤退到格罗斯特郡，希望再组建一支军队，东山再起。毫不奇怪，他的英勇表现很快为自己赢得了"刚勇者"的绰号。卡纽特跟随而至，两位国王在塞文河边的迪赫斯特（Deerhurst）会面。他们在这里结拜为兄弟，交换了战袍、武器和礼物，双方通过协商，同意分治这个国家。埃德蒙统治威塞克斯，而卡纽特治理北方。（签订这个条约的教堂至今仍屹立在迪赫斯特，是现今保存最好的盎格鲁－撒克逊教堂之一。）然而，仅仅一个月后，英勇的埃德蒙突然去世了——或者说是在卡纽特的指使下被谋杀了。"刚勇者"埃德蒙与他的祖父"和平者"埃德加一起，被埋葬在萨默塞特郡的格拉斯顿伯里（Glastonbury）。至此，再无人能阻止卡纽特了，在英格兰议员的推举下，他于1017年成为英格兰国王。在接下来的25年时间里，由威塞克斯国王的祖先彻迪克（Cerdic）流传下来的王国，就由这个丹麦王朝来执掌了，英格兰此时变成了这个斯堪的纳维亚帝国的一个部分。而在这之前，它与欧洲卡洛林统治体系以及罗马的联系要更加紧密些。

220　　还有战争遗留问题需要买单。1018 年，英格兰人将最后一笔也是最大一笔的"丹麦金"支付给了卡纽特国王。这笔金额已经达到 72000 磅，而伦敦市民要另外支付 10500 磅。部分丹麦军队撤回了丹麦，卡纽特在英格兰保留下 40 艘战舰的兵力来保护自己。最后，英格兰人和丹麦人在牛津举行了一次重要会议，同意遵循最后一位伟大的威塞克斯国王埃德加一世时期的法律。卡纽特随后写给英格兰主教、伯爵和英格兰民众的信件表明，通过伍尔夫斯坦二世一类的人物的影响，他已经意识到中世纪王权与教会结盟可带来的可观利益。现在，他成了埃德加一世当之无愧的继任者。

> 我宣布，我将成为一位感恩的君主，忠实地观察上帝权力和公正的世俗法律的实施。我时时牢记由利封（Lifing）大主教转达的罗马教皇的信件与教导，谨记处处宏扬上帝的荣耀，以上帝赋予我之力量来制止错行，维护安全稳定……我感恩全能的上帝，正是他的垂顾与仁慈，才让我在步步紧逼的巨大危险中安然无恙。
>
> ——卡纽特的第一部法令

显而易见，这又是伍尔夫斯坦二世的手笔。我们可以想象，这位大主教坐在伍斯特教堂的图书馆中，为一位国王的公正统治起草着法令。这位国王还如此年轻，在这种关键时刻，他扮演的几乎就是父辈一样的角色，伍尔夫斯坦大主教终于可以松一口气了。这是否是神职人员的叛国罪？几乎算不上，只不过是黑暗时代的天主教教会改造西方蛮族国王的另一个饶有趣味的表现罢了。毕竟，卡纽特曾是个让人畏惧的人物，他可以毫无缘由地砍掉别人的耳朵和鼻子，可以杀死埃塞尔雷德国王的孩子埃德维格（Eadwig），也可以砍掉所有他不信任的世俗头领的脑袋。然而，教堂的感化力量将他改造成了一个令人尊敬、万众仰慕的公正君主，一个有意识地模仿威塞克斯伟大贤王的蛮族国王，一个对教堂慷慨捐助的虔诚金主。当前保留下的一张卡纽特的画像中，他长着亚麻色的头发，身材高大，体格健壮（他当上国王时大约只有 20 岁）。这个原来的"恐怖主义者"蒙上帝的恩典，行了涂油礼，轻松地由斯堪的纳维亚的异教世界，转换到基督教指导下的欧洲王权规范之内。确实，公元 1027 年时他还追随着奥法国王和阿尔弗雷德大帝的脚步，前往罗马朝圣。卡纽特国王截然不同的两种性格，看似很难统一到一个人身上，然而对他而言，这不过是中世纪国王品性的正常表现罢了。我们应该还记得，英格兰学者阿尔琴对奥法国王的严厉评价，而像阿尔弗雷德大帝那样具有思想家品质的国王，在黑暗时代的国王中确属凤毛麟角，教堂从绝大多数国王身上能够希求的，大概也不外乎就是形式上的虔诚表现。黑暗时代的多数国王都类似于被宠坏的孩子（比如埃塞尔雷德本人），他们本身的道德感并不是很纯粹。你也许会说，卡纽特根本就是一个残暴虚伪的机会主义者。然而，他只是第二代基督徒，他的父亲斯温国王几乎就没有接触过基督教，而他本人也成长在一个完全非基督教的环境中，与阿尔弗雷德从小浸淫其中的基督教教化世界完全不同。

　　卡纽特国王认真听取英格兰顾问们的建议，尤其对伍尔夫斯坦二世大主教更加倚重。大主教不但为卡纽特起草法律，而且还极大地

221

影响和指导着卡纽特的思想。（"他被爱戴如兄弟，尊敬如父亲，身为最见多识广的议员，他经常被招来参与讨论国家的最高级事务。"伊利史料谈到伍尔夫斯坦与卡纽特国王的关系时如是评论。）卡纽特在英格兰的统治完全与"un-raed"（邪恶）沾不上边，至于那个流传不衰的"卡纽特命令海水退去"[1] 的故事，其实恰恰证明了卡纽特国王的见识与谦逊，而没有丝毫的讽刺其愚蠢之意。卡纽特国王用这个故事向那些谄媚奉承的朝臣们表明，即使是最伟大的国王也无法控制海潮，与全能的上帝相比，世俗的权力是多么有限。

重返阿兴登

最后，让我们用一个场景来把这个故事中的千丝万缕编织定格在一起吧。1020 年夏天，卡纽特率领主要朝臣、伍尔夫斯坦二世大主教和其他主教、修道院院长和修道士们，再次前往阿兴登。根据《盎格鲁－撒克逊编年史》记载，卡纽特奉献了"一座由石头与石灰建成的教堂，来安抚战死此地的英灵"。这座教堂至今还屹立在阿兴登的山顶上，部分原始结构保留至今，考古学家还在教堂的小墓地里发现过一枚银便士、一个箭头和一些严重腐蚀的锁子甲的残片。请你展开

222

---

[1] 卡纽特国王与海潮的故事是一段虚构的逸事：卡纽特将宝座摆在海边，命令汹涌而来的海潮退回去，不要弄湿了他的脚和长袍。但海水如常冲刷了他的脚和腿，根本不管他是个国王。卡纽特说道："这会让世人知道，国王的力量多么虚幻和无价值，大地和海洋只遵守永恒的法则。"这个故事流传有不同的版本，现代政治和新闻中有的以"试图阻止海浪"来讽刺卡纽特的愚蠢和傲慢。

想象：我们的佚名史家与伦敦主教一起，也出席了这个由卡纽特和伍尔夫斯坦二世主持的奉献仪式——这也许并不是一个特别不可思议的场景。他的编年史终结于卡纽特的胜利，也许他是觉得再无置喙的必要了吧。这个内心痛苦而语含讥讽的观察者，曾记载了发生在"长着梣树的山"上的战役，曾声称为了"全体英格兰人"而写作，而眼前这一切对他而言，究竟意义何在？我觉得他会非常赞同一位后世作家的诗句：

> 一个富庶却懒惰的国家，
>
> 最是一种诱惑，它自负地说：
>
> "虽然我该打败你，但我没空理睬你，
>
> 所以我们给你钱，你走吧。"
>
> 这就叫作支付丹麦金。
>
> 我们一次次得到证明，
>
> 一旦你支付过丹麦金，
>
> 你就别想摆脱丹麦人。
>
> ——鲁德亚德·吉卜林[1]《丹麦金（980—1016）》

---

[1] 鲁德亚德·吉卜林（Rudyard Kipling，1865—1936），英国作家及诗人，主要著作有儿童故事《丛林奇谭》，侦探小说《基姆》，诗集《营房谣》等，另有许多脍炙人口的短篇小说。他的作品在 20 世纪初的世界文坛产生了很大影响，于 1907 年获得诺贝尔文学奖，他是英国第一位诺贝尔文学奖获得者。

第九章 征服者威廉

如果没有诺曼人，一切将会怎样？贪吃的朱特人和盎格鲁
人不会融洽地结合在一起。他们仍然步态蹒跚，大腹便便，懒散
冷漠，从来不会想到英雄主义的辛苦劳作、沉默或忍耐，这些把
人引向宇宙更高境界的品质。

——托马斯·卡莱尔 [1]《腓特烈大帝》

---

[1] 托马斯·卡莱尔（Thomas Carlyle，1795—1881），苏格兰著名哲学家、讽刺作家、
历史学家和数学家。其作品在维多利亚时代很有影响力，代表作有《英雄与英雄崇拜》
《法国革命史》等。

1066 年的诺曼征服算得上是英国历史上最著名的事件了，当然，也没有其他事件比它更让人莫衷一是的了。人们既把诺曼征服看作是英格兰历史上最让人扼腕叹息的失败，也把它视作英格兰日后强大的奠基之举。17 世纪时，平等派 [1] 支持者所讨论的英国内战 [2] 期间人民的基本权利的出发点，就是他们所理解的"诺曼枷锁"——一个让一般老百姓失去自由的军事征服行动。到了 19 世纪的格莱斯顿 [3] 时期，自由主义和国家主义进一步延伸了这一主题，把英格兰"贤人会议"描绘成英国议会的起源。《权利请愿书》[4] 体现的精神与英格兰凝聚在戈德温伯爵旗帜周围的理念一致……'英格兰殉道者'哈罗德因此

---

[1] 平等派（Levellers）是英国内战期间出现的政治运动派别，主要理念是强调人权，主张扩大选举权，法律面前人人平等，宗教宽容等。支持者通过小册子、请愿书、口头宣传等方式向公众传播其理念。

[2] 指 1642—1651 年发生在英国议会派和保皇派之间的一系列武装冲突和政治斗争。1651 年 9 月 3 日，内战以议会派伍斯特战役的胜利而结束。

[3] 威廉·格莱斯顿（William Gladstone，1809—1898），英国自由党政治家，1868 年至 1894 年期间曾四度担任首相，共计 12 年。他还担任过四次财政大臣，以善于理财闻名。

[4]《权利请愿书》（Petition of Right）是英国资产阶级革命前的一个重要政治和法律文件，由国会在 1628 年向英王查理一世提出。文件主要对国王滥用权力的行为提出了约束，比如，国王未经国会同意不得向人民募债或征税，未经法律或法庭裁决不得逮捕、监禁或流放任何人和剥夺其财产，不得抢占民房驻兵，等等。查理一世当时迫于财政压力而被迫接受，但不久即解散议会，继续实行君主专制统治，《权利请愿书》被抛弃。英国资产阶级革命胜利后，议会对该文件重新解释，赋予其新内涵，并把它认定为英国宪法的渊源文件之一。

为国捐躯……"爱德华·奥古斯都·弗里曼 [1] 评论道。

　　"征服者"威廉（William the Conqueror）就是这些事件的核心人物，他大概也是那个时代最著名的人物了。当前流行的历史学观点，一般是将决定性的历史变革归因于文明长河中社会的和经济的潜流，而非独立事件或具体个人。然而，如果没有威廉的个人能力和不屈不挠的决心，"诺曼征服"这一手笔毫无疑问不可能发生。进而，英国文化中的盎格鲁－撒克逊元素与欧洲元素的融合也许就不存在了。然而，对于堪称英国历史上最著名的国王——"征服者"威廉，一般读者却对他 1066 年之前在法国诺曼底的生活行迹一无所知。

　　其实，我们要探寻的问题很简单。第一，1066 年前诺曼公国的状况究竟如何？换句话说，为何这个地处法国边境的一块区区的公爵领地，能够征服英格兰这个欧洲最古老也最富庶的国家？第二，1066 年到底发生了什么？威廉在黑斯廷斯战役中的胜利，真的只是一次简单的先进技术战胜过时保守文化的胜利？真的只是因为天真落后的英国人屈服于"现代战争与政治驾驭"的残酷现实？第三，诺曼征服后出现的《末日审判书》是怎么回事？而诺曼人对普通英国人产生了怎样的影响？

224

---

[1] 爱德华·奥古斯都·弗里曼（Edward Augustus Freeman，1823—1892），英国著名历史学家、建筑艺术家以及格莱斯顿时期的自由派政治家，也是牛津大学历史教授。他一生著述颇丰，最著名的巨著之一是 1867—1879 年出版的《诺曼征服英格兰史》（6 卷本）。

"海盗海岸" 诺曼底

10 世纪到 11 世纪早期的诺曼底只是一个维京行省，其行政长官叫作 Duces Northmannorum，意思是"头领"，也就是后来的"公爵"。公元 911 年，西法兰克国王查理三世与一位维京首领签署了一个协议，同意在今天法国北部城市鲁昂的老法兰克主教辖区，给这支维京军队划分一小块封地。这就是诺曼公国的雏形。诺曼史料中称这位维京首领为罗洛（Rollo），他也许就是诺尔斯萨迦故事中提到的"步行者罗夫"[1]，是一位很有声望的挪威维京人。911 年的协议与阿尔弗雷德大帝在爱丁顿战役胜利后，与加斯拉姆国王在阿勒尔签署的和解协议很类似。罗洛兵败于高卢地区的沙特尔城下，按照传统，他与查理三世在艾普特河畔的圣克莱尔（Sainte-Clair-sur-Epte）正式会面，其情形与阿尔弗雷德与加斯拉姆在阿勒尔会面颇为相似。在此次会面中，皈依基督教自然是谈判的一部分，维京人罗洛成为法兰克国王治下的一名公爵，作为新晋身份的象征，他也经鲁昂大主教之手行了基督教洗礼。

225　起初，罗洛的领地看起来仅局限在塞纳河谷鲁昂城附近直径不超过 48 千米的方圆之地，封地以莱桑德利（Les Andelys）为中心，这

---

[1] "步行者罗夫"（Rolf Ganger）是一位英勇善战的维京首领，在维京人围攻巴黎的战役中表现十分突出。他因为过于高壮，没有马匹能够承受他的体重，所以只能步行。

里就是后来"狮心王"理查[1]城堡的所在地。然而，诺曼公国很快就将鲁昂城纳入自己的势力范围，而第二代公爵更是将势力范围扩张到了西海岸，最远延伸至今天法国西北部的科唐坦半岛，并将这一地区的巴约（Bayeux）、卡昂（Caen）和法莱斯（Falaise）等城镇发展为威廉家族的心脏地带。

诺曼公国就是这样发源壮大的，但让人难以置信的是，截至1066年，这里已经以其教堂和修道院的普及和质量之高而名贯西欧了。在996年，那些邻近的法国人还把诺曼公爵叫作"海盗头子"（即维京人）。大约在1004年，"征服者"威廉的祖父确实把一支掳掠了法国西北部的维京军队迎进了鲁昂城。然而，我们通过编年史家圣昆丹的杜多[2]的记载得知，到1025年时，鲁昂城内已经听不到维京语了，维京语仅在比较传统的维京聚居中心巴约还有所保留。确实，同时期的历史学家查班纳的阿德莫（Ademar of Chabannes）在1030年曾感叹，维京移民是多么迅速地融入了法国的语言、文化与文明。因而，当1066年威廉带领军队到达英格兰时，他们虽然还保留着某些斯堪的纳维亚的习俗，但在语言、服饰、文化和政治理念上已经是法国人了。

---

[1] "狮心王"理查（Richard the Lionheart，1157—1199），即英格兰国王理查一世，因勇猛好战而得"狮心王"称号。他曾参加十字军圣战，是第三次远征军的将领，后来继承英格兰王位，并兼有法国的诺曼公爵领地。

[2] 圣昆丹的杜多（Dudo of St Quentin），10—11世纪期间的诺曼历史学家，曾两次被派往诺曼公国，他写作的诺曼编年史是研究诺曼公国早期历史的主要资料。

威廉的早年生涯

"征服者"威廉（William the Conqueror）出生于 1027 年或 1028 年，是第六代诺曼底公爵罗伯特一世与情妇所生的私生子。威廉的母亲埃尔蕾瓦是法莱斯镇一个皮革匠的女儿，这对少男少女生下威廉的时候大概还不到 20 岁，而私生子身份一直困扰着威廉的早年生活。1035 年罗伯特一世去世，还是个小男孩的威廉继承爵位，成为诺曼底公爵。目前保留下的很多记载都反映了他即位初期的恐怖生活，再联系他童年与少年时期的忧惧体验，这或许可以解释为何成年后的威廉极端苛刻，冷酷无情，不讨人喜欢。这个人绝少公开表露感情，一辈子只有两个场合除外：一是 1066 年诺曼征服后在伦敦威斯敏斯特大教堂的加冕礼上，他"剧烈地颤抖着"；二是他临终前流下了眼泪。

226　　他早年栖身的宫廷就是一个蛇蝎之所，他所有的监护人几乎都惨遭不测，或遭谋杀，或被毒死。他自己也多次为了躲避暴力威胁，趁夜色逃出府邸。他一生中大部分时间都与暴力和战争为伍，而战争赋予这个强硬而果敢的男人残酷无情的性格内质。他严厉、贪婪、勇敢，身强体壮。他更有种独特的魅力，可以让身边最麻木的人都按照他的意愿行事，一个同代人评论说，他"言辞流利，令人信服，能在任何情况下清楚地表达自己的意愿"。

瓦尔斯沙丘之战与瓦卡维尔战役

20 岁时，威廉经历了平生最危险的一次叛乱。一群贵族要人拥立他的表兄为头领，发动了武装起义。年轻的威廉公爵向他名义上的领主、法国国王亨利一世（Henry I）请求援助，而亨利一世也亲自出马帮助了他，叛军在卡昂附近的瓦尔斯沙丘（Val-ès-Dunes）被消灭。这次战争不但让威廉初次体验了战场，也成为他军事才能的首秀场。

1053 年，一个更大的反对联盟再次试图谋反。但是，这次亨利一世似乎改变了对威廉的态度，也许是诺曼底日益强大的军事力量和独立态势让他感觉到了威胁，并且亨利一世也想打败威廉，将公国纳入法国王室翼下。1054 年，法国军队兵分两路进军诺曼底，一路军队沿塞纳河出击，沿途尽行摧毁之事，而另一路则直插诺曼底的心脏之地。他们再一次低估了威廉的军事才能和他的冷酷无情。威廉探听到消息，北路法军在鲁昂北部的莫尔泰梅（Mortemer）镇举行饕餮欢宴。他在黎明时分直扑法军，打得法军措手不及，并放火焚烧市镇，全歼了法军，亨利一世惊慌失措，下令撤军。

1057 年，法国王室最后一次征服威廉的图谋，在卡昂以东的瓦卡维尔（Vacaville）遭到了耻辱性的失败。威廉在迪沃河西岸将法军的先遣部队截断，亨利一世只能眼睁睁地看着威廉一步步地将其吃掉而束手无策。瓦卡维尔之战的胜利最终巩固了威廉在诺曼公国的统治地位，尤其值得一提的是，此次胜利与征服英格兰仅间隔 9 年。

227

诺曼军事力量："现代"战争

以上这些重要的胜利是由一系列因素综合促成的，而这些因素在1066年征服英格兰的过程中同样发挥了重要作用。自1047年后一直坚定地追随威廉的诺曼贵族，大概是欧洲中世纪早期最显赫的世俗贵族了。一些贵胄家族，比如格兰德梅斯尼尔（Grandmesnil）、托斯尼（Tosny）、博蒙特（Beaumont），都极大地影响了后来的英格兰历史。有些后来如雷贯耳的人物，比如沃瑞恩（Warenne）、菲兹·奥斯波恩（Fitz Osbern）、蒙哥马利（Montgomery），在11世纪50年代早期还都是一些与威廉年龄相仿的年轻人，他们带领着家兵，跟随威廉出生入死，实现了1066年的英格兰征服。他们是一个"出于政治动机而紧密结合的团体"，在威廉的征服战争中受益最多。他们的社会实行的是"封建"制度，这种社会结构存在的基础是贵族持有土地，并通过履行规定的义务（通常指兵役）作为回报，封建领主与土地持有者之间存在着效忠关系，是为"采邑"。封建社会是由土地上的农民作为支撑的，而对贵族来讲，其实质是服兵役等军事义务。封建社会的特征产物是骑士与城堡。

骑士是威廉军事力量的基本要素。在某种意义上，1066年的诺曼封建军队是一支"新型军队"。他们戴着头盔，骑着训练有素、专门饲养的战马，身穿锁子甲，全副武装。他们习惯于马上作战，以投刺长矛和砍断刀剑等方式与敌对抗，经常以团队方式协同作战，听从旗语指挥，使用弓箭手掩护。他们还擅长运用人质策略，手段残忍，

将蹂躏破坏作为主要的战术之一。这样的一支诺曼军队与传统意义上 228
的盎格鲁－撒克逊皇家军队，形成了鲜明的对比。虽然英格兰军队也
同样建立在宗主制度基础上，但它是一支以领主为支柱（雇佣军除
外）的"国家"军队。他们虽然在战场上也骑马，但战术上仍沿袭传
统的盎格鲁－撒克逊方式，擅长使用"盾墙"，其实质是一支队形严
密、全副武装的步兵部队。

　　诺曼人还在筑造防御工事方面展示出高超的才能。目前还没有
考古证据证明他们在 1066 年前也工于此道，因而有人提议说，那大
名鼎鼎的诺曼丘陵城堡——城堡主楼高耸在陡峭的山丘之上，城堡外
侧深沟环绕——只是在征服英格兰的过程中采取的权宜之计。其实在
1066 年之前，诺曼底就有了很多城堡建筑，因而，我们可以比较确
定地说，丘陵城堡就是诺曼战争的一个特征。

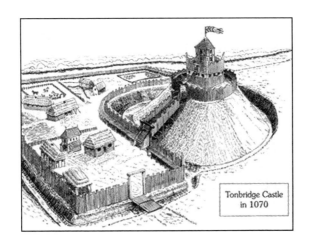

典型的诺曼底丘陵城堡

城堡堪称发动战争的一种高效手段。威廉就是通过经营城堡，不仅在公国范围内建立起了封建权威，而且也在边境地带扩大和巩固了势力范围。与阿尔弗雷德的"防御城镇"不同，威廉的城堡只有纯粹的军事功能，是吞并领土和恐吓刁民的基地，至少这些城堡在英格兰就发挥了如此作用。尽管诺曼人并不被他们的英格兰邻居喜欢，但就如一位伟大的盎格鲁－撒克逊人所评价的那样："从政治上讲，诺曼人主宰着自己的世界。"

诺曼底与英格兰的渊源

威廉为什么在 1066 年入侵英格兰？这还要追溯到"决策无方者"埃塞尔雷德那坎坷多舛的统治。

诺曼底与盎格鲁－撒克逊英格兰之间的关系由来已久。比如，诺曼作家详细地记载了 10 世纪 30 年代，埃塞尔斯坦与"长剑"威廉公爵之间的友好关系。1002 年，埃塞尔雷德与诺曼公爵理查一世的女儿"诺曼底的爱玛"的婚姻，更将这种友好关系推进成亲密关系。"征服者"威廉的童年时代正值卡纽特统治英格兰的时期，英格兰已故国王埃塞尔雷德的孩子被迫流亡到诺曼底的舅舅家，威廉也许在父亲的朝廷里见过他们。事实上，当时的诺曼朝廷对埃塞尔雷德和爱玛的孩子——爱德华（Edward）王子和阿尔弗雷德（Alfred）王子——来讲，是最安全的地方。在此期间，爱德华的同母姐姐高达（Goda）嫁给了威廉的盟友温辛伯爵德勒（Dreux）。同时代的诺曼底瑞米耶日修道院修道士威廉（William of Jumieges）声称，威廉的父亲实际上曾考虑过以爱德华王子的名义发兵英格兰。1042 年，爱德华王子

（也就是后来的"忏悔者"爱德华）被邀请回了英格兰，登基成为国王，恢复了威塞克斯王朝在英格兰的统治。在"忏悔者"爱德华看来，这次胜利一定与他和诺曼底的密切联系有关。从那以后，诺曼人想必也觉得自己与英格兰王室，尤其是爱德华国王，有了某种特殊的联系。同样，爱德华国王也对诺曼人表示出明显的偏袒。在爱德华统治早期，他的王宫里有很多诺曼神职人员，他也将诺曼主教介绍到英格兰的教堂，比如1051年，著名的诺曼底瑞米耶日修道院院长罗伯特就任了坎特伯雷大主教。就在同一年，威廉本人也许也前往英格兰拜访了爱德华国王。当时的实际情况究竟如何，至今仍然无法确定，非常有可能的是，1051年，未婚无子嗣的爱德华国王指定了诺曼的威廉做他的继承人。事实上，这顶王冠并不是一个盎格鲁-撒克逊国王有权赠予他人的，然而考虑到他们的亲属血缘关系，这个指定就显得很有分量了。然而，当时还有一个王位觊觎者，其家族意图继承爱德华王位的野心已经昭然若揭，这个人就是1066年诺曼征服中的另一个主要人物，威塞克斯伯爵戈德温（Earl Godwin）的儿子哈罗德·戈德温森（Harold Godwinson）。

戈德温家族：爱国者还是暴发户？

尽管戈德温伯爵给几个儿子起了丹麦名字，但他本人应该是土生土长的英格兰人，他的父亲就是1009年背叛了"决策无方者"埃塞尔雷德的伍尔夫诺斯（Wulfnoth）。他家原本仅是中等贵族阶层，然而，年轻的戈德温是个顺应潮流而动的人，成为英格兰国王卡纽特的

230

左膀右臂一类的人物，获得了巨大的财富与权势，事实上，当时整个英格兰南部都在他的家族控制之下，然而，他还有更大的野心。1036年，阿尔弗雷德王子从诺曼底回到英格兰却惨遭谋杀，根据后来诺曼人的宣传，戈德温是这一罪行的罪魁祸首（而这很有可能是正确的）。1051年，戈德温因为一次不成功的叛乱而遭到流放，但第二年，戈德温带兵重返英格兰并夺回了他的伯爵领地。1053年，戈德温的儿子哈罗德继承了威塞克斯伯爵爵位，其家族的影响力已经超过了爱德华国王。随后，哈罗德的兄弟格斯（Gyrth）和莱奥温（Leofwine）分别继承了东盎格利亚伯爵领地和米德塞克斯伯爵领地，另一位兄弟陶斯特（Tosti）继承了诺森布里亚。截至11世纪60年代早期，戈德温家族成为主导英格兰政治的决定性力量。1063年，陶斯特领导了一场针对威尔士的海陆联合作战，英格兰惨胜，哈罗德成为"英格兰最高首领"。在英格兰历史上，自埃德加时代的麦西亚执事官阿尔弗菲尔[1]以来，还从来没有过像戈德温家族如此强势的贵族势力。这些情况自然会引起诺曼底的威廉及其追随者的极大关注，因为戈德温家族必然会反对诺曼继承英格兰。1057年，也就是瓦卡维尔战役之年，流亡在外的另一个爱德华王子——"刚勇者"埃德蒙之子，"忏悔者"爱德华之侄——被召回英格兰却蹊跷死掉后，威廉一定已经意识到了哈罗德·戈德温森的夺位野心。在接下来的几年里，盎格鲁英格兰与

---

[1] 阿尔弗菲尔（Aelfhere），其家族自10世纪中后期开始发达，在埃德加的两个王后代表儿子争夺继承权的斗争中，他支持"决策无方者"埃塞尔雷德的母亲，后来直到978年去世一直是威塞克斯王国的重要权臣。

诺曼的关系，逐渐明确为"11 世纪欧洲最显赫的两个风云人物"（依据道格拉斯教授所言）之间的个人较量。

哈罗德上台：一次右翼政变?

最有讽刺意味的是，1064 年，哈罗德·戈德温森从位于巴沙姆的自家庄园乘船旅行，船只竟然在法国海岸失事，他被带到了威廉的诺曼朝廷。哈罗德在这里逗留了一段时间，参与了一次针对布列塔尼人的军事远征。在此过程中，诺曼人与诺曼公爵威廉的健壮体魄和侠义行为，给他留下了深刻的印象。哈罗德此行的最终结果是，他和威廉在巴约城立下了一个决定命运的著名盟约。诺曼人后来坚称，哈罗德伯爵在盟约中承诺，将来支持诺曼公爵威廉索取英格兰继承权。无论哈罗德的誓言是否是迫于情势，在诺曼人眼中他就是一个背信弃义发假誓的人。而威廉为发起对英格兰的战争而向教皇祈福时，誓言一节也发挥了重要作用。

1066 年 1 月 5 日，"忏悔者"爱德华死于伦敦威斯敏斯特，即他的新教堂中。就在爱德华国王死去的第二天，"祭肉尚且未凉"，哈罗德伯爵攫取了王位，在大教堂中加冕，即位成为英格兰国王。有些人声称，爱德华在临终前将国家交到了哈罗德手上，而贝叶挂毯[1]也描

---

[1] 贝叶挂毯（Bayeux Tapestry），也称为巴约挂毯，创作于 11 世纪，描述了诺曼征服中黑斯廷斯战役的前情和过程。该挂毯原长 70 米，宽 0.5 米，一共出现了 623 个人物、55 只狗、202 匹战马、49 棵树、41 艘船以及约 2000 个拉丁文字。据称是"征服者"威廉的弟弟巴约大主教厄德，为纪念巴约圣母大教堂建成而组织编织的。

绘了这个场景。然而，哈罗德的祝圣礼仓促得实在有失体统，这暗示出这次权力交接的实质：觊觎王位的重臣权倾朝野，抓住机会迅速出手，篡夺了威塞克斯由彻迪克国王流传下来的王位。这是一次有预谋、高效率的篡权政变。哈罗德即位的消息传到诺曼底的时候，暴怒的威廉一言不发，脸色阴沉。诺曼底的外交抗议迅速地送递到了英格兰朝廷，他们希望得到一个解释。但这只是一个外交礼节。死亡的阴影已经袭来，威廉下令组建大型舰队。

远征准备

哈罗德自然知道，王位既是篡夺而来，要保住它自有一番苦战。1066 年复活节后，一颗彗星显现在夜空中，人们视之为"前所未见的凶兆"（这颗彗星就是哈雷彗星，从 1066 年 4 月 24 日起连续出现 7 天）。贝叶挂毯上将这个情况描述为一支幽灵舰队侵入哈罗德的头脑，以此表现他得知"拖着长尾巴的星星"的消息。此时的哈罗德已经麻烦缠身。他的弟弟陶斯特在一年前被诺森布里亚人驱逐出境了——即便在民风粗犷如诺森布里亚这样的地方，他的野蛮残暴也已经让人无法忍受了。而陶斯特在被流放至佛兰德斯（Flanders）的时候，在南部沿海一带抢劫掳掠。哈罗德有意将陶斯特的军队作为将来抵御诺曼进攻的先遣部队，于是决定招募他们为后备兵力。根据《盎格鲁－撒克逊编年史》记载，当年夏天，他发起了"该国历史上最大规模的海陆力量招募"，将兵力集中到埃塞尔雷德的老海军基地桑威治，在此等待近卫军的组织动员。（据《盎格鲁－撒克逊编年史》记载，此举花费了一些时日，可能是因为哈罗德也从海外，尤其是从丹麦，招募了大量短期雇佣兵。）

在英吉利海峡的那一边诺曼底，威廉也在法国西北部的滨海迪夫（Dives-sur-Mer）镇热火朝天地建造大型舰队。滨海迪夫镇位于迪夫河口，是一个位置优良的停泊处，有大片绵延弯曲的沙坝保护。这里自 11 世纪 30 年代起，就长期驻守着一支规模不大的诺曼舰队。1066年初夏，诺曼政府开始积极着手打造一支舰队，其运载能力应该十分强大，能运输几千名诺曼与欧洲大陆的骑士、步兵和弓箭手，几千匹战马，再加上巨大的供给、军需、流动铁匠铺，以及难以计数的武器装备和"配件"，尤其是箭，来保证战时的军需补充。甚至船上还可能要装得下搭建一座小型山丘城堡所需的原木，这些"预制构件"可以在紧急情况下，比如登陆受阻的时候，临时组装起来使用，而这也许就是最终建在黑斯廷斯的"城堡"。诺曼底的富豪贵族们都必须捐款造舰，并且数额相当巨大。[据说，起初诺曼底的富人们因为忌惮英格兰的强盛、军事力量的强大以及远航作战的危险性，并不很情愿参与这次远征。但是在图屈埃河畔博纳维尔（Bonneville-sur-Touques）召开的一次大型集会上，威廉说服了他们。] 贝叶挂毯上绣制的主要船只看起来很像维京风格的船舰，然而，整个诺曼舰队的船型应该是多种多样的，既有像皇家旗舰 Mora（由威廉的妻子、佛兰德斯公爵的女儿玛蒂尔达捐赠）一样的大型豪华轮船，也有轻巧灵便的补给小船。造船工作在诺曼的各个港口全速开展，5 月份之后，船只逐渐集中到了迪夫河的河口。据推测，舰队在 8 月初就准备就绪，然而，看起来是海上逆风延缓了舰队的启程。同时，一个新的变数搅进

233

了故事中。

哈罗德国王的兄弟、被流放的陶斯特，仍然纠结于自己在诺森布里亚蒙受的耻辱。而且，由于曾被哈罗德驱逐，他急切地想要报复，于是启程前往挪威。此时，挪威国王"无情者"哈拉尔[1] 也蠢蠢欲动，也许已经精心准备参与战争了。对哈拉尔来讲，追寻着1016年开始统治英格兰的卡纽特大帝及其后继者一脉，他亦有权索要英格兰王位的继承权。因为他的妻子来自英格兰王室，而他本人也可以通过一个正式条约——该条约是卡纽特大帝的儿子、丹麦国王哈德克努特[2] 和挪威国王马格努斯一世（Magnus）二人签署的——宣称自己有权继承英格兰王位。"无情者"哈拉尔也堪称当时枭雄人物之一，无论威望还是体格都名冠西欧。他的年轻时代在流放中度过，曾为拜占庭帝国保卫君士坦丁堡而长期作战。1047年，他带着巨大财富返回了挪威，并成功取得王位。他与丹麦之间时断时续的战争，此时已经完全结束，"无情者"哈拉尔也在寻找发泄能量的机会，而英格兰继承权危机恰逢其会。1066年春天，"无情者"哈拉尔也在挪威的特隆赫姆（Trondheim）召集了一支规模巨大的维京船队。

---

[1] "无情者"哈拉尔（Harald Hardrada，1015—1066）1046—1066年任挪威国王，即哈拉尔三世。他曾在1064年和1066年索要丹麦王位和英格兰王位，均未成功。他在成为国王前，经历了约15年的流放生活，在拜占庭帝国担任雇佣军头领和军队统帅。
[2] 哈德克努特（Harthacanute，1018—1042），丹麦国王和英格兰国王，是丹麦统治英格兰的末代君主。1035年他继承其父成为丹麦国王，是为克努特三世。1040年当上了英格兰国王，是为克努特二世。1042年哈德克努特暴毙，"忏悔者"爱德华打败丹麦军队，威塞克斯王朝复辟。

南部有诺曼公爵威廉，北部有"无情者"哈拉尔，哈罗德面对南北受敌、两面夹攻的威胁，我们几乎无法想象出比这更棘手的强敌了。挪威人首先出击。

挪威人登陆约克郡

夏天来临，挪威国王"无情者"哈拉尔带兵向苏格兰进发，陶斯特在这里加入了他的军队，合兵向南挺进。而此时，哈罗德国王已经将其舰队陈师在怀特岛（Isle of White），这里在 60 年前就是英格兰国王埃塞尔雷德与丹麦国王斯温交战时的海军调度中心，很有可能就是一个永久性的海军基地。

英格兰南部海岸亦处于全面备战状态，灯塔柴堆也已经准备就绪。但是整个 7 月和 8 月之间，诺曼底方向并没有任何动向。大约 8 月底，英吉利海峡法国一侧的威廉将基地转移到了索姆河[1]河口的圣瓦勒瑞，但是海上北风仍然使他动弹不得。然而，这种延迟也给英格兰的哈罗德军队带来了不利因素，因为军需消耗巨大，哈罗德不得不在 9 月 8 日将军队解散，他自己则带领舰队回到了伦敦，打算在那里过冬。但是哈罗德肯定感觉到了，他只要再坚持一段时间，冬季的暴风雨就会迫使诺曼人放弃今年进攻的计划。

然而命运弄人，让英吉利海峡法国一侧的威廉动弹不得的北风，

234

---

[1] 索姆（Somme）河是法国北部皮卡第的一条河流，从皮卡第高地流入英吉利海峡的索姆湾，全长约 245 公里。

却送来了北方"无情者"哈拉尔的船队。哈拉尔沿着英格兰东海岸一路顺风而下，9 月初他带领着 300 艘战舰出现在不列颠东北部的泰恩（Tyne）河流域。挪威军队劫掠了克利夫兰（Cleveland），洗劫了北约克郡的斯卡布罗（Scarborough），在 9 月 15 日进入亨伯河流域，驻扎在瑞科尔（Riccall）村，这里距离乌兹（Ouse）河和沃夫（Wharfe）河的交汇处仅约 1.6 公里。瑞科尔村在接下来的军事行动中成为挪威军队的基地，而此次行动可以称得上是维京军事史中历时最短、最富有戏剧性的一次行动。

盖特富尔福德战役

9 月 20 日，"无情者"哈拉尔进军约克。如果我们接受《盎格鲁－撒克逊编年史》的说法，预计哈拉尔有 300 艘船的话，那么他应该能带来超过 10000 名战士，以当时的标准来看，这算得上是一支庞大的军队了。在距离约克南面约 3.2 公里处的盖特富尔福德（Gate Fulford），哈拉尔的队伍被一支诺森布里亚军队挡住了去路。这支军队由诺森布里亚伯爵摩卡（Morcar）带领，他的兄弟麦西亚的埃德温伯爵作为贴身卫队，并有来自丹麦法区自治五市镇的军队来壮大力量。英国军队横跨在道路上，队列绵延不绝，从乌兹河直到通往约克东南方的黑兹灵顿村的沼泽低地。双方展开了激烈的战斗，最终挪威人获胜，将英军的左翼赶进了沼泽地，很多人淹死在那里。这支北方最好的军队阵亡了 1000 人，另外还有 100 名来自约克的圣职人员，他们挺身而出，来支持军队作战。"无情者"哈拉尔的随军诺尔斯诗人们欢欣鼓舞，他们在哈拉尔的萨迦故事中写下，英格兰人"惨遭刀剑，横尸沼泽，尸体交叠，在沼泽中给勇敢的诺尔斯战士铺就了一条道路"。约克城没有进行更多的抵抗，"无情者"哈拉尔也明智地没有将军队开进城里。约克市民代表前来与哈拉尔谈判，在星期日就投降了。约克人承认"无情者"哈拉尔为国王，并且同意协助他抵抗英格兰的哈罗德国王。他们抵押了人质，约克郡同意给挪威军队提供更多物资。忽然之间，诺森布里亚的贤人会议又像"血斧"埃里克时代那样，高效地运作起来了。

哈罗德应战

北方的战况有多快传到了哈罗德的耳中？"无情者"哈拉尔在东海岸登陆约克郡的盖特富尔福德战役，时间大约为 9 月 12 日到 20 日之间。如果信使快马加鞭地赶往南方，那么哈罗德应该在 3 天之内得到了对方在瑞科尔村驻扎的消息。但是，如果使用了烽火传书的话，他应该在几个小时内就了解状况了——据推测，也许就是烽火而不是驿马传书让哈罗德的行动如此果断神速。大约 9 月 20 日，他动身北伐，据《盎格鲁－撒克逊编年史》记载，他"日夜兼程"，一路上尽快集合军队。他一定是在沿途召集当地贵族军队加入，但核心力量仍然是皇室精英部队、近卫军和雇佣兵。9 月 24 日星期日的晚上，经过长途急行军，哈罗德到达了约克以南约 14 公里处的塔德卡斯特（Tadcaster）村，这种行军速度在中世纪战争史上算得上不俗的表现了。在塔德卡斯特驻扎的晚上，他将近卫军排列出战斗队列，也许是为了预防约克或瑞科尔村方向的突袭，更有可能是为第二天他以近卫军为主力进攻而进行的战略准备。

斯坦福桥之战

236 　　"无情者"哈拉尔以为哈罗德国王仍远在英格兰南部海岸，所以并不着急。星期一早上，他动身前往位于约克以东约 11 公里处的一个叫作斯坦福桥（Stamford Bridge）的交叉路口。他要在那里接收约克郡的人质和更急需的军队补给，因为现在瑞科尔地区已经物资告罄了。

　　哈罗德国王驻扎在塔德卡斯特的时候，一定已经探听到了挪威人的动向。星期一早上，他发起闪电式急行军，率军穿过约克，前往斯坦福桥，总路程约为 26 公里。这是典型的盎格鲁－撒克逊风格的战术，骑兵长途奔袭，前往敌军火力范围内的一个预先约定的地点，后继部队在黎明时分以重武器发起大规模进攻，而这一战术在此次突袭中得到了完美的发挥。挪威人当时如此轻率大意，把大部分部队都留在了瑞科尔驻地的船上，由此可见，他们对将要面临的状况丝毫没有防备。因为天气太热，有些挪威士兵甚至把盔甲都留下了。根据"无情者"哈拉尔的萨迦故事记载，直到看见前面一两公里处空气中升腾起的烟尘，他们才意识到英军部队的来临。

哈拉尔溃败

"无情者"哈拉尔仓皇应战，但这并不意味着他放弃了有效反抗。从拜占庭到俄罗斯诸河流域，他的一生中曾多次绝地反击过。他马上派出快马信使前往瑞科尔驻地，召集他的大部队前来救驾。有关这一环节，萨迦故事中说，哈罗德国王提出和谈，向他那叛变的弟弟陶斯特发出和平信号，承诺如果他决意回归的话，就恢复他的伯爵领地。至于对"无情者"哈拉尔，只能给他"约1.8米英格兰的土地"以为葬身之地，"或者更多些，因为他比其他人要高大"。不幸的是，这个情节也许只是萨迦诗人的文学表达，看起来英格兰军队首先对河流一侧的诺尔斯军队发起了进攻。这是否意味着"无情者"哈拉尔试图派军前往河东岸，以拖延英军渡河的速度，为增援部队争取更多时间？根据伍斯特历史学家弗洛伦斯的记载，哈罗德部署了"装备精良、训练有素的几千士兵"，这意味着他带领的是一支皇家精锐部队。11世纪爱尔兰编年史家、富尔达的马里亚诺·斯科蒂（Marianus Scotus at Fulda）记载道，他们分成"七个军团"发起进攻，这让人很容易联想到奥托一世国王在公元955年的莱希菲尔德之战中的战术。双方交战中，哈罗德很可能不只是运用了最简单的"盾墙"战术，当然，我们也没有证据肯定或否定诺尔斯史料中的记载。哈罗德的近卫军采用了当时欧洲很著名的使用骑兵标枪手等的"现代"战术。战争中，挪威人试图控制住小桥。《盎格鲁－撒克逊编年史》中的一个记录表明，最后只有一名诺尔斯人英勇地对抗英格兰军队，抵抗了一段时间后英

237

勇牺牲。双方主要战斗发生在英军夺取了桥梁之后。哈罗德跨过德文特（Derwent）河，在河东岸排列好军队。据挪威史料记载，"无情者"哈拉尔在战争开始时被一剑射穿喉咙，战死沙场，只留下陶斯特伯爵带领着挪威入侵者反抗自己的哥哥。有关这一点，一部13世纪早期的萨迦故事选集《莫金斯基纳》（*Morkinskinna*）中记载道，哈罗德国王吹响战争号角，呼吁诺尔斯人投降，"然而诺尔斯人齐声高喊，他们不要停战，宁愿征服或战死"。陶斯特伯爵英勇战斗，"最后光荣倒下，为自己争得了荣誉"。战争的最后阶段被挪威人记载为最惨烈的战争场面，英格兰军队也遭受重创。当天晚些时候，诺尔斯伯爵奥里（Orri）带领着增援部队终于赶到战场，他的到来在萨迦传奇中被称为"奥里风暴"。"双方势均力敌，那局面让人怀疑英格兰军队是否也想溃逃。"《莫金斯基纳》中如是描述。但是，从瑞科尔驻地赶来的增援部队，因为急行军而疲热不堪，战士们纷纷扔掉了厚重盔甲，很多人只是因为精疲力竭而倒下了。最后的战斗发生在德文特河东岸约550米的一个叫作巴特尔弗莱特的农场，这里后来发掘出许多战场遗迹和数不清的马蹄铁。在这次交战中，绝大多数诺尔斯头领都死于战场，那些逃跑的人，或者被威塞克斯骑兵搜出杀掉，或者淹死在德文特河中，或者因为藏身棚屋或干草棚而被烧死。这一天的战役对诺尔斯军队来说是从未有过的灾难，幸存下来的兵力（包括"无情者"哈拉尔的儿子奥尔法，他因为留守瑞科尔驻地而得以幸免）仅够驾驶20艘战船。他们军队遭受的也许是维京时代最惨重的伤亡。

战争结束后，一反惯常做法，这次哈罗德国王并没有与士兵们分享本次战争的战利品，而是将其托付给了约克大主教埃尔瑞德

（Ealdred）。据 11 世纪下半叶的德国历史学家不来梅的亚当记载，战利品中包括"无情者"哈拉尔远征希腊时积累下的一大块金子，据说需要 12 个人才能抬起。后来有作家将这种侵吞战利品的行为，总结为哈罗德的贪婪本性使然。但事实上，他只是个严厉果断、分秒必争的军队统帅，他最不愿意看到的就是一支被战利品拖累的军队，他还有更多的仗要打。我们推测，哈拉尔的儿子奥尔法的投降仪式大约在 9 月 26 日，在英格兰军队埋葬己方的阵亡战士期间举行。（而战死的诺尔斯战士一直暴尸战场，无人掩埋。对 12 世纪 30 年代前往约克郡丘陵的旅行者而言，那些暴露在外的尸骨成为一个突出的地标。）9 月 26 日或 27 日晚上，哈罗德国王也许在约克城庆祝了胜利。9 月 28 日星期四早上 9 点，诺曼公爵威廉在英格兰东萨塞克斯郡的佩文西村（Pevensey）登陆；而这一消息也许在 10 月 1 日星期日传到了身在约克的哈罗德国王的耳中。罩在盎格鲁 – 撒克逊英格兰头顶的大网合拢了。

威廉登陆英格兰

　　英吉利海峡东侧法国海岸的天气，也许 9 月 27 日之前都是又阴又冷；但到了 9 月 27 日这一天，忽然风向转东。诺曼舰队见状，马上装载船只，士兵登船，当晚起锚出发。舰队借着夜色的掩护，横渡英吉利海峡，这减少了被英格兰舰队截击的风险。9 月 28 日大约 6 时黎明降临，而"三个小时"后，也就是早上 9 点，诺曼舰队的旗舰到达了佩文西海岸，一路上没有遇到任何抵抗。诺曼军队甫一登陆，

239

威廉马上带领一小队人马进入腹地，探寻路况。他们也许侦察了当地的几条罗马大道的情况，但所见状况并不让人满意，所以他带领大部队沿海岸而下，到达了黑斯廷斯（Hastings）海岸，并在那里修建了一处堡垒，控制住黑斯廷斯，他就扼守住了内地通往伦敦的交通要道。在接下来的几天里，他全力以赴在附近地区大肆劫掠，根据《末日审判书》记载，黑斯廷斯附近的20处村庄遭到洗劫，很多村庄就此荒芜，再也没有了人烟。

哈罗德的英格兰军队

与此同时，哈罗德国王正策马直奔伦敦来应对战局。他很有可能是在10月2日离开约克，于10月6日到了伦敦，平均日行约64公里。这种行军速度再次表明，他带领的是一支由贴身卫队和雇佣军组成的精锐部队，配备有备用马匹。换句话说，那些跟随他征伐北方的军队已经解散了，他带往伦敦的是一支新招募的军队。近期的北方战争使英格兰的许多郡都遭到了重创，比如，《末日审判书》中提到，一个剑桥郡的贵族死在了斯坦福桥战役中。这或许提醒我们，哈罗德的北伐战争也许已经波及东部诸郡，就如50年前的阿兴登战役一样，斯坦福桥之战也让很多剑桥郡人死于战场。有一种说法认为，哈罗德带着同一批军队，从南部沿海奔到北方约克郡，再从约克奔袭黑斯廷斯，这一说法颇为荒诞，无论如何站不住脚。有一位北方编年史家的记载显示，哈罗德在伦敦有5天时间来招募军队，但是，征伐约克损失惨重，他的军队规模因而大大缩小了。哈罗德军队的构成主要是专业军人，12世纪史学家、马姆斯伯里的威廉在谈到哈罗德军队组成人员时说："除了支付薪俸的治安军队和雇佣兵之外，（他的军队中）本国的战士很少。"对哈罗德来讲更为严峻的状况是，《盎格鲁-撒克逊编年史》、伍斯特的弗洛伦斯所著的《编年史》和马姆斯伯里的威廉所著的《英格兰国王史》等史料都揭示出，他无法指望麾下所有的军队都能为自己卖命，而在大战来临的关键时刻，出现了很多士兵开小差的现象。有关这一点，我们下面会谈及更多的细节信息。根据19世纪的历史学家们的描述，黑斯廷斯战役从备战阶段开始，就不太像一场伟大的卫国战争，而更像一个先天不足的跛腿政权，随着支持者越来越少而做出的孤注一掷的一搏。哈罗德戴着威塞克斯的彻迪克家族的王冠，却无法像埃塞尔斯坦或埃德加一世那样振臂一呼，应者云集。

240

英格兰的对策

那么，哈罗德该如何应对？他从约克返回伦敦时，应该已经得知了威廉在黑斯廷斯驻扎并尽行劫掠的消息。他是马上出击，还是像埃塞尔斯坦国王在布鲁纳布尔战役前那样等待时机？其实，要说马上出击，他手头可供调动的兵力十分有限，除非他在一得知威廉开始登陆不列颠时，就马上命令泰晤士河南部的一些郡启动机制来募集军队，但我们并没有证据表明他有过此类行动。并且，威塞克斯军队在整个夏天一直处于备战状态，已然疲惫不堪，除非国王本人征召，否则很难调动他们。

　　哈罗德的作战计划很简单，这在某种程度上也透露出他性格中鲁莽而轻率的特质。有资料显示，他于 10 月 12 日离开伦敦，而到达战场的时间并不是大多数官方材料声称的 10 月 13 日晚，其实是 14 日早上，也就是战役发生的当天。诺曼征服的同时代作家、诺曼底瑞米耶日的修道士威廉特别提到，经过一夜疾行，哈罗德第二天早上到达了战场。他约定地点的标志物可能是"一棵老苹果树"，它就长在巴特尔（Battle）村北面的卡德贝克山（Caldbec Hill）上，穿过威尔德森林而通往伦敦的道路在此交汇，这里距离黑斯廷斯约有 11 公里。

241 　　很显然，哈罗德打算再次上演前几天在斯坦福桥战役中的战术，趁诺曼人毫无防备，用突袭战术攻其不备。他可能是想通过清晨突袭，先让威廉的骑兵瘫痪掉，然后再派出装备精良的刀斧手横扫战场——10 世纪时，威塞克斯军队曾多次使用这一战术来抵御丹麦人。然而，这个战术却是个十足的错误。根据《盎格鲁－撒克逊编年史》的记载，事实上，反而是威廉在哈罗德的全部军队到达并完成陈兵布阵之前，先出其不意地发起了进攻。该史料也提到，哈罗德军队中存在着不愿为其卖命的动摇因素。而伍斯特的弗洛伦斯的记载更加详细，当战争打响时，只有三分之一的英格兰军队响应命令，只有一半的军队集结完毕。弗洛伦斯还分析说，士兵开小差是因为哈罗德选择的交战地点过于狭窄，这些职业军人无法正常挥舞武器。马姆斯伯里的威廉所著的《英格兰国王史》中则指责，是哈罗德侵吞了斯坦福桥战役中的战利品，导致士兵不愿为他卖命。威廉还认为，不宜夸大英格兰军队的兵力，"他们在人数上不占优势，但作战十分勇猛"。威廉和弗洛伦斯的记载虽然不是第一手资料，但他们在这些问题上的见解不容忽视。

贝叶挂毯上设计的图案也给我们提供了更多的线索。一些图案显示出，哈罗德近卫军的精良装备与诺曼士兵不分伯仲，但也有一部分英军的装备十分简陋，这部分军队不属于王室伯爵或贵族，应该只是一般的地方军队和家兵。这个细节表明，哈罗德征召了萨塞克斯的郡治武装。如果他们确实应召参战，那么这也许就成了本次作战失败的原因。英军的集结地点距离诺曼营地很近，13 日晚上，威廉可能已经得到了己方侦察员的警告，应该已经命令军队彻夜警戒以防英军突袭。从这一刻起，战局就掌握在威廉的手中了。听取了侦察员的报告后，威廉马上命令部队前往有"一棵老苹果树"的地方。

哈罗德的阵地

1066 年 10 月 14 日 5 点 30 分，黎明降临，小半轮苍白的月亮挂在南部天穹之上。此时，英格兰军队还绵延行军在伦敦方向的来路上，根本没有阵地能够组织进攻。如果同时代史学家普瓦捷的威廉（William of Poitiers）所载无误的话，诺曼军队为了防备英军的突袭，整个晚上都处于警戒状态。此时天色已亮（大约早上 6 点钟），根据侦察员的报告，军队可以马上投入战斗。他们应该能从特尔汉姆山（Telham Hill）上，将盎格鲁－撒克逊军队的行军状态尽收眼底。盎格鲁－撒克逊编年史家承认，面对如此状况，大吃一惊的不是诺曼的威廉，而是英格兰的哈罗德，他那极端冒险的赌博失败了。此时，哈罗德别无他法，只能紧急组织战斗队形，迎战诺曼人，同时等待余部的到来。

在卡德贝克山以南约 914 米那棵苹果树的位置，一条明显的山脊向远处延伸开去，山的两侧各有一条分水岭。在山前，从黑斯廷斯方向延伸过来的道路穿过了一片低洼的沼泽地，这种地势不利于军队的排兵列阵。山脊正中就是现今巴特尔修道院所在地，哈罗德在这里树立起英格兰军队那著名的威塞克斯龙军旗以及自己的王旗，旗上描绘着一名武士（不知是一名武士圣徒，还是一位古典神话中的英雄，也不知是大埃阿斯[1]还是赫克托耳[2]）。哈罗德国王四周簇拥着近卫军、丹麦雇佣兵、他的兄弟带领的扈从人员和贵族支持者。另外，英军队列中还有一些看起来惊恐不安的萨塞克斯民兵，他们没有盔甲护体，戴着"干草编织的帽子"，武器是"绑着石头的木棒"。全副武装的正规部队除了以国王为中心布阵之外，也构成了英军的前线，这样就保证了英军最精华的部队能够直面敌人的主攻。麦西亚和诺森布里亚都没有派来援军，但英军在地势上处于有利位置。今天，我们站在巴特尔修道院的平台上放眼远望，虽然山尖（尤其是哈罗德站过的地方）在修建修道院时已经被大幅度削平了，但仍能看得出，战场地势从英格兰防线处倾斜下去，这种地势对那些全副武装的诺曼骑兵来说是个巨大的障碍。

243

---

[1] 大埃阿斯（Ajax the Great），希腊神话人物，特洛伊战争中希腊军的英雄之一，作战勇猛，但有勇无谋。

[2] 赫克托耳（Hector），希腊神话中的特洛伊王子，是特洛伊第一勇士，勇冠三军，为人正直，品格高尚。他曾与大埃阿斯决斗，被大埃阿斯刺伤，但勇猛依旧，两人缠斗到日落时分难分胜负，最后双方交换防具以示敬意。

黑斯廷斯战役

10 月 14 日早上 9 时许，威廉在骑兵和弓箭手的掩护下，沿着洼地中的阿森小河（Ashen Brook）北岸，在英军阵地下方布置好了军队，战役正式开始。我们无法知晓诺曼军队的确切人数，但有理由相信应该有 7000—8000 人之众。法军和佛兰德斯军团组成了右翼（见次页图），布列塔尼军团在左翼，而中军是由威廉亲自率领的诺曼军团，其人数超过了左翼与右翼的总和。我们同样也无法知道英军的人数，《盎格鲁－撒克逊编年史》和弗洛伦斯的《编年史》都记载了在战争开始阶段，哈罗德处境十分危急，如果事实确实如此的话，那么说英军在人数上不及法军也不无可能——至少在开始阶段。

诺曼弓箭手率先发起了进攻，战斗打响。他们前移至英军防线约 91 米之内，短弓齐射，试图打乱英军的队形，消灭英军士气。但是此轮弓箭攻势没有奏效，大多数的箭都被英军近卫军的盾牌挡住了。诺曼弓箭手用光了备用箭，只好撤退，接下来上阵的是全副武装的步兵。此轮步兵进攻的目的是撕开英军防线，一旦奏效的话，骑兵将趁机长驱直入，击溃英军。诺曼步兵与英军正面交锋了，英军向他们投来各种投掷物，其物之重、其势之猛让诺曼人大惊失色。当英军防线合拢时，英格兰人与丹麦的专业雇佣兵对诺曼人发起了一轮猛攻，而诺曼人的盔甲和盾牌抵挡不住威力强大的丹麦长斧。在诺曼军队西侧的左翼战场，也就是斜坡最为平缓的地方，也许最先与英军交火的布列塔尼军团受到了强烈抵抗，惊恐溃退至沼泽洼地，也打乱了

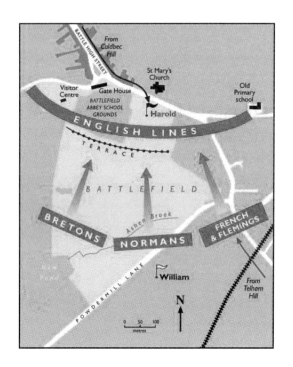

黑斯廷斯战场示意图

244　　跟在他们后面的左翼骑兵的阵线。这时，哈罗德军队的右翼看到敌人的退缩，那些装备粗劣的民兵武装就奔出阵列，乘胜追击——贝叶挂毯上就描述了这个场景。诺曼军队见状纷纷溃逃，恐惧在战场上蔓延开来。在此关头，威廉出现在队伍前方，带领骑兵截断了那股追击的英军的去路，大多数英军都被砍倒在沼泽地和英军大帐之间的开阔地上，这片空地表现在了贝叶挂毯上，今天在古战场遗址上也可以看到。有些被困的民兵爬上了小山丘，又抵抗了一番，最终都被歼灭，这个细节也表现在了挂毯上。其实，挂毯之所以表现这个情节，是因为这一事件对哈罗德战局的影响，远远大于其整个右翼军队遭受的严重削弱，就是这场混战导致了哈罗德的兄弟格斯和莱奥温的双双阵亡——他们在地面混战时，死于诺曼骑兵的刀下。损失了格斯和莱奥温以及他们的家兵，对哈罗德来说是个灾难性的打击。在接下来的时间里，跛了足的英军只好按兵不动，等待增援部队的到来，开小差的士兵逃进了浓密的森林里。

同归于尽的骑兵进攻

对诺曼人来说，战局的发展并非如其所愿。威廉必须当机立断，决定下一步战略，而他的决定让所有人都大吃一惊，特别是那些身经百战的雇佣兵首领——他决定启用诺曼主要的骑兵力量，发起一次全面进攻，来冲破还在顽固防守的英军防线。骑士中队纵马奔上山丘，他们咬紧牙关，狠命地抽打着惊恐的坐骑。他们一旦进入英军的投掷射程内，迎面袭来的是冰雹一样的标枪、投斧和绑着石头的击棍。威廉的骑兵并不是真正意义上的骑兵，而是骑在马上的标枪手，他们手中的标枪是用来刺捅投掷的，而不是当作长矛来用。最终的结果是，英方借助于有利的倾斜地势、投掷器的威力和近卫军的长剑与斧头，打消了诺曼人撕破防线的企图。诺曼人经过一番拼死搏斗，想要靠近英方防线，但最终仓皇溃退，人员与马匹损失惨重。然而，英军见到诺曼人逃跑，部分防线的士兵又擅离位置，赶上去追杀逃跑的敌人。威廉公爵见状，就又带领一支骑兵小分队，攻其侧翼，将追赶的英军

245

士兵消灭殆尽。经过几次这种不明智的追击，英军防线已经变得十分脆弱，无法再坚守整个山脊，于是英军以军旗为中心向山头集合。

最后的抵抗

战斗的胶着状态持续到了下午，威廉调动了弓箭手、骑兵和步行的所有军队，协同行动。此时，诺曼军队也许已经强行占领了山脊侧翼，英军阵地已经缩小到了今天修道院所在的位置。英军近卫军纪律严明，作战勇猛，诺曼作家们对他们的战斗技巧和勇猛顽强十分钦佩。下午时，威廉已经能够调动弓箭手来助攻了，因为贝叶挂毯上显示出有载重马车将弓箭手的补给箭运送到了战场上。现在，他们调整了发射角度，向空中射箭，箭矢纷纷飞过诺曼骑兵的头顶，落到了英军的头上。很显然，这对已经精疲力竭的防守英军来讲，无异于雪上加霜，最终成了致命性的打击。贝叶挂毯在反映战争的这个阶段时，画面上满是向前冲锋的诺曼弓箭手，个个满弓扣箭。在挂毯的主画面上，还重点反映了几个面部受伤的英方军人，一个逃跑民兵的脖颈和眼睛上插着长箭。根据一个至今无法撼动的故事的记载，哈罗德就是这些被射中眼睛的人之一。这个故事依据的可能是贝叶挂毯中的一个著名场景：一个人抓住一枚射入眼睛的长箭，图画上方配有解说文字"哈罗德国王死于此"。然而，这个人确实是哈罗德国王本人吗？还是像一些现代学者所认为的那样，那个躺在他旁边、被一个诺曼骑兵刺中大腿的人是哈罗德？当前研究已经证明，老故事的说法正确，而现代学者的想法有误。制作贝叶挂毯的艺术家在整个作品中，始终如一地对人物加以标注，而"哈罗德"这个名字十分精确地出现在从脸上拔箭的这个人物的上方。而在同一场景的另一个地方，这个人物被艺术家再次表现。"眼睛中箭"的故事似乎在英格兰战后的下一代人中很流行，并非依赖于贝叶挂毯的描述。因此，我们应该接受"哈罗德战伤"这个说法，它算得上是英国历史中最著名的故事之一了。而反观贝叶挂毯，那个艺术家也许意欲表现哈德罗先是受了箭伤，然后有一个诺曼骑兵将其砍倒。

　　10月中旬，天色早早就暗了下来。英军大营遭到两面夹击，虽然近卫军仍然严防死守，保卫国王，但最终力竭。一部分诺曼军人终于冲破防线，来到哈罗德国王身边。这些军人是谁？不同的史料提供了不同的记载。历史学家普瓦捷的威廉在《威廉公爵事迹》中列出了以下名字：庞丘的盖尔、沃尔特·吉法德、休·蒙福、布洛涅的尤斯塔斯。亚眠主教盖尔（Guy of Amiens）在《黑斯廷斯战役之歌》的记载也许更接近史实，他没有提休·蒙福的名字，却提到了威廉公爵本人——在所有记载过这次战争的历史学家中，他是唯一如此记载的。后世史料中想要把威廉与此事撇清关系，大概是因为哈罗德国王血腥残忍的死状。当时，哈罗德国王因为受伤，正躺在或蹲伏在军旗之间，诺曼骑士们冲到他跟前，将他砍成碎块。一个人把剑刺入他的胸部，另一个人砍掉了他的脑袋，第三个人将他开膛破肚，最后一个人砍下他的大腿并拎走。12世纪历史学家马姆斯伯里的威廉记载说，威廉公爵认为最后一个人的举动非常卑劣，因而开除了他的军职。这暗示着此处所谓的"大腿"是一种委婉的说法，在那疯狂的时刻，一个嗜血如狂的诺曼军人在杀戮欲的驱使下，割下了国王的生殖器。这几乎是一种返祖性的野蛮举动，但在 11 世纪中期野蛮残暴的诺曼世界里，这也许不是不可思议的。

247   哈罗德国王死亡的地点后来建起了巴特尔修道院的圣坛，以示纪念。傍晚 5 点钟左右，太阳落山了，英军近卫军虽然兵力不足，但仍进行着有组织的抵抗。根据普瓦捷的威廉的记载，战场上有些地方尸体垒叠过多，以至于死去的人都无法倒下去。哈罗德受伤并死亡的消息一经传播开来，很多士兵都逃跑了，"有人骑马，有人步行，也有人走主路，大多数都是沿小路逃走了"。

英军在战斗中失败了，就如同阿兴登战役一样，英格兰之花凋零于此。诚然，普通士兵的死伤无关大局，而那些领导人物的伤亡则确实事关重大。当时战场上夜幕已经降临，在这种极端情况下，英军余部的英雄末路令人感叹。部分英军在后防线上重新集结在一起。这里是一处被沟壑截断的陡坡，长满了灌木和低矮树丛，有一条古代的堤道从中横穿而过。在傍晚 5—6 点之时，诺曼骑兵试图消灭这一部分英军，他们向沟中发起猛攻，但是遭到了顽强的抵抗，付出更多死伤之后，才最终控制了这个据点。该地点后来被称作"马尔福斯沟"（Malfosse）、"罪恶之沟"。近期对巴特尔修道院史料的研究表明，这个地方叫橡木林山谷，位于卡德贝克山以北约四分之一公里处。

威廉效仿法兰克国王查理曼惯常的做法，下令修建了一个堆石标来纪念这次战斗。这个石堆一定是建在了卡德贝克山的制高点那棵老苹果树的位置上，因为这个地点常被称为"石堆"。根据诺曼习俗，哈罗德国王的遗体，或者说尸体碎块，经他的情妇确认得以收回。据载，他的遗体最初被埋葬在海边，如果此说属实，那么他的遗体后来确实再经迁移，安葬在了沃尔瑟姆（Waltham）自己的坟墓里，该坟墓至今犹存。

威廉征服英格兰

　　像黑斯廷斯这种"一战定乾坤"的战役在历史上并不多见。虽然 [248] 为了巩固在英格兰的统治地位，威廉在接下来的几年里进行了艰苦的斗争，但是毫无疑问，从来没有人怀疑他有能力做到这一点，因为就像一位诗人在一个世纪后所说："诺曼征服者，无人能及。"显然，在诠释黑斯廷斯战役的重要意义时，我们应该考量到某些军事因素。英格兰的军事力量经历了近期约克郡的诸场战役后已经被严重削弱，它也不太可能在短期内重新组建一支军队。黑斯廷斯战役更是粉碎了英格兰的自主领导权，究其根底，这是盎格鲁-撒克逊王室在英格兰的失败，彻迪克和阿尔弗雷德的王室谱系就此断绝，我们在阿尔弗雷德时期和埃塞尔斯坦时期见到的那种紧密的王室直系继承关系，在英格兰大地上消失了。像哈罗德伯爵这种并非王室出身的人物，即便一时权倾朝野，也不可能像彻迪克家族那样在民众当中唤起凝聚力。

　　英格兰政要和教会头领在伦敦北部的小贝克汉斯特德（Little Berkhampstead）觐见了威廉，宣布英格兰投降。1066 年圣诞节，虽然各地暴乱还在此起彼伏，但威廉就在威斯敏斯特大教堂，由约克大主教埃尔瑞德主持仪式加冕登基了。他所使用的涂油礼的仪轨，与埃塞尔斯坦和埃德加一世的加冕仪式相同。然而，如果英格兰教会机构把威廉想象成另外一个卡纽特国王——比如像他那样具有可塑性，或能如他一样遵从旧制——那就大错特错了。在接下来的 20 年里，英格兰的社会财富发生了翻天覆地的再分配。那些骑士和在诺曼征服中支持过威廉的贵族们，都被奖赏以大量土地，原来专属盎格鲁－撒克逊贵族的那些特权收益，现在也都转移到他们头上。在 1066 年冲突中死亡的贵族的土地和那些与威廉为敌的人的土地，尤其是戈德温家族的土地，通通都到了威廉支持者的名下。公元 1069—1070 年，在米德兰兹和北部地区爆发了一场大规模的叛乱，但遭到了威廉惨烈绝伦的镇压，于是，更多的土地落到了诺曼人手里。据推测，截至 1087 年威廉去世时，仍然保留在盎格鲁－撒克逊贵族手中的土地只占全国土地总面积的 8%。

末日审判书

> 1085 年⋯⋯威廉国王与议员们在格罗斯特度过了圣诞节，在那里主持政事五天⋯⋯国王与议会就土地问题进行了重要的商议和全面的讨论，讨论了土地的人口承载量和居民类型等。然后，他派人前往英格兰各郡，查明每个郡中有多少海得土地，清查在全国范围内国王本人拥有多少土地与牲畜，每个郡应该依法向他缴纳多少税款⋯⋯英格兰的每个土地所有者拥有多少土地和牲畜，而这些财产价值多少。
>
> ——《盎格鲁－撒克逊编年史》

《末日审判书》就是应这一需求而产生的，其成书过程也可以看作是一次对英格兰土地所有权与地主身份的大规模普查。《末日审判书》中调查的时间节点有两个，1066 年爱德华国王在世时的情况和1086 年当年的情况。实际上，这可以说是一次有关"诺曼征服"的历史记录。《末日审判书》全书包括保存在伦敦法院巷"公共记录办公室"中的两卷，以及现今保存在德文郡的埃克塞特大教堂图书馆中的一本相关图书。有人将《末日审判书》的成书，看作是诺曼政府在英格兰统治的第一项伟大成就，同时，也将其看作是体现了晚期撒克逊政府运作效率和复杂性的最后证据。该书的主要卷册《大审判书》，出自一位英格兰人之手。据推测，这位姓氏无考的作者为英格兰的爱德华国王和诺曼的威廉国王服务了一辈子，他可能为了"这一伟大事业出谋划策，精心周密组织，让这一复杂而令人赞叹的工程得以实施"（克里斯托弗·布鲁克语）。如果事实果真如此，那么这位才华横溢的神职人员，也许就是埃塞尔斯坦时期流传下来的王室秘书处的最后余绪了。

为了进行此次调查，英格兰被划分出七条或九条巡回路线，每个地区派出一个独立的王室特派员小组。每个地区都要考察两次，第一次调查结束后，第二批调查员随后进入该地区，并且调查员只能前往他们不熟悉的地区。"这样他们才能审核第一次调查的结果。"赫里福德主教罗伯特正巧于 1085 年圣诞节在格罗斯特参与了商议，他还写道："如果有必要，可以向国王告发初次调查者有罪，相关土地也会被课以重税。"

每一处庄园里的所有重要信息都要登记在案：多少劳力、佃户和家奴，以及多少自由民、林地和牧场、磨坊、渔场等；而所有这些东

250

西的价值都要记录三次——这处庄园在 1066 年爱德华国王去世时价值几何，威廉赠予这处庄园时价值多少，1086 年时又值多少。一个伊利文件补充说："记录中还提到，与目前的税收收入相比，这处庄园是否还有增加（税收和农产品）的空间。"这些记录赤裸裸地表现了威廉的贪婪心态，当然，其结果就是产生了英格兰历史上第一部伟大的公共记录。

下面这个条目记录了罗杰·德·蒙哥马利伯爵 [1] 在威尔士蒙哥马利的地产状况，是该书中的一个典型的例子。

在蒙哥马利城堡，伯爵本人拥有 4 部耕犁，他在属于该城堡地域内的某一威尔士地区有 6 磅便士的收入。罗杰·科贝特在那里拥有 2 部耕犁，他和他的兄弟从威尔士可得 40 先令收益。伯爵本人修建了一座城堡，叫作蒙哥马利城堡，毗连的 52.5 海得土地曾归苏沃尔、奥兹拉克、亚所三位贵族所有，他们向（"忏悔者"）爱德华国王缴纳过全额土地税，他们将这些土地作为狩猎之用……三位贵族拥有的土地现在归属于罗杰伯爵，这里在过去和现在都是荒地。

---

[1] 罗杰·德·蒙哥马利（Roger de Montgomery，？—1094），是第一代什鲁斯伯里伯爵。罗杰是"征服者"威廉的主要顾问之一，是威廉统治时期的六大权贵之一。他在法国诺曼底和英格兰东南部诸郡拥有大量土地和庄园，并在威尔士建立了蒙哥马利镇和城堡，该地现称为蒙哥马利郡。

英格兰贵族

　　原来在蒙哥马利地区拥有土地庄园的当地贵族，比如苏沃尔、奥 251
兹拉克、亚所，其命运在 1066 年发生了怎样的变化？诺曼征服后，
在不列颠岛上发生的大规模的土地重新分配，可以称得上是一次意义
极端深远的终身革命，对英格兰原有上层社会更是一次没有归路的灾
难。成书于黑斯廷斯战役 20 年后的《末日审判书》，虽然记载了有
些英格兰人仍然拥有大量庄园土地，但几乎再无英格兰人身居要位。
据估算，截至 1086 年，英格兰境内只有 8% 的土地仍然掌握在英格
兰贵族手中。在全国大约 1500 名大土地承租人中，只有两名英格兰
贵族，他们是华威郡雅顿地区的瑟奎尔（Thurkill）和林肯的考斯文
（Colswein）。这两大家族是 10 世纪威塞克斯国王们依靠的主要军事
力量，在英格兰贵族阶层中深耕远播，根深蒂固，算得上是英格兰贵
族阶层的幸存者。现在，英格兰上层贵族社会已经彻底化为齑粉，而
社会底层，比如农民、自由民，受到的冲击相对较小——他们只不过
是换了一个地主纳税罢了。确实，诺曼人从来没有试图在被征服土地
上推行统一的土地管理制度。比如，丹麦法区自阿尔弗雷德大帝之后
就存在着不同的社会形态，实行不同的律法和管理惯例，而这些差异
在 1166 年仍然鲜明地存在着。对于英格兰贵族社会来说，诺曼入侵
者已经彻底改变了他们的世界。在新的社会秩序下，熙熙攘攘拥挤着
至少 5000 名诺曼与法国贵族等待着分封领赏，另有数不清的士兵在
这里碰运气，想要分一杯羹，这里实在没有这些过气贵族的位置了。

1066 年时，在英格兰拥有庄园宅第和贵族称号的大小地主数以千计，后来绝大多数人湮没无闻了，在《末日审判书》中会时不时出现一些死于当年战争的英格兰人的名字。确实，经过三次严酷的战役，数以百计的贵族应该在诺曼人欢庆胜利前就已经暴尸战场了。而黑斯廷斯战役尤其惨烈，那场持续了 8 个小时的混战，最终以英格兰军队的全军覆没而告终。英格兰的损失在后代中也有流传。一位阿伯丁编年史家在诺曼征服一个世纪以后，谈到他的房子原来的贵族住户就死于黑斯廷斯战役。1068 年到 1071 年，在麦西亚西部和诺森布里亚发生了一些零星的残酷血腥的起义，这也许直接导致了盎格鲁 - 撒克逊的贵族地主们更大的损失。1086 年的《末日审判书》的作者所描述的就是这个遭受了严重摧残的贵族社会。

252

11 世纪 60 年代晚期到 70 年代早期，对英格兰贵族来说是个沮丧的时期。待威廉在英格兰的统治稳固下来后，幸存的英格兰贵族似乎已没有什么理由再延宕在英格兰了。这一时期有很多证据表明，大批英格兰人纷纷移民到其他国家，比如丹麦、苏格兰，而最主要的目的地是希腊和拜占庭帝国。同时代的记录表明，很多黑斯廷斯战役后的那一代英格兰人，在君士坦丁堡的拜占庭朝廷中服务。那些选择留下来与威廉合作的人，发现他们在自己的土地上已经变成了二等佃户，就如一位 11 世纪作家所写，处于"任人驱遣的地位"。他们的生活状况和能否活命，都取决于一个外国国王（他甚至不会说当地语言）对他的外国臣民的掌控程度。在《末日审判书》的官方行文的字里行间，时时隐现着时代大潮中的个人悲哀，比如，白金汉郡马士吉本村的阿弗里克（Aelfric）自爱德华时代就拥有的土地，现在却归威廉所有，需要"缴纳沉重而苛刻的赋税"。这一过程并没有被普遍记载下来，因为诺曼人最终被英格兰社会同化，变成了英格兰人，而不是相反。英格兰人的英格兰概念经历了漫长的时间，最终逐渐渗透到诺曼人的意识中，而这种思想在 1086 年还远远没有实现。

"为我造成的所有流血而忏悔"

1086 年年末，"征服者"威廉最后一次跨过了英吉利海峡。1087 年夏天，他沿塞纳河进攻巴黎，对法国国王发起了报复性的进攻。在距离巴黎仅约 48 公里的芒特拉若利（Mantes-la-Jolie）镇，守备驻军冲出来抵抗威廉。威廉以突袭打败了他们，冲进市镇，摧毁了小镇里包括教堂在内的一切建筑。威廉当时已经 60 岁了，身体肥胖臃肿，脾气暴虐，比年轻时更加易怒。在芒特拉若利镇的野蛮破坏，也许本意是想作为恐怖演习，拉开进攻巴黎的序幕。但是如果真如此，我们也无从知晓了，因为当他在飘落的灰烬中，从烈火熊熊的大街上骑马走过时，他的坐骑受惊，将他狠狠摔下了高高的马鞍，他的腹部严重受伤。忍着巨大的疼痛，他撤退到了鲁昂。弥留之际，他要求将自己安置到鲁昂西郊一座小山上的圣热尔韦（St Gervais）小修道院。在那里，这个"冷酷无情、不在乎被所有人痛恨"的老国王，在祈祷上帝宽容和对未来的忧惧中，泪如雨下，最终勉强软下心来，原谅了叛乱的长子罗伯特。就在这临终时刻，他还在处置那些最让他殚精竭虑的财富，因为他确实是个"贪得无厌"的人（一位英国人如此评论）。他也对过去造成的大规模流血伤亡表达了忏悔之情，但恰恰是这些流

253

血和伤亡成就了他的荣耀。1087 年 9 月 9 日凌晨，"征服者"威廉去
世。他死前要求将自己的灵魂托付给圣母玛利亚，希望"通过她的代
祷，我也许可以被她的儿子、我主耶稣基督接纳"。他被安葬在诺曼
底卡昂的圣斯德望（St Stephen）男子修道院，但是，他的坟墓却在 16
世纪的宗教骚乱中被摧毁了，现在只余一块简陋的石板当作标记。

威廉面部画像？

　　英格兰早期历史上的这位伟大的政治天才就这样去世了。威廉身
材高大，行事不达目的誓不罢休，一生勇敢无畏。"他用火与剑去征
服，用恐惧来统治。"一位现代学者这样描述他。在他的传奇故事中，
还有一个怪诞的小插曲。1522 年，根据罗马教廷的指示，他的坟墓
自 11 世纪埋葬后第一次被开启。教皇特使们检查了他的尸体，发现
经过防腐处理的尸体保存状态良好。特使们镇定地叫来一位本地画
师，将威廉的脸部描摹在一块木板上，随后就将此画悬挂在他的坟墓
旁边。这幅画在 1562 年的宗教骚乱中幸存了下来，但随后就从历史
记录中消失了。然而，今天在圣斯德望男子修道院的圣物陈列室中，
仍然可见一幅身穿亨利八世时期服装的威廉画像，一条附加说明表
明，这幅画像是修道院某面墙上的一幅画像的复制品。那么，这幅画
像可能是那幅可怕的肖像——1522 年的死亡面具——某种程度上的
复制品吗？我们今天凝视的确实是"征服者"威廉的面孔吗？

　　　如果你想知道他是怎样的人，或者他如何被人敬仰……那

么就来看我们的描述，因为我们认识他，亲眼见过他，也曾在他的朝堂上流连。威廉国王是一个拥有伟大智慧和力量的人，他的荣耀和力量超越了所有前人，虽然他对违背自己意愿的人冷酷无情……

> 坚强勇敢的威廉国王
>
> 沉溺于贪婪难以自拔
>
> 完全陷于难填的欲壑……
>
> 看啊！他举手投足傲气冲天
>
> 自视高于其他所有人
>
> 愿全能之主待他以仁慈
>
> 一并饶恕他和他的罪恶
>
> ——《盎格鲁－撒克逊编年史》

后 记

自本书首次发行以来的几十年间，各种考古发现和全新的鉴定结果时时调整和修正着我们对盎格鲁－撒克逊时代的认识。尤其值得一提的是，近期不列颠岛内展开了一系列激动人心的考古发掘工作，而被寄予最大期望的发掘项目目前还处于工程的初级阶段，这就是在本书第三章中提到的在萨顿胡展开的全面覆盖整个墓葬地区的再度挖掘。目前的进展表明，这里的情况比第一次挖掘时预想的要复杂得多。1986年年末，在这一地区附近发现了一个本书第三章中曾描述的埃及科普特风格的碗。这个发现进一步证实了我们的判断，该处墓葬与东盎格利亚王朝联系密切。萨福克郡当地档案馆中的资料显示，当地某些地名的沿革证明了在船冢与德本河之间，曾有过一处异教圣所，而此处在都铎时代就有过一座绞刑架（古代的处决施刑之地，经常是异教传统中的地点）。本地另外一些地点的命名也给调查者提供了一些线索，使他们大致规划出理论上存在的萨顿王宫和王室成员异教墓地的下落。考古学家通过对船冢封土周围土地的研究可以确定，人类对这一地区的开发利用，可以回溯到青铜时代至新石器时代。相关历史调查显示，7世纪早期发生在萨顿胡地区的历史事件，已经对当地地貌和居住于附近的后代居民产生了深远持久的影响。而反过来，它又在多大程度上受到当地历史上的罗马文化、青铜时代和史前文化的影响呢？这至今还是个未知数。最后，萨顿胡墓主本人仍困于重重谜团之中，他的墓葬是否曾于 7 世纪中期被打开过，墓内尸体从这个异教墓葬被移至一处基督教教堂中（那么，该教堂是否位于萨顿？），之后木棺完全腐烂，只留下了一个印迹而尸体浑无踪迹？

256

近年来对早期撒克逊时代研究的最有意义的重大发展，或许当属对国王身份，尤其是"超级国王"这一概念的再认识，当然，在那个时代，还有一个备受争议的棘手问题，即"不列颠统治者"（bretwaldas）。近来的学术观点倾向于认为，8 世纪历史学家比德似乎有意为伟大的盎格鲁－撒克逊统治者们描述出一份"简要"历史，他开列出一份著名的曾掌握过"imperium"（此为比德所采用的拉丁词）的国王名单。考虑到比德的意图，他的这份名单似乎更应该看作是一份总结性回顾，而不是某一重要政治职位的简单的继承者清单。名单上的人物所拥有的权力，自然根据各自所处的不同境况而性质、程度各异。因而，只是简单地从字面上将"imperium"理解为"拥有超级国王的权力和责任"的一个行政职位，似乎并不妥当。阿尔弗雷德大帝时期的编年史家，将威塞克斯国王艾格伯特（Egbert of Wessex）作为"第八位不列颠统治者"加入到名单中去，这一举动也许有违比德名单的初衷。而类似的举动似乎也发生在现代历史学家身上，他们或许也是过于草率地解读了这个别有深意的术语，形成了约定俗成的"不列颠统治者"这一理解。同时，目前保存下来的如《部落人口土地税》一类的材料和一份著名的 7 世纪部落名单的后世副本［该名单来自位于苏格兰克莱德山谷的一个早期苏格兰王国——达尔里阿达（Dal Riada）王国，名单也许终结于比德提到的一位诺森布里亚的超级国王］等资料表明，比德确实只是列出了某些国王的名字，这些国王在位统治时的权力属实超过了同时代的其他国王，他们是"大统治者"。

奥法国王的前任、麦西亚国王阿尔芬尔德就是这样一位"大统治者"（见第四章）。阿尔芬尔德是比德写作《英吉利教会史》期间，统治亨伯河以南的一位杰出的英格兰国王。在德比郡莱普顿（Repton）的一系列令人振奋的考古发现，已经证明了这个地方对麦西亚王室至关重要。在埋葬了王室成员的皇家陵墓附近，曾出土过一个十字标记纪念碑的遗迹，上面刻着一个极其明显而逼真的骑马武士国王的形象。发掘者认为，这是阿尔芬尔德国王本人在年富力强时的一幅"肖像"，体现了罗马帝国传统的绘画技法。

在莱普顿的考古发现，也进一步揭开了维京人"异教徒大军"[1]于 873—874 年针对英格兰中部地区入侵行动的一些内幕，给我们带来了一些轰动性的新发现。莱普顿丹麦军队冬季营地周围的半圆形深沟，当年曾被挖成一个泊船码头，用以维修维京海盗船，而这些海盗船能沿着亨伯河一路上行至特伦特河，最后直达麦西亚王国的心脏地带。在深沟中一个覆盖了半块损毁墓碑的土丘之下，考古学家发现了大约 250 具来历不明的男性尸骨，很多尸骨上带有旧伤痕迹。这些人想必是在 873 年征服麦西亚的过程中，死于瘟疫或遭遇战的丹麦"异

---

[1] 异教徒大军（Great Heathen Army）是 9 世纪丹麦组织起来的一支维京部队。该部队规模庞大，由几百艘船和数以千计的士兵组成，在英格兰的许多地区进行过掠夺和征服。他们于 865—866 年初次在东盎格利亚登陆，871 年初次进军威塞克斯，接受了阿尔弗雷德的贡金而离开，873—874 年征服麦西亚，并在莱普顿的特伦特河畔过冬。878 年阿尔弗雷德在爱丁顿战役中击败了维京军队。

教徒大军"的士兵。当地的一份古文物研究杂志报道说，这些尸骨于 18 世纪首次被发现并进行了重新埋葬，这些尸骨最初环绕着中心墓室成排地整齐摆放，而在中心墓室中有一具尸骨，据判断也许是一位维京国王或军队头领。这里有更多的土封有待进一步调查。

近年来，我们对阿尔弗雷德大帝应对"异教徒大军"威胁的防御措施（见第五章），有了越来越深入透彻的了解。近期对《自治城镇皮革税》的再度评估表明，这些防御城镇的雏形也许可以追溯到 886 年之前，它们代表了阿尔弗雷德大帝在爱丁顿战役胜利后的八年中，为保护威塞克斯国境，抵御维京人进攻而采取的一系列防御手段。这一兴师动众的整顿举措包括迁徙了成千上万的居民来充实卫戍区，在城市周围的乡村创造一个生态支撑系统，来养活新的"城市"居民。同时，阿尔弗雷德城镇防御系统允许卫戍部队和机动部队的士兵，一次性长时间地脱离农业劳动。这种社会性分工的大范围调整，也许需要一种比想象中更加剧烈的社会重组来适应。我们由此推测，可能是阿尔弗雷德统治时期的战争压力，加速了英格兰南部"自由"农民数量的萎缩。而伴随着传统形态的庄稼轮作和农作物三区轮作[1]等集体耕作规模的扩大，大地主控制下的"卫星"村落也快速地在英格兰地

---

[1] 三区轮作制度（three-field system）是在中世纪和早期现代欧洲通用的一种农作物轮作制度，是指在同一块土地上的前后种植季节里栽种不同作物的耕作方法。该方法一般是将农场耕地分为三大块，第一块种植冬小麦或黑麦，第二块种植豆类等，第三块地休耕（未种植）。谷类植物会耗尽土壤里的氮，但豆类可以固氮而给土地增加营养。休耕地很快长满了杂草，可以放牧，而动物的排泄物可以让土地恢复营养。第二年相应的农作物更换地块种植，所以每块土地每三年可以种植两次。这种耕作方法可以保持土地肥力，进而增加产量。

区扩展开来。近期的考古发现和文献研究都有力地证明了我们的一个假设：阿尔弗雷德大帝在这一问题上的管理策略，与处理其他问题一样，都堪称盎格鲁－撒克逊王权发展史上的一个分水岭。

阿尔弗雷德的"隐秘的"改革，可以在欧洲大陆卡洛林王朝管理制度中找到原型，这种借鉴不仅体现在实践管理方面，更体现在对 9世纪欧洲思想和政治领域内的丰富理论建树的学习方面。在 9世纪早期，威塞克斯王朝和卡洛林王朝就建立了联系，而这种联系在阿尔弗雷德统治期间越发密切了。阿尔弗雷德大帝的两位主要政治顾问都是欧洲大陆的学者，一位是来自佛兰德斯圣奥尔丁修道院的修道士格里姆巴尔德（Grimbald，820—901），另一位是德国莱茵兰地区的学者约翰（John the Old Saxon，？—904）。在这些人的影响下，英格兰南部催生或推广了"百家法庭"[1]和"十户区"[2]制度。虽然有关这个制度的明确表述直到 12 世纪早期，才出现在马姆斯伯里的威廉的《英格兰国王史》中，然而，这种由当地政府将每 100 海得土地核定为一个集体，每个集体由各自的法庭来实行管理并主持公正的管理制度，似

258

---

[1] 补充资料：当时为防止重大犯罪行为，所有 12 岁以上的自由民都要宣誓遵守法律所规定的社会共同责任。如果某人违反誓言犯了重罪，将由"百家法院"主持审判，全部亲属都有可能受到惩罚。这些法院的主审官员多是国王在当地的代理人，法院有义务找到犯罪人并绳之以法，如果必要的话，亲属连坐（出自迈克尔·伍德《盎格鲁－撒克逊人的法治》）。
[2] "十户区"（tithing）是英格兰历史上推行的一种以十户家庭为单位、负有联保责任的行政区划单位。它最初指由 10 海得土地（中的家庭所）构成的管理单位（相当于 100 海得的十分之一），后来被视为庄园或教区的分区。每个单位有一位年龄在 12 岁以上的男性负责人，他要对该区内所有家庭及其成员的行为负责。

乎在9世纪晚期到10世纪40年代之间就已经发展起来了。这一理念借鉴了当时法兰克王朝的管理制度，而它的实施也进一步证实了我们的想法，在阿尔弗雷德大帝"讲真话者"和"英格兰宠儿"等备受爱戴的理想化的外表之下，隐约隐藏着一个难以捉摸的形象，那既是一个复杂而圆滑的政治家，也是一个富有远见卓识却冷酷无情的管理者。他长袖善舞，平衡集于一身的世俗职责与精神责任，这种责任既是对上帝、臣民和自己的国家（过去、现在和未来）的，更是针对更大范围内的英格兰人民的。阿尔弗雷德的统治功绩之卓著，就如一位著名学者所评价的那样："基督教王权在理论和实践上的差距，从来没有像在阿尔弗雷德统治期间这样小。"

如果说阿尔弗雷德的功德掩盖了后继者的风头的话，那么这在他的儿子"长者"爱德华身上体现得最为明显，我们也正是因为缺乏资料而无法更好地了解爱德华的统治。倒是他的孙子埃塞尔斯坦国王秉承了他的荣耀，在939年埃塞尔斯坦去世时，英格兰政府这一"隐秘的改革"已经完成。在阿尔弗雷德及其儿子、孙子三代国王的努力之下，英格兰在国家管理方面呈现出的崭新面貌，比1066年"诺曼征服"之后还要全面和彻底得多。1086年，"征服者"威廉主持编纂了《末日审判书》，该书搜集数据时所依据的行政组织结构的大体框架，在939年时都已经确立了。这个框架就像是在阿尔弗雷德当家时确定下的一个"家族规划"，被子孙后代至少贯彻执行了三代。埃塞尔斯坦时期的法律表明，当时的政府已经有能力去评估亨伯河以南的全部耕犁和耕地，而这就是《末日审判书》调查的核心内容。此类信息想必是通过百家法庭的"郡首"（也就是城镇治安官，该职位名称首次出现于埃塞尔斯坦统治时期）搜集而来的吧。

　　至此我们应该已经认识到，现存的盎格鲁－撒克逊时期的政府档案资料，在全面展示当时英格兰的成就方面起到了多么重大的作用。直到诺曼征服时期，确切地讲是 12 世纪，大量古英语[1]时期的政府档案资料都保存在温切斯特的王宫宝库里。保留至今的这些材料，以及许多王室法令和大约 2000 份土地特许状，大多只是一些片段。内容上从产业明细、大修道院拥有的牲畜与农奴清单，到中央政府发布的类似于《自治城镇皮革税》一类的文件等，林林总总。另外，资料中还包括一些地方性记载，比如罗切斯特桥维修人员名单、船员服役备忘录、北安普敦郡的整体评估报告等，资料内容之丰富、细节之翔实，由此可见一斑。"诺曼征服"前的英格兰统治者与其后的诺曼国王们一样，在政府管理方面都体现出一定的文化水平和读写能力。然而，为了更好地向地方传达王室命令，英格兰统治者也在全国范围内使用方言土语。当后来的诺曼国王在行政管理层面上停止使用古英语后，这些方言档案也就最终被抛弃了。

　　由阿尔弗雷德、"长者"爱德华和埃塞尔斯坦三代国王打造的英格兰政府管理系统，其水平之高超、运作之复杂，可以通过这些残留下来的资料片段充分体现出来，然而它又如此匮乏，以至于前代人一

---

[1] 古英语（Old English），也称盎格鲁－撒克逊语，是英语的最古老形态，在 5 世纪中期由盎格鲁－撒克逊人带入不列颠，是当时居住在英格兰和苏格兰东南部一带盎格鲁－撒克逊人所说的英语，一直使用到 1066 年"诺曼征服"后。古英语与近代英语在读音、拼写、词汇和语法上都很不同，其语法与拉丁语、德语和冰岛语比较接近，形态变化比较复杂。

260　直低估了盎格鲁－撒克逊人的成就，而将《末日审判书》在管理方面表现出的先进性完全归功于诺曼人。事实上，1086 年的全国性调查因袭了英格兰和卡洛林王朝的管理传统，其运作机制在公元 940 年就已经存在了。最近有关《末日审判书》的研究表明，当时的调查者们不但依赖于当地法庭提供的诸多宣誓证词，而且采用了各种书面材料。比如，一位 12 世纪的历史学家记载说："《末日审判书》的全国调查中保存了王室宝库里的古代卷轴。"这些"温切斯特的卷轴"可以追溯到埃塞尔斯坦统治时期。

从政治角度讲，诺曼人可以算得上是这片被征服土地的新主人，但这个"诺曼英格兰"的基础仍然是盎格鲁－撒克逊人。既然《末日审判书》可以看作是英格兰地方政府机制和王室古英语行政管理的产物，那么该书中所描述的英格兰应该就是"盎格鲁－撒克逊英格兰"。这是一个在罗马废墟上发展了逾 500 年的社会，是一个按照奥法、阿尔弗雷德、埃塞尔斯坦和其他伟大的盎格鲁－撒克逊国王的意愿塑造的社会。在当时，它是一个引人注目的统一国家（至少在亨伯河以南地区），不但有着欧洲范围内无与匹敌的民间文学，有着标准化的古英语，而且更有复杂高超的政府运作机制、大法官法庭、货币与法律系统。同时，在王室的支持赞助下，基督教拉丁文化在英格兰也得到了蓬勃发展，众多艺术家中还包括许多著作流传后世的佚名史家，比如 8 世纪诺森布里亚的佚名史家，以及 10 世纪晚期温切斯特和拉姆齐的无名编年史作家们。说到历史学家，我们不能不提到比德。比德不仅是中世纪最伟大的一位历史学家，而且也是一位思想家，他在形成英格兰人身份认同（比德使用的术语是"gens Anglorum"）方面所做的贡献恐怕无人能及。我们发现，这一理念草蛇灰线地贯穿于阿尔弗雷德主持编纂的《牧灵关怀》的前言里，以及埃塞尔斯坦时期的法律中，而埃塞尔雷德时期的盎格鲁－撒克逊编年史家，已经把英格兰人看作一个整体"eall Angel cynn"。英格兰人的这一身份认同，经历过诺曼征服的战火而幸存下来。即便在诺曼人占领时期，它也还是通过乡村农民口头语言的方式延续了下去——确实，在1066年诺曼征服之前，这种语言本身也许就是一种强大的凝聚力。13世纪时，《大宪章》[1]中对共同理念主体的谨慎表达方式为：通过相互的誓言结合为一个整体的"土地上的所有群体"，或许也从这里借鉴了什么，因为它针对的对象不仅包括诺曼封建领主，也包括生活在古英语律法体系中的所有人。我们可以在1265年的第二次贵族起义[2]中，窥见这一理念在莱斯特郡的皮特灵马格纳（Peatling Magna）村草根阶层中的作用。当时一些本地人，即所谓的"愚蠢的村民"，试图拘捕王室统帅的部下，理由是他们违背了"王国共同体"（commune of the realm）（的福祉），这在当时的政府文件中表述为"communitas regni"。由此可见，《末日审判书》成书后的五六代时间内，居住在莱

[1]《大宪章》（Magna Carta），又称自由大宪章，是英格兰国王约翰在1215年订立的拉丁文政治性授权文件，1225年首次成为法律。订立该宪章的主因是教宗、国王和封建贵族对过于强大的国王权力产生分歧，大宪章要求王室放弃部分权力，保护教会权力，尊重司法过程，王权应受法律限制。《大宪章》是英格兰议会接收国王行政及立法权的起点。

[2] 第二次贵族起义（Barons' Revolt）指英格兰历史上的第二次贵族起义（1264—1267），是发生在一些谋反的英格兰贵族和国王亨利三世的保皇党之间的内战，战争的目的之一是查封和毁掉能证明贵族债务的证据。

斯特郡的盎格鲁－撒克逊自由民的后代，虽然可能没有文化，但是国家的概念已经根植于他们的脑海，而这很有可能是由前辈代代相传而来的。

这些猜想很自然地引发了我们对盎格鲁－撒克逊文化遗产的终极思考。作为福泽整个英语世界的盎格鲁－撒克逊文明，其鲜明特质是否可以追根溯源到盎格鲁－撒克逊英格兰时期的某些理念？比如关于普通法、财产、婚姻、遗产继承、妇女角色、个人自由等观念。当代学者所定义的"英格兰个人主义"，是否早在那个时候就已经初具形态？盎格鲁－撒克逊英格兰时期运用的一系列政府管理机制，比如地方政府治理、郡治管理、百家法庭、十户联防等，何以能运作得如此持久（很多地方一直保持到所谓的 1974 年改革）？英国的民主是否在很大程度上依赖于这些受共同誓言约束的地方机构？维多利亚时代的人们普遍相信，当时的很多机构都可溯源到盎格鲁－撒克逊英格兰时代，只是后来这种想法被当成了 19 世纪的浪漫妄想而被抛掷一边。然而，伴随着对整个古英语时期历史的再度审视，许多当代学者也开始重新认真考量这一看法。由阿尔弗雷德、埃塞尔斯坦及其继任者开创的国家特征（和思想世界），其生命力也许比我们猜想的要持久得多。

参考书目

希望对本书所涉故事有更多了解的读者，也许有兴趣知道一些当前容易找到的相关著作。有关布迪卡（Boudica），最好的当代研究书目是 Graham Webster 所著的 *Boudica*（Batsford，1978 年）。而 Ian Andrews 的 *Boudicca's Revolt*（Cambridge University Press，1972 年）尽管叙述简短，但内容同样精彩，尤其适合学校使用。有关罗马征服的历史，可以参阅 G.Webster 和 D.Dudley 合著的 *The Roman Conquest of Britain*（Pan，1973 年）；塔西佗（Tacitus）的《编年史》（*Annals*）和 Agricola 都有企鹅出版集团（Penguin Books）出版的简装本。Dio 所著的 *Roman History* 是洛布古典丛书（*Loeb Classical Library*）中的一本（Book LXII）。

亚瑟时代的主要资料，包括吉尔达斯（Gildas）、内尼厄斯（Nennius）的《威尔士编年史》（*Welsh Annals*）和《圣帕特里克》（St Patrick）等著作，都有简装本发行，由 Phillimore 出版社出版。《盎格鲁－撒克逊编年史》现有 Everyman 丛书简装本出版，由 G. N. Garmonsway（1972 年）翻译。比德（Bede）的《英吉利教会史》（*Ecclesiastical History*）由企鹅出版集团出版，但是该书介绍中没有计入近期关于比德时期的社会环境、资料来源与文本研究的学术成果。另有几本有关亚瑟时代的当代学术著作也值得推荐：Leslie Alcock 所著

的 *Arthur's Britain*（Penguin，1971 年）；Charles Thomas 所著的 *Britain and Ireland in Early Christian Times*（Thames and Hudson，1971 年）；Stephen Johnson 所著的 *Later Roman Britain*（Routledge，1980 年）。当代学者围绕着罗马社会晚期状况进行过一系列饶有趣味的总体研究，比如，Peter Brown 所著的 *The World of Late Antiquity*（Thames and Hudson，1971 年），Perry Anderson 所著的 *Passages from Late Antiquity to Feudalism*（Verso Editions，1978 年）。

有关盎格鲁－撒克逊英格兰时代，近年来有大量相关著述出版。这一时期的主要文献与记述资料于 1979 年结集出版为 *English Historical Documents* 系列出版物第一卷，由 Dorothy Whitelock 主编，该书是研究这一时期历史的必读书目，唯一美中不足的是遗漏了凯尔特时期的历史资料。Michael Swanton 的 *Anglo-Saxon Prose*（Everyman，1975 年）是一本包含了当时部分司法、文献和文学作品的轻便简装书。对盎格鲁－撒克逊英格兰时代进行总体性研究的著作，还要首推弗兰克·斯坦顿爵士（Sir Frank Stenton）的 *Anglo-Saxon England*（Oxford University Press，1971 年第三版）。当然，还有几位学者，比如 Henry Loyn，D.I. Fisher，H.P.R. Finberg 和 Peter Sawyer，也著述过一些篇幅较小、值得一读的好书，这些书都有简装本流通。Henry Mayr-Harting 所著的 *The Coming of Christianity to Anglo-Saxon England*（Batsford，1972 年）内容质量很高；而对这一历史时期最富有趣味的介绍要推 James Campbell，Eric John 和 Patrick Wormald 合著的 *The Anglo-Saxons*（Phaidon，1982 年），书中的插图非常精彩。

如果想要了解有关货币的历史，入门阶段可读的书目是 Michael

Dolley 所著的 *Anglo-Saxon Pennies*（British Museum, 1967 年）。Margaret Gelling 的 *Signposts to the Past*（Dent, 1978 年）是一本很有价值的介绍地名研究的书。

下面推荐几本非常好的传记，Henry Loyn 所著的 *Alfred the Great*（O. U. P.，1967 年），Frank Barlow 主编的 *Edward the Confessor*（Eyre and Spottiswoode，1979 年）和 David Douglas 主编的 *William the Conqueror*（Eyre and Spottiswoode，1964 年）都是经典著作。Christopher Brooke 的 *The Saxon and Norman Kings*（Fontana 出版简装书）中的见解令人耳目一新，值得一读。

有关考古资料的总体介绍可以参阅 David Wilson 的 *The Archaeology of Anglo-Saxon England*（Methuen，1976 年），该书中的一个章节在丰富翔实的各种地方出版资料的基础上，介绍了英格兰诸多市镇的发展历史。Philip Dixon 的 *Barbarian Europe*（Phaidon，1976 年）中的插图尤其珍贵。有关早期英格兰研究最重要的补充材料是 David Hill 的 *An Atlas of Anglo-Saxon England, 700–1066*（Blackwell，1981 年）。

致　谢

首先，我要感谢以下图书馆中的工作人员，没有他们的关怀和帮助就没有这本书的问世。剑桥大学基督圣体学院（Corpus Christi College Cambridge）、牛津大学耶稣学院（Jesus College Oxford）、牛津大学博德利图书馆（the Bodleian Library Oxford）、达勒姆大教堂图书馆（the Cathedral Library Durham）、大英图书馆（the British Library）、伍斯特大教堂图书馆（Worcester Cathedral Library）、英国国家公共记录办公室（the Public Record Office）和大英博物馆货币办公室（the British Museum Coin Room）。

其次，我郑重感谢塔姆沃思的鲍勃·梅森先生（Bob Meeson）、萨姆托尼的罗宾·布朗先生（Robin Brown）和科尔切斯特博物馆的保罗·塞利先生（Paul Sealey），慷慨地允许我使用了他们尚未发表的研究成果。第三，我向以下两人致以真挚的感谢，法国卡昂的米歇尔·德·布瓦德（Michel de Boüard）给我这个顽固的盎格鲁-撒克逊主义者提供了无私的帮助。牛津的约翰·格里菲斯（John Griffiths）不仅给我提出了很多建议，并且还提供了一张塔西佗的佛罗伦萨手抄本的照片。第四，我要向两位朋友表达衷心的感谢，菲尔·巴克（Phil Barker）的鼓励和批评一直激励着我，而与大卫·希尔（David Hill）的交流经常会点亮有关盎格鲁-撒克逊研究的新灵感。第五，我要向本书的编辑希拉·阿布尔曼女士（Sheila Ableman）致以特别的谢意。她不但要面对我那噩梦般的手稿，而且如果没有她的诸多建设性建议，这本书可能会差得多。最后，我必须要隆重感谢《探索》纪录片系列的制片人德里克·塔尔斯（Derek Towers）、摄影师理查德·甘尼科利夫特（Richard Ganniclifft）和执行制片人罗杰·劳顿（Roger Laughton），是他们的才华赋予这一系列别样的风采。

索 引

（条目后页码为原书页码，即本书页边码）

图书在版编目（CIP）数据

追寻黑暗时代：古英格兰诸王纪 /（英）迈克尔·伍德著；徐菡译.
—杭州：浙江大学出版社，2021.3
书名原文：In Search of the Dark Ages
ISBN 978-7-308-20205-3

Ⅰ.①追…　Ⅱ.①迈…②徐…　Ⅲ.①英国—历史—通俗读物
Ⅳ.① K561.09

中国版本图书馆 CIP 数据核字（2020）第 075888 号

追寻黑暗时代：古英格兰诸王纪

［英］迈克尔·伍德 著　徐菡 译

责任编辑	周红聪
文字编辑	李　卫
责任校对	黄梦瑶
装帧设计	周伟伟
出版发行	浙江大学出版社
	（杭州天目山路 148 号　邮政编码 310007）
	（网址：http:// www.zjupress.com）
排　　版	北京大有艺彩图文设计有限公司
印　　刷	北京中科印刷有限公司
开　　本	880mm×1230mm　1/32
印　　张	13.25
字　　数	283 千
版印次	2021 年 3 月第 1 版　2021 年 3 月第 1 次印刷
书　　号	ISBN 978-7-308-20205-3
定　　价	89.00 元